Zur Mitte der Theologie im Werk
von Joseph Ratzinger / Benedikt XVI.

Ratzinger-Studien

Band 6

Herausgegeben im Auftrag
des *Institut Papst Benedikt XVI.*
Regensburg

Maximilian Heim
Justinus C. Pech

Zur Mitte der Theologie im Werk von Joseph Ratzinger / Benedikt XVI.

Verlag Friedrich Pustet
Regensburg

Bibliografische Information der Deutschen Nationalbibliothek

Die Deutsche Nationalbibliothek verzeichnet diese Publikation in der Deutschen Nationalbibliografie; detaillierte bibliografische Daten sind im Internet über http://dnb.d-nb.de abrufbar.

www.verlag-pustet.de

ISBN 978-3-7917-2545-1

Umschlaggestaltung: Martin Veicht, Regensburg
Satz: Vollnhals Fotosatz, Neustadt a. d. Donau
Druck und Bindung: Friedrich Pustet, Regensburg
Printed in Germany 2013

Auch als eBook erhältlich:
eISBN (PDF) 978-3-7917-7023-9

Inhaltsverzeichnis

Vorwort

Der überraschende Moment, als das erste Mal seit dem 13. Dezember 1294 wieder ein Papst, damals Coelestin V., von seinem Amt aus freien Stücken, ohne Furcht und Zwang zurücktritt, wird lange in Erinnerung bleiben. Vielleicht spricht man nach Jahrzehnten auch von einer historischen Zäsur im Verständnis des Papstamtes. Benedikt XVI. hat jedenfalls durch seinen Amtsverzicht gezeigt, dass der päpstliche Primat zuerst Dienstamt ist, ausgestattet mit einer Vollmacht, die nicht der Logik eines weltlichen Machtverständnisses folgt. Wie der am Anfang des 14. Jahrhunderts heiliggesprochene Papst Coelestin V. hat auch Papst Benedikt XVI. hier einen Akt der Demut gesetzt. Darin ist zum Ausdruck gekommen, dass er die Nachfolge des hl. Petrus im Amt des Bischofs von Rom im Zeichen des Kreuzes versteht, das er selbst dann nicht verlässt, wenn er sein Leben ganz dem Dienst des Gebetes für die Kirche und für seinen Nachfolger Papst Franziskus verschreibt.

Wenn auch zum Zeitpunkt der Durchführung der Tagung „Die Mitte der Theologie im Werk von Joseph Ratzinger / Benedikt XVI." niemand mit diesem Schritt des 85-jährigen Papstes ernsthaft rechnete, so war es den Referenten doch nicht nur ein Anliegen, auf die Zeit des Pontifikates von Papst Benedikt XVI. zurückzublicken, sondern das ganze theologische Werk von Joseph Ratzinger zu beleuchten. Die Texte dieses Sammelbandes beinhalten neben der Rückschau auf sein Werk auch die Rezeption dieses großen Theologen, der die universitäre und monastische Theologie noch lange prägen wird.

Diese Tagung ist von der Phil.-Theol. Hochschule Benedikt XVI. Heiligenkreuz nach der Verleihung des „Premio Joseph Ratzinger" an Prof. Manlio Simonetti, Prof. Olegario González Hernandez de Cardedal und Abt Maximilian Heim OCist konzipiert worden. Sie versteht sich als ein persönlicher Dank des Abtes und Großkanzlers der Hochschule an Papst Benedikt XVI., der mit der Verleihung des Preises das theologisch-wissenschaftliche Wirken von Lehrern in der Kirche fördern will. In Kooperation mit dem Schülerkreis und dem Neuen Schülerkreis sowie der „Fondazione Vaticana Joseph Ratzinger" konnte diese Tagung gelingen. Der Dank der Veranstalter gilt allen, die einen Beitrag zur Durchführung dieser zweitägigen wissenschaftlichen Fachtagung geleistet haben, insbesondere den beiden Kardinälen Philippe Barbarin und Christoph Schönborn wie auch allen Referenten. Darüber hinaus gebührt dem Apostolischen Nuntius Erzbischof Peter Stephan Zurbriggen ein herzlicher Dank für sein Grußwort.

Für die Aufnahme des vorliegenden Buches in die vom *Institut Papst Benedikt XVI.* herausgegebene Reihe „Ratzinger-Studien" als 6. Band danken die Herausgeber besonders Bischof Rudolf Voderholzer von Regensburg und Herrn Dr. Rudolf Zwank vom Pustet-Verlag. Herrn Cornelius Keppeler gilt ein herzliches „Vergelt's Gott" für die umfangreichen Vorbereitungen zur Drucklegung, Frau Daniela Köder für die Transkribierung eines Vortrages und Frau Sandra Rothland für das Korrekturlesen des Manuskripts.

Wie die Tagung, so soll auch dieses Buch in dankbarer Verbundenheit Benedikt XVI. und – in Treue zum Nachfolger Petri – ebenfalls Papst Franziskus gewidmet sein.

Heiligenkreuz in der Osteroktav 2013

Abt Maximilian Heim OCist
P. Justinus C. Pech OCist

Grußwort des Apostolischen Nuntius

Peter Stephan Zurbriggen

Eminenz! Hochwürdigster Herr Kardinal Barbarin!
Exzellenzen!
Hochwürdigster, lieber Herr Abt Maximilian!
Hochwürdigste Äbte und Altäbte!
Sehr geehrte Damen und Herren Professoren und Dozenten!
Liebe Zisterziensermönche von Heiligenkreuz!
Liebe Seminaristen!
Liebe gottgeweihte Brüder und Schwestern!
Sehr geehrte Gäste und Freunde des Stiftes und der Hochschule!

Mit großer Freude bin ich heute wieder in das wunderschöne Stift Heiligenkreuz im Wienerwald gekommen, um diese internationale Fachtagung zur Theologie von Joseph Ratzinger / Papst Benedikt XVI. zu eröffnen. Die Hochschule Heiligenkreuz, die 1802 gegründet wurde, trägt seit 2007 den Namen unseres glücklich regierenden Papstes, Seiner Heiligkeit Papst Benedikt XVI. Es war der heutige Altabt Gregor Henckel Donnersmarck, der der Hochschule aus Verehrung und Bewunderung für die Theologie von Joseph Ratzinger / Benedikt XVI. und als sichtbaren Ausdruck der Treue zum Nachfolger des heiligen Petrus diesen Namen beifügte. Zwischen der Hochschule und Papst Benedikt gab es im Laufe der letzten Jahrzehnte zahlreiche persönliche Beziehungen und Begegnungen. Im Jahr 1989 besuchte Kardinal Joseph Ratzinger das Stift und die Hochschule Heiligenkreuz. Mit dem Datum 28. Jänner 2007 erhob Papst Benedikt XVI. die Hochschule im 205. Jahr ihres Bestehens zur „Hochschule päpstlichen Rechts". Seit damals sind die verliehenen akademischen Grade kirchlich wie staatlich anerkannt. Das Jahr 2007 markiert auch das Jahr des Papstbesuches in Österreich.

Am 9. September besuchte der Heilige Vater das Stift und die Hochschule Heiligenkreuz. Im Juni 2011 hat der Heilige Vater an Abt Maximilian [Heim] den erstmals vergebenen Benedikt XVI.-Preis, den sogenannten „Premio Ratzinger", der nach einem Wort von Kardinal Ruini als „Nobelpreis der Theologie" bezeichnet wird, verliehen.

Als Vertreter des Heiligen Vaters in Österreich freue ich mich, dass der Hochwürdigste Herr Abt aus Dankbarkeit für den verliehenen „Premio Ratzinger" diese internationale Tagung zur Mitte im theologischen Denken von Joseph Ratzinger veranstaltet. Die Hochschule Heiligenkreuz zeichnet die vertiefte Verbindung von wissenschaftlicher Theologie und gelebter Spiritualität aus. Papst Benedikt XVI. hat in seiner Ansprache anlässlich des Besuches hier in Heiligenkreuz betont: „Gott ist ja nie bloß Objekt der Theologie, er ist immer zugleich ihr lebendiges Subjekt. Christliche Theologie ist auch nie eine bloß menschenförmige Rede über Gott, sondern sie ist immer zugleich der Logos und die Logik, in der Gott sich zeigt. Darum sind wissenschaftliche Intellektualität und gelebte Frömmigkeit zwei Elemente des Studiums, die in unaufgebbarer Komplementarität aufeinander angewiesen sind."[1] Wie der erst vor wenigen Wochen zum Kirchenlehrer erhobene heilige Johannes von Avila, so hat sich auch der Ordensvater der Zisterzienser, der heilige Bernhard von Clairvaux, gegen die Loslösung einer objektivierenden Rationalität von der kirchlichen Spiritualität gewehrt. Diese Gefahr sieht auch der heutige Nachfolger des heiligen Petrus, wenn er sagt: „Bei dem Mühen um die Zuerkennung strenger Wissenschaftlichkeit im modernen Sinn kann der Theologie der Atem des Glaubens ausgehen. Aber so wie Liturgie, die den Blick auf Gott vergisst, als Liturgie am Ende ist, so hört auch eine Theologie, die nicht mehr im Raum des Glaubens atmet, auf, Theologie zu sein; eine Reihe mehr oder weniger zusammenhängender Disziplinen bliebe übrig. Wo aber eine ‚kniende Theologie' getrieben wird, wie sie Hans Urs von Balthasar gefordert hat, da wird die Fruchtbarkeit für die Kirche in Österreich und darüber hinaus nicht fehlen."[2] Die Worte des Heiligen Vaters bezeugen, dass eine von der Frömmigkeit losgelöste Theologie keinen Wert für die Kirche und den Einzelnen haben kann. Das scheint mir eine ganz wichtige

1 Benedikt XVI., Ansprache in Stift Heiligenkreuz, 09.09.2007.
2 Ebd.

Konstante in der Theologie von Joseph Ratzinger / Papst Benedikt XVI. zu sein.

Ein weiterer wichtiger Aspekt, den der Heilige Vater seit seiner Wahl zum universalen Hirten der ganzen Kirche nicht müde wird zu verkünden, ist die sogenannte „Hermeneutik der Kontinuität". In diesem Jahr blicken wir auf das 50-Jahr-Jubiläum der Eröffnung des XXI. Ökumenischen Konzils der Kirche, des II. Vatikanums, zurück. Zugleich hat der Heilige Vater ein *Jahr des Glaubens* ausgerufen, das uns helfen soll, die Inhalte unseres Glaubens neu zu vertiefen und zu verinnerlichen. In diesem Zusammenhang hat Papst Benedikt des Öfteren darauf hingewiesen, wie wichtig eine korrekte Auslegung, Deutung und Umsetzung dieses Konzils ist: Es ist „die ‚Hermeneutik der Reform', der Erneuerung des einen Subjekts der Kirche, die der Herr uns geschenkt hat, unter Wahrung der Kontinuität; die Kirche ist ein Subjekt, das mit der Zeit wächst und sich weiterentwickelt, dabei aber immer sie selbst bleibt, das Gottesvolk als das eine Subjekt auf seinem Weg."[3] Eine Hermeneutik des Bruchs, das heißt der Diskontinuität, wäre daher sicher gegen den Geist und den Willen der Konzilsväter. Diese „konnten und wollten nicht eine neue, eine andere Kirche schaffen. Dafür hatten sie weder Vollmacht noch Auftrag."[4] (Es ist daher sicher abwegig, zwischen einer vorkonziliaren und nachkonziliaren Theologie oder zwischen einem vorkonziliaren oder nachkonziliaren Glauben zu unterscheiden.)

So wünsche ich Ihnen allen viele interessante Vorträge zur Mitte des theologischen Denkens von Joseph Ratzinger. Möge die Tagung dazu beitragen, das theologische Werk des Heiligen Vaters noch bekannter zu machen und für die Theologie der Gegenwart fruchtbringend zu nutzen. Ich danke Abt Maximilian und allen, die diese internationale Tagung vorbereitet haben und an ihr mitwirken. Hierzu wünsche ich Ihnen allen Gottes reichen Segen und möchte mit dem Gebet des heiligen Thomas von Aquin schließen: „Actiones nostras, quaesumus, Domine, aspirando praeveni et adiuvando prosequere, ut cuncta nostra operatio a te semper incipiat, et per te coepta finiatur". Amen.

3 Benedikt XVI., Ansprache, 22.12.2005.

4 Benedikt XVI., Vorwort zur Sonderausgabe des Osservatore Romano anlässlich des 50. Jahrestages des Zweiten Vatikanischen Konzils, in: OR dt., 19.10.2012, S. 6.

Begrüßung zur Ratzinger-Tagung

Karl Wallner OCist

Auch ich heiße Sie an der Philosophisch-Theologischen Hochschule Benedikt XVI. in Heiligenkreuz herzlich willkommen. Unsere Hochschule gibt es bereits seit 1802, vor 10 Jahren hat uns der selige Papst Johannes Paul II., als wir zum 200-Jahr-Jubiläum nach Rom gepilgert waren, ermutigt, noch mehr für die Neuevangelisierung zu tun. Seit 2007 sind wir Hochschule päpstlichen Rechtes, Abt Gregor Henckel Donnersmarck hat damals der Hochschule den Namen „Benedikt XVI." zugefügt. Im selben Jahr hat Papst Benedikt XVI. das Stift und die Hochschule besucht; seine Ansprache über theologische Ausbildung im Einklang von Wissensvermittlung und Herzensbildung, Intellektualität und Spiritualität, Ratio und Fides sind uns ein Auftrag. Die Hochschule Heiligenkreuz ist die einzige im ganzen Zisterzienserorden; sie ist die einzige aktive Ordenshochschule in Österreich, und sie ist dem Schwerpunkt Priesterausbildung verpflichtet. Seit uns der Papst 2007 gesegnet hat, steigen die Hörerzahlen außerordentlich.

Von den derzeit inskribierten 235 Studierenden sind ca. 140 Priesteramtskandidaten und Ordensleute. Dabei haben wir erst eine einzige Studienrichtung, nämlich Fachtheologie, mit einem einzigen Grad, nämlich dem Magister theologiae. Lizenziat und Doktorat sind unsere großen Desiderate. Die 49 Lehrenden unterrichten „um Gottes Lohn". Um den Platzmangel zu beheben, haben wir ein Ausbauprojekt gestartet und müssen ca. 5 Millionen Euro vom Volk Gottes erbitten, was nicht leicht ist. In dem Wachstum, das Gott uns schenkt, sehen wir keine Auszeichnung, sondern einen Auftrag, ja eine Zumutung Gottes, mit allen Kräften für die theologische Stabilisierung und die geistliche Erneuerung der Kirche zu arbeiten. Wo wir halt können und man uns lässt. Seit der Verleihung des Premio

Joseph Ratzinger im Juni 2011 hat Abt Maximilian Heim die Idee verfolgt, eine breit aufgestellte Tagung zur Mitte der Theologie von Benedikt XVI. zu halten. Wenn nicht an unserer Hochschule Heiligenkreuz, wo dann?! Auch wenn wir klein sind, tragen wir den Namen des Papstes mit Stolz und Beschämung. Wir fühlen uns geehrt, dass so viele hervorragende Experten die Einladung angenommen haben, dass es unter den Studierenden ein so starkes Interesse gibt. Ich danke Pater Justinus Pech, der diese Tagung hauptverantwortlich organisiert hat. Nach meinem Empfinden gibt uns das Wort, das Papst Benedikt am 9. September 2007 in der Abteikirche gesprochen hat – vor dem Ikonenkreuz von Sarzana von 1138 mit dem auferstandenen Christus, der mit weit ausgebreiteten Armen und durchdringenden Augen über dem Altar schwebt –, eine Spur, wo die „Mitte der Theologie" Ratzingers zu finden ist. „Unser Licht, unsere Wahrheit, unser Ziel, unsere Erfüllung, unser Leben – all das ist nicht eine religiöse Lehre, sondern eine Person: Jesus Christus. Noch viel mehr als wir Menschen Gott je suchen und ersehnen können, sind wir schon zuvor von ihm gesucht und ersehnt, ja gefunden und erlöst! Der Blick der Menschen aller Zeiten und Völker, aller Philosophien, Religionen und Kulturen trifft zuletzt auf die weit geöffneten Augen des gekreuzigten und auferstandenen Sohnes Gottes; sein geöffnetes Herz ist die Fülle der Liebe. Die Augen Christi sind der Blick des liebenden Gottes. Das Kreuzesbild über dem Altar, dessen romanisches Original sich im Dom von Sarzana befindet, zeigt, dass dieser Blick einem jeden Menschen gilt. Denn der Herr schaut jedem von uns ins Herz."

Einführung

Justinus C. Pech OCist

Joseph Ratzinger / Benedikt XVI. formuliert in dem Vorwort zu seinem Buch „Jesus von Nazareth" die Bitte, dass man dem Autor des Werkes „jenen Vorschuss an Sympathie [entgegenbringe], ohne den es kein Verstehen gibt."[1] Wenn man sich dem umfassenden Werk des deutschsprachigen Theologen widmet, sollte man diesen hermeneutischen Vorschlag offenherzig aufnehmen, da man sonst der Tiefe und Weite des über sechs Jahrzehnte währenden theologischen Arbeitens des Professors, Bischofs und Papstes nicht gerecht werden kann. Den Aufsätzen, die in diesem Band der Öffentlichkeit vorgelegt werden, ist das Suchen nach diesem Verstehen gemeinsam. Die Tagung „Die Mitte der Theologie im Werk von Joseph Ratzinger / Benedikt XVI." hat am 16. und 17. November 2012 an der Philosophisch-Theologischen Hochschule Benedikt XVI. Heiligenkreuz stattgefunden. Den in unterschiedlichen Ländern und Kontinenten wirkenden Referenten ist die Haltung gemeinsam, sich auf die Suche nach dieser Mitte im Werk des „Mozart der Theologie"[2] zu machen.

Wie jüngst wieder von Achim Buckenmaier angemerkt wurde, hat sich aufbauend auf dem Werk von Joseph Ratzinger keine eigentliche theologische Schule gebildet.[3] Dies begründet er damit,

1 Joseph Ratzinger / Benedikt XVI., Jesus von Nazareth. Erster Teil von der Taufe im Jordan bis zur Verklärung, Freiburg 2007, 22.

2 Michaela Christine Hastetter, Einheit aller Wirklichkeit. Die Bedeutung des symphonischen Denkens des „Mozart der Theologie" für die Pastoral, in: dies. / Christoph Ohly / Georgios Vlachonis (Hg.), Symphonie des Glaubens. Junge Münchener Theologen im Dialog mit Joseph Ratzinger / Benedikt XVI., Sankt Ottilien 2007, 15–50, 16, und vgl. ebd. 16–21.

3 Vgl. Achim Buckenmaier, Einführung, in: Michaela Christine Hastetter/Helmut Hoping (Hg.), Ein hörendes Herz. Hinführung zur Theologie und Spiritualität von Joseph Ratzinger / Papst Benedikt XVI. (RaSt 5), Regensburg 2012, 9–5, vgl. dort auch den weiteren Gedankengang.

dass der theologische Ansatz von Joseph Ratzinger von einer inneren Freiheit geprägt ist, die fest in der Quelle des kirchlichen Ursprungs, Jesus Christus, sowie darauf aufbauend in der Heiligen Schrift und der Theologie der Kirchenväter verwurzelt ist, aber durch dieses „Standfassen des Menschen im Ganzen der Wirklichkeit"[4] zu einer Freiheit finden kann, die den Dialog mit der Welt sucht und sich so den Fragen der Zeit in einer völlig ideologiefreien Herangehensweise stellen kann.[5] Dabei geht es Joseph Ratzinger darum, auch im Ringen um Einzelfragen immer wieder den Blick für das Ganze zu wahren.[6] Allen Referenten dieser Tagung ist gemeinsam gewesen, dieses Ganze im Blick zu behalten und so zur Mitte der Theologie von Joseph Ratzinger zu finden. Eine Besonderheit dieses Symposions lag sicherlich darin, dass Referenten ganz unterschiedlicher Herkunft zu Worte kamen.

Das Eröffnungsreferat hat der Primas von Gallien, Philippe Kardinal Barbarin, übernommen. Aufbauend auf sein eigenes theologisches Arbeiten und sein Wirken als Erzbischof von Lyon – die bischöfliche Wohnung befindet sich nicht nur in lokaler Nähe (gegenüber) von Fourvière – stellt er die Situation der Theologie im 20. Jahrhundert besonders in Bezug auf die Theologen Henri de Lubac und Hans Urs von Balthasar dar. Beide haben sehr inspirierend auf das theologische Arbeiten von Joseph Ratzinger gewirkt. So finden sich bei ihm, wie man in seinen Gesammelten Schriften sehr schön sehen kann, unzählige Verweise auf diese beiden Theologen. Aber auch von Seiten Balthasars und de Lubacs kann von einer hohen Wertschätzung gesprochen werden.

Nach dieser Einordnung in den historischen, theologiegeschichtlichen Kontext widmet sich der (damalige) Trierer Dogmatikprofessor und heutige Bischof von Regensburg, Rudolf Voderholzer, dem Grundduktus innerhalb der Fundamentaltheologie von Joseph Ratzinger. Sein Referat baut auf dessen Studien während des Zweiten Vatikanischen Konzils auf.[7] Hier behandelt er besonders die

---

4 Joseph Ratzinger, Einführung in das Christentum. Vorlesungen über das Apostolische Glaubensbekenntnis, München 1968, 46.

5 Dies zeigt sich gerade in der „Freiburger Rede" von Papst Benedikt XVI. und der sich daran anschließenden Diskussion. Für die Fülle der Beiträge sei hier nur auf Jürgen Erbacher (Hg.), Entweltlichung der Kirche. Die Freiburger Rede des Papstes, Freiburg 2012, verwiesen.

6 Vgl. Ratzinger, Einführung (Anm. 4), 197.

7 Vgl. JRGS 7.

Diskussion über das Schema „De fontibus", die Entwicklung hin zur Offenbarungskonstitution „Dei Verbum"[8] und das Ringen um die Neubestimmung und die innere Verwobenheit von Offenbarung, Schrift und Tradition sowie Kirche. Diese vier machen das Wesentliche des christlichen Glaubens aus.

An diesem Punkt setzt der emeritierte Professor für Fundamentaltheologie Stephan Otto Horn an und widmet sich der Bezeugung des Glaubens in der Fundamentaltheologie von Joseph Ratzinger. Ausgehend von dem „Ausfall der Verifikation des Glaubens im Leben der Christen"[9] und einem „Fehlen der Freude im Leben der Gläubigen"[10] stellt er dar, welche Bedeutung der Anrede Gottes im Leben des Glaubens zukommt, so dass nach Ratzinger Gott „Erfahrung"[11] werden muss.[12] Das Entscheidende im christlichen Glauben ist, dass Gott in Christus zu den Menschen herabsteigt und sich der Mensch von dieser Begegnung her innerlich verwandeln und zu Gott ziehen lässt. Durch diese „innerste Verankerung in solcher Erfahrung"[13] wahrt die Theologie ihren Realitätscharakter .

Wenn dieser Glaubensakt, diese Verankerung, für den Gläubigen als *conditio sine qua non* zu verstehen ist, stellt sich die Frage nach dem Ort dieser Verankerung. Hier setzt Bernhard Körner, Dogmatikprofessor in Graz, an. Vor dem Hintergrund, dass die Kirche für Joseph Ratzinger der eigentliche Ort der Schriftauslegung ist, geht Körner in einem Zweischritt vor. Zuerst stellt er die Ausführung von Joseph Ratzinger inhaltlich dar, um sich dann der Frage der methodischen Umsetzung zu widmen. Die Schritte der Annäherung geht Körner gemeinsam mit Ratzingers Freund und Kollegen aus

---

8 Hierdurch wird auch eine Verbindung mit Henri de Lubac sehr schön deutlich. Beide Theologen haben Teile der Offenbarungskonstitution kommentiert. Siehe dazu auch: Justinus C. Pech, Henri de Lubac und Joseph Ratzinger. Ihre Kommentierung von „Dei Verbum" (Art. 1–6), in: Michaela Christine Hastetter / Ioan Moga / Christoph Ohly (Hg.), Symphonie des Wortes. Beiträge zur Offenbarungskonstitution „Dei Verbum" im katholisch-orthodoxen Dialog, Sankt Ottilien 2012, 100–115.

9 Joseph Ratzinger, Auf Christus schauen. Einübung in Glaube, Hoffnung und Liebe, Freiburg 1989, 38.

10 Vgl. Joseph Ratzinger, Theologische Prinzipienlehre. Bausteine zur Fundamentaltheologie, München 1982, 79.

11 Ratzinger, Auf Christus schauen (Anm. 9), 31.

12 Auf die Wichtigkeit dieses Aspektes der Erfahrung im Leben des Glaubens hat auch jüngst wieder Jörg Splett hingewiesen. Vgl. Jörg Splett, Erfahrung, in: Justinus C. Pech / Alkuin Schachenmayr (Hg.), Zwischen Philosophie und Theologie. Interpretationen zu zentralen fundamentaltheologischen Begriffen, Heiligenkreuz 2013, 118–132.

13 Ratzinger, Auf Christus schauen (Anm. 9), 34.

der Fundamentaltheologie, Max Seckler. Dabei zeigt sich, dass es keinen Gegensatz zwischen Glauben und Kirche geben kann.

Mit dem Titel „Jesus Christus als Mitte der Geschichte“ ist der Aufsatz des Augsburger Fundamentaltheologen Peter Hofmann überschrieben. In diesem geht er dem Einfluss Bonaventuras auf das Denken von Joseph Ratzinger / Papst Benedikt XVI. nach. Einen besonderen Aspekt legt er dabei auf das christozentrische Geschichtsverständnis von Bonaventura und arbeitet die theologische Tragweite von Ratzingers Bonaventura-Rezeption heraus. Dabei setzt er einen Schwerpunkt auf die Reflexion über den Wahrheits- und Glaubensbegriff.

Nach den ersten eher geschichtlich und fundamentaltheologisch geprägten Referaten widmet sich der Wiener Erzbischof Christoph Kardinal Schönborn den Quellen des christologischen Denkens im Werk von Joseph Ratzinger. Dabei geht er auf drei Punkte ein. Im ersten Schritt wird die Predigt von Papst Benedikt XVI. zum 60. Jahrestag seiner Priesterweihe herangezogen.[14] Dort steht der Aspekt der Freundschaft mit Christus im Mittelpunkt. Im zweiten Schritt geht es um die Christologie und die Darstellung von Jesus Christus in der Jesus-Trilogie von Ratzinger. Der dritte Schritt widmet sich der Herzensmitte der Christologie, die anhand der sieben Schritte aus „Schauen auf den Durchbohrten“[15] aufgearbeitet werden. Der Ratzinger-Schüler Schönborn kann dabei auf seine eigenen Arbeiten zur Christologie[16] und seine Auseinandersetzung mit den Arbeiten von Papst Benedikt zurückgreifen. Hier zeigt sich, dass die Christologie dem Gebet entspringt.

Darauf aufbauend kann Helmut Hoping, Dogmatikprofessor in Freiburg, das christologische Denken im Werk von Joseph Ratzinger auf sein liturgisches Denken und Leben hin ausbuchstabieren. Dabei geht es um die Verbindung des Betens Jesu mit dem Beten der Kirche. Eine dogmatische Christologie ist also stets auch eine spirituelle Christologie. Denn der einzelne Beter tritt immer in das Beten Christi und der Kirche ein. Auch Hoping bezieht sich, wie schon Kardinal Schönborn, auf das Werk „Schauen auf den Durch-

---

14 Vgl. http://www.vatican.va/holy_father/benedict_xvi/homilies/2011/documents/hf_ben-xvi_hom_20110629_pallio_ge.html, abgerufen am 05.03.2013.

15 Vgl. Joseph Kardinal Ratzinger / Benedikt XVI., Schauen auf den Durchbohrten, Einsiedeln [3]2007.

16 Vgl. Christoph Schönborn, Die Christus-Ikone. Eine theologische Hinführung, Wien 1998.

bohrten. Versuche zu einer spirituellen Christologie"[17] und die Jesus-Trilogie. Quelle und Höhepunkt allen Betens und christlichen Lebens ist das Geschehen, in dem Christus selbst den Gläubigen in sein Beten mit hineinnimmt, in der Eucharistie.

Vor dem Hintergrund der Theologie der Ostkirche weitet der Paderborner Liturgieprofessor Michael Kunzler den Blick und bezieht die Grundaussagen der östlichen Theologie auf das Heilsmysterium. In der Feier der Liturgie begegnen sich Himmel und Erde. Denn das, was wir auf Erden feiern, ist immer schon Abbild der himmlischen Liturgie. In seinem Aufsatz arbeitet Kunzler heraus, dass – auch wenn die direkten Berührungspunkte zur Theologie der Ostkirche im Werk von Joseph Ratzinger nicht sehr ausgeprägt sind – es doch im Bereich der Liturgie eine große inhaltliche Nähe gibt. Daran schließt sich die Frage nach dem Zusammenhang von Christologie und Liturgie an.

Auf die Komponente des Heiligen Geistes geht die Freiburger Pastoraltheologin Michaela C. Hastetter ein. Sie erläutert die pneumatologische Verankerung des liturgischen Denkens bei Joseph Ratzinger. Die Sicht auf die Liturgie geht bei Ratzinger von seinem Kirchenbild aus und die Kirche wird vom Heiligen Geist geleitet und geführt. Der Heilige Geist ist in der Feier der Liturgie präsent und führt den Gläubigen zu Christus. So denkt er Liturgie von Gott her, als Handeln. So ist Liturgie ein geisterfülltes Geschehen. In ihrem Beitrag zeigt sich auch die Nähe von Ratzingers „Vom Geist der Liturgie"[18] zu Guardinis Schrift „Der Geist der Liturgie"[19].

Der spanische Jesuit Juan Antonio Martínez Camino widmet sich in seinem Vortrag der Beziehung von Joseph Ratzinger zur protestantischen Theologie.[20] Martínez Camino geht davon aus, dass der *locus theologicus* für Joseph Ratzinger die Kirche ist und daher auch die grundlegende Frage der Vermittlung der Offenbarung in unsere Zeit in Jesus Christus zu sehen ist. Das Christsein ist ein Weg, der von Christus ausgeht und zu Christus führt. Daher geht es in dem Gespräch mit dem Protestantismus auch weniger um Organi-

---

17 Vgl. Ratzinger, Schauen auf den Durchbohrten (Anm. 15).

18 Joseph Ratzinger, Der Geist der Liturgie. Eine Einführung, in: JRGS 11

19 Romano Guardini, Vom Geist der Liturgie, Freiburg ^{2}1991.

20 Dazu schreibt Marianne Schlosser, dass Ratzinger mit seiner Bonaventura-Arbeit eine Theologie mit dem Blick auf den Protestantismus entwickelt hat, wie wohl kein Papst seit dem 16. Jahrhundert. Vgl. Marianne Schlosser, Zu den Bonaventura-Studien Joseph Ratzingers, in: JRGS 2, 29–37, 32.

sation als um die Frage, wie die Kirche, als Organismus verstanden, der Weg zu Christus ist. In seinem Vortrag kann der Weihbischof aus Madrid auf seinen eigenen Studien zu Pannenberg und Jüngel aufbauen.[21]

Der Beitrag des Abtes von Heiligenkreuz, Maximilian Heim, der über Jahre hinweg das Fach Fundamentaltheologie an der dort ansässigen Hochschule gelehrt hat, ist geprägt von dem Wir der Kirche. In seinem Vortrag über die Rezeption und Hermeneutik des Zweiten Vatikanischen Konzils nimmt er die Weihnachtsansprache von Papst Benedikt XVI. 2005 als Ausgangspunkt seiner Überlegungen.[22] Ziel ist dabei die Auslegung des Begriffes der Hermeneutik der Reform und wie man die Gedanken und Aussagen des Konzils für eine Neuevangelisierung nutzen kann.[23] Bei diesen Überlegungen kann er auf seine ekklesiologische Forschungsarbeit aufbauen.[24]

Der letzte Beitrag in diesem Sammelband stammt von dem in Benin geborenen und in Rom tätigen Bischof Barthélemy Adoukonou. Er spürt der Frage nach, wie die Kirche Christi zu den Völkern gebracht werden kann. Dabei erläutert er das Beziehungsgeflecht zwischen dem christlichen Glauben und der einheimischen Kultur, auf die die Glaubensboten treffen und wie aus dieser Begegnung neue Formen entwickelt werden können. Hier kann Adoukonou auf seine bei Joseph Ratzinger verfasste Doktorarbeit zurückgreifen.[25]

Diese Tagung hat gezeigt, wie tief und facettenreich das theologische Wirken von Joseph Ratzinger / Benedikt XVI. ist. Glaube, Kirche, Liturgie – alles ist in Christus aufgehoben und wird dem Menschen von Gott geschenkt. Diese existentielle Erfahrung ist jedem Menschen weiterzugeben, da das Christentum von seinem Anbeginn missionarischen Charakter hat. Die wissenschaftliche

---

21 Vgl. Juan Antonio Martínez Camino, Recibir la libertad: dos propuestas de la teología en la modernidad: W. Pannenberg y E. Jüngel, Madrid 1992.

22 Vgl. Benedikt XVI., Ansprache an das Kardinalskollegium und die Mitglieder der Römischen Kurie beim Weihnachtsempfang (22.12.2005), in: Sekretariat der Deutschen Bischofskonferenz, Verlautbarungen des Apostolischen Stuhles Nr. 172, Bonn 2006, 10.

23 Vgl. Maximilian H. Heim, Offenbarung als lebendiges Wort Gottes – Wort des lebendigen Gottes. Die Verflechtung von Wort und Zeuge und Glaubensregel, in: Hastetter / Moga / Ohly, Symphonie des Wortes (Anm. 8), 15–30, 16.

24 Vgl. Maximilian H. Heim, Joseph Ratzinger – Kirchliche Existenz und existentielle Theologie. Ekklesiologische Grundlinien unter dem Anspruch von *Lumen gentium*, Frankfurt ²2005.

25 Vgl. Barthélemy Adoukonou, Jalons pour une théologie africaine: essai d'une herméneutique chrétienne du Vodun dahoméen, Paris 1980.

Theologie darf sich dazu berufen fühlen, dieses im Glauben Erfahrene den Menschen, hier besonders den Studenten, zu schenken. Treibende Kraft und Ziel ist für alles die Liebe, denn „Erkenntnis hat […] ihr Movens und ihr Ziel in der Liebe."[26] So soll diese Einführung mit einem Wort von Papst Benedikt XVI. schließen: „Wo aber eine ‚kniende Theologie' getrieben wird, wie sie Hans Urs von Balthasar gefordert hat, da wird die Fruchtbarkeit für die Kirche […] nicht fehlen."[27]

---

26 Marianne Schlosser / Franz-Xaver Heibl, Zur Einführung, in: dies., Gegenwart der Offenbarung (Anm. 22), 9–16, 16.

27 Papst Benedikt XVI., Ansprache in der Abteikirche Heiligenkreuz am 9. September 2007, in: Maximilian H. Heim (Hg.), Tu es Pastor ovium, Heiligenkreuz 2009, 98, mit Verweis auf: Hans Urs von Balthasar, Theologie und Heiligkeit, in: ders., Verbum Caro. Schriften zur Theologie I, Einsiedeln 1960, 195–224.

Die Mitte der Theologie im Werk von Henri de Lubac und Hans Urs von Balthasar

Philippe Kardinal Barbarin

Zur Eröffnung dieser Tagung über „Die Mitte der Theologie im Werk von Joseph Ratzinger / Benedikt XVI." steht ein Referat über den Bezug von Joseph Ratzingers Denken zu den theologischen Entwürfen von Henri de Lubac und Hans Urs von Balthasar.

Es ist wohl bekannt, dass die beiden großen Theologen durch gegenseitige Hochachtung und auch auf geistlicher Ebene eng miteinander verbunden waren; diese Freundschaft vermochte es hervorragend, ihr jeweiliges Werk zu fördern. Joseph Ratzinger hat aus seiner Bewunderung für die beiden Theologen nie einen Hehl gemacht. Gerade ihn schickte Papst Johannes Paul II. am 30. Juni 1988 nach Luzern, um das Requiem für den eben zum Kardinal ernannten Hans Urs von Balthasar zu feiern. Wiederholt hat Joseph Ratzinger betont, dass er der französischen Kultur im Allgemeinen und Pater de Lubac im Besonderen, den er auf dem Zweiten Vatikanischen Konzil richtig kennengelernt hat, vieles zu verdanken habe.[1]

Henri de Lubac und Hans Urs von Balthasar hielten ihrerseits den um 20 beziehungsweise 30 Jahre jüngeren Kollegen in Ehren. Übrigens sind sich deren Werdegänge geistlich verwandt, indem sich alle drei in ihrer Arbeit vorbehaltlos den Fragen, die sich in der Welt, in der Kirche oder in ihrem persönlichen Leben aufwarfen, stellen. Auch wenn wir geneigt sind, sie als Meister zu betrachten,

1 Joseph Ratzinger, Discours pour la réception des insignes de commandeur de la Légion d'Honneur, à Rome, Ambassade de France près le Saint Siège, le 11 mai 1998. La Documentation Catholique (DC), Nr. 2184, 576–577. (Wenn nicht anders angegeben, sind die Übersetzungen durch den Autor vorgenommen worden.)

wollen sie sich gar nicht Meister nennen lassen, denn sie wissen, dass wir nur „einen Meister" haben und dass sie dazu berufen sind, „in Dienerkleidung" zu bleiben. So bezeichnet sich auch Papst Benedikt XVI. schon am Tag seiner Wahl als „einfachen und bescheidenen Arbeiter im Weinberg des Herrn"[2]. Und am darauf folgenden Sonntag, dem 24. April 2005, erklärt er in seiner Predigt bei der Heiligen Messe zur Amtseinführung, die Arbeit des Hirten sei „schön und groß, weil sie letzten Endes Dienst an der Freude Gottes ist, die in der Welt Einzug halten möchte"[3].

Beim großen Umfang und Ausmaß der Werke, die hier einzubeziehen sind, werden Sie mir erlauben, Ihnen bloß das vorzutragen, was mir auffällt, wenn ich auf die Gesamtheit beider Werke zurückschaue. Leider habe ich heute kaum noch Zeit, mich mit ihnen zu beschäftigen, aber jahrzehntelang habe ich beide Autoren eifrig gelesen und studiert; ich hatte übrigens auch oft die Freude, sie beide zu treffen und mich mit ihnen zu unterhalten. Ich bitte Sie also, dieses Referat als simple „Schau der Gestalt" zu betrachten, in Anlehnung an den Titel zum ersten Band von *Herrlichkeit* und der ganzen Balthasarschen Trilogie.[4]

Beide Autoren gehen in der Wahl der behandelten Themen wie in der Folge der Schriften auseinander. Pater de Lubac behauptet, all seine Bücher seien „Gelegenheitsarbeiten"[5] und er verfolge dabei keinen vorbestimmten Plan. Im Gegensatz dazu beginnt Balthasar nach der inneren Erschütterung und Erneuerung, die die Begegnung mit Adrienne von Speyr für seine theologische Kultur und sein geistliches Leben bedeutet hat, mit seiner riesigen Trilogie, einer umfangreichen Synthese, der er fast sein ganzes späteres Leben zwischen 1960 und 1987 widmete.

Natürlich werfen wir hier nicht als Erstes diese Frage auf: Noch bevor sich Studenten und Forscher damit befassen, hat jeder der beiden Theologen darüber nachgedacht, was in der Mitte des eigenen Werks stehe, und auch seine Meinung darüber geäußert, was

2 http://www.vatican.va/holy_father/benedict_xvi/speeches/2005/april/documents/hf_ben-xvi_spe_20050419_ first-speech_ge.html, abgerufen am 03.03.2013.

3 Benoit XVI. Homélie de la Messe inaugurale de son pontificat, 24 avril 2005, DC, Nr. 2337, 545–549, 548. Oder: http://www.vatican.va/holy_father/benedict_xvi/homilies/2005/documents/hf_ben-xvi_hom_20050424_inizio-pontificato_ge.html, abgerufen am 03.03.2013.

4 Vgl. Hans Urs von Balthasar, Herrlichkeit, Einsiedeln 1961–1969.

5 Vgl. zur Selbsteinordnung seines Werkes: Henri de Lubac, Meine Schriften im Rückblick, Einsiedeln 1996.

seinetwegen die Mitte desselben beim verehrten Kollegen ausmache. Solche Aussagen – wie zum Beispiel der Text mit dem Titel „Une œuvre organique" („Sein organisches Lebenswerk"), den Balthasar über die Verbindungslinien im Werk von Pater de Lubac schrieb – sind uns natürlich besonders wichtig.[6] Nach diesen einführenden Worten teilt sich mein Vortrag in zwei Teile auf. Wenn Sie gestatten, möchte ich mit Henri de Lubac, dem Älteren der beiden Theologen, anfangen.

1. Die Mitte im Denken von Henri de Lubac

Auf die Frage nach der Mitte im Denken und Werk von Pater de Lubac kann man ohne Furcht, sich zu irren, antworten: „Natürlich Christus"! Bei der Beisetzungsfeier von Pater de Lubac Anfang September 1991 hatte schon Kardinal Lustiger auf den berühmten, zwanzig Seiten umfassenden Text „La lumière du Christ" (Das Licht Christi) hingewiesen, den de Lubac 1949 und noch einmal ein Jahr vor seinem Tod herausgegeben hatte.[7] Dieser Text stellt einen wahren Schatz dar in dem immensen Werk, das eigentlich keine Christologie an sich enthält.[8] Er nimmt die Form eines theologischen und lyrischen Ausrufs ein, der die ungeheuer vielseitige Arbeit zusammenfasst über die „große Geste der Liebe", die Gott vor 2000 Jahren in unserer Welt vollführt hat: „Diese Geste der Liebe, o Jesu, das sind Sie selber […]. In Ihnen, Jesus, hat sich Gott gezeigt wie in keinem anderen Spross des Menschengeschlechts. […] Durch Sie hat er nicht bloß zu uns gesprochen. Vielmehr ist durch Sie seine Sprache zur Tat, sein Wort zur Geste geworden: Sie selbst […], Sie, Jesus, am Kreuz als Bindeglied zwischen Erde und Himmel."[9]

Solch ein Liebes- und Glaubensbekenntnis, das mit einem Zitat vom geliebten Origenes schließt, hat keine Entsprechung im ganzen Werk von de Lubac; es wird zwar der Schwierigkeit zu glauben

6 Vgl. Georges Chantraine / Hans Urs von Balthasar, Le cardinal de Lubac. L'homme et son œuvre, Paris 1983. Der zweite Teil findet sich in deutscher Sprache in: Hans Urs von Balthasar, Henri de Lubac. Sein organisches Lebenswerk, Einsiedeln 1976.

7 Vgl. Henri de Lubac, Théologie dans l'histoire. I. La lumière du Christ, Paris 1990, 201–222.

8 Vgl. dazu auch Donath Hercsik, Jesus Christus als Mitte der Theologie von Henri de Lubac, Frankfurt 2001.

9 Lubac, Théologie dans l'histoire I. (Anm. 7), 213–214.

gerecht, aber zerstreut jeden Zweifel; es macht den Glauben zur absoluten Gewissheit gegenüber den vielen Entdeckungen in der Geschichte und den Wissenschaften wie auch gegenüber allen nur denkbaren Fortschritten; er ist sich zwar der Gebrechlichkeit der Worte und der Unzulänglichkeit der Formeln bewusst, behauptet jedoch, „Realität der Liebe und Wahrheit des Dogmas vereinigen sich unzertrennlich". „Unser Glauben ist eins und fasst sich ganz in Ihnen zusammen, o Jesus. [...] Jesus, ich glaube an Sie. Ich bekenne, dass Sie Gott sind. Sie sind für uns das ganze Mysterium Gottes."[10]

In Wirklichkeit wäre jedoch diese Antwort angebracht, wenn die Frage Henri de Lubac als Mensch und Jesuit, der sich Gott hingegeben hat, also die Mitte seines Lebens und weniger die Mitte seines Werks betreffen würde. Aber stimmt sie immer noch, wenn es um das von allen Forschungen und Publikationen des Theologen verfolgte Ziel geht? Diese Frage schneidet Pater de Lubac selber in einem kleineren Text mit dem Titel an: „La trame d'une œuvre et son unité" (Das Muster eines Werkes und dessen Einheit)[11].

In diesen wenigen Seiten setzt er sich mit den Anschuldigungen auseinander, die gegen ihn erhoben worden sind, und mit den Konflikten, die er immer noch durchmacht und zwar mit schmerzvollem Ton. Auffallend ist, wie er sich selber im Verhältnis zu den verschiedenen thomistischen und suarezianischen Strömungen definiert, die in der ersten Hälfte des 20. Jahrhunderts einander bekämpften und sich gnadenlos ausschlossen. Er spricht von „einem Thomismus, der fast nur ein Machtinstrument war", und von einem zweiten, „fortschrittlichen und sogar neo-marxistischen". Dann kommt er dazu, vom großen Augenblick zu sprechen, wo sich auf dem Vatikanischen Konzil eine „konservative" Partei, der es sowohl an Verständnis für zeitgenössische Denkströmungen als auch an wahrhaft traditionsgemäßem Geist ermangele, „den neuen Machthabern des Tages entgegensetzt, die seitenverkehrt an einer dickeren und dadurch umso festeren Blindheit leiden."[12]

---

10 Ebd., 218–220.

11 Dieser wurde publiziert in: Henri de Lubac, Mémoire sur l'occasion de mes écrits, Namur 1989, 146–149; und in: Henri de Lubac, Théologie dans l'histoire II. Questions disputées et résistance au nazisme, Paris 1990, 403–406.

12 Lubac, Théologie dans l'histoire II. (Anm. 11), 405. Weiter unten heißt es: „Je vois avec douleur, malgré les efforts des meilleurs interprètes du Concile et avant tout de celui qui de par sa charge suprême, ne cesse de nous guider dans son sillage, se généraliser une indifférence, quand ce n'est pas un mépris affiché".

Wenn Pater de Lubac selber in diesen wenigen Seiten das eigene Werk überblickt, entdeckt er darin keine „philosophische oder theologische, mir wirklich eigene Synthese."[13] Er stellt sein Werk als „buntes Tuch" dar, „das allmählich aus vielen verschiedenen Lehraufträgen, Ämtern, Situationen, Berufungen jeder Art entstand."[14] Darin glaubt er jedoch „ein gewisses Muster, woraus sich mehr oder weniger eine Einheit bildet", zu erkennen. „Ich habe mich schon immer bemüht, nicht an der Vergangenheit festzuhalten, jedoch wollte ich einige der großen gemeinsamen Plätze [loci communes] der katholischen Tradition bekannt machen. Ich wollte damit erreichen, dass man sie liebt, und auch auf deren immer noch aktuelle Fruchtbarkeit hinweisen"[15].

In „La foi chrétienne"[16] und schon in „Catholicisme"[17] gibt er zum Beispiel zu, er habe sich an „die Tradition der Kirche als die über alle christlichen Jahrhunderte gesammelte Erfahrung [gewandt, um damit unserer] schwächlichen individuellen Erfahrung Licht, Orientierung und Wachstum zu verschaffen, sie vor Irrgängen zu schützen, sie zu vertiefen, ihr den Weg in die Zukunft zu öffnen."[18]

Indem man von der Kirche ausgeht, kann man, so scheint es mir, eine Vorstellung von der „Mitte" im Denken de Lubacs bekommen. An erster Stelle steht selbstverständlich die Kirche als Wegweiser zum „Licht Christi". Für Pater de Lubac ist sie ein Mysterium. Dieser Begriff dient als Überschrift der Anfangskapitel sowohl in seiner „Méditation sur l'Église"[19] als auch in der Konstitution *Lumen gentium*. Wenn man beide Texte miteinander in Zusammenhang bringt und nach Gliederung und Inhalt prüft, so fällt auf, wie nahe sie einander stehen: Dieser Umstand lässt erkennen, wie nachhaltig dieses Buch von de Lubac zehn Jahre nach dessen Veröffentlichung die Arbeit des Konzils zu beeinflussen vermochte.

Zwar helfen uns zahlreiche Bilder und Analogien zum besseren Verständnis vom Mysterium der Kirche (als Gemahlin Gottes,

13 Lubac, Théologie dans l'histoire II. (Anm. 11), 403.

14 Ebd.

15 Ebd.

16 Henri de Lubac, La foi chrétienne. Essai sur la structure de symbole des apôtres (1970), Œuvres complètes V, Paris 2008, 5–407.

17 Henri de Lubac, Catholicisme. Les aspects sociaux du dogme (1938), Œuvres complètes VII, Paris 2003.

18 Lubac, Théologie dans l'histoire II. (Anm. 11), 404–405.

19 Henri de Lubac, Méditation sur l'Église, Paris 1985.

Weinberg, Feld, Leib mit Haupt und Gliedern, Tempel oder aus dem Boden wachsendes Gebäude u. Ä.), aber für de Lubac ist die Kirche zuallererst eine Mutter.[20] „Wenn der Christ vorsätzlich von der Kirche spricht als seiner Mutter, verfällt er nicht damit ins Sentimentale, sondern drückt eine Tatsache aus. ‚Die Mutterschaft der Kirche, so Scheeben, ist kein hohler Begriff, keine schwache Analogie mit der Mutterschaft in der Natur. Sie will nicht bloß zu verstehen geben, die Kirche verhalte sich uns gegenüber wie eine zärtliche Mutter. […] Diese Mutterschaft ist genauso real […] wie das übernatürliche Leben in den Gotteskindern'."[21] Pater de Lubac beruft sich gerade in diesem Sinne auf Tertullian, als er sah, wie die Kirche am Kreuze aus der Seite des Erlösers als neue Eva[22] geboren wurde: „Denn wenn Adam als Vorbild Christi diente, so bedeutete der Schlaf Adams den Tod Christi, der im Tode entschlafen sollte. Durch den Verlust in seiner Seite aber sollte die wahre Mutter der Lebendigen, die Kirche, vorgebildet werden."[23]

Auf den wunderbaren Seiten de Lubacs zum *vir ecclesiasticus* im Kapitel der *Betrachtung über die Kirche*, das mit *Ecclesia Mater*[24] überschrieben ist, erscheint Lubac zuerst als Sohn der Kirche, der ganz durchdrungen ist von der Lehre, dass Maria die Mutter der Kirche ist. Er bleibt ihr treu, weil er demütig, frei und den Fragen seiner Zeit aufgeschlossen ist; er weiß, er soll zuerst ein Diener sein, der

---

20 Dies ist das Thema von Denis Dupont-Fauville, L'Église mère chez Henri de Lubac, Paris 2009.

21 Henri de Lubac, Les églises particulières dans l'Église universelle, suivi de La maternité de l'Église et d'une interview recueillie par G. Jarczyk, Paris 1971, 141.

22 Die Figur von Maria stellt sich hier wie in vielen Bildern und Reflexionen dar. Lubac jedoch handelt im Allgemeinen von Maria, nachdem er das Thema Maria als Mutter entwickelt hat. Vgl. Dupont-Fauville, Église (Anm. 20), Kapitel 3 L'Église temporelle et éternelle.

23 Tertullian, De anima, c. 10 (CSEL 20, 372), zitiert nach: Henri de Lubac, Église particulières dans L'Église universelle (Anm. 21), 151–152.

24 Henri de Lubac, Méditation sur L'Église, Paris 1985, 209–240. Im Folgenden werden einige Zeilen zitiert, die den *vir ecclesiasticus* zur Mutter Kirche in Beziehung setzen. „Comme il comprend, par exemple, l'enthousiasme d'un Newman encore anglican lorsqu'il découvrit la véritable Église en découvrant 'l'Église des Pères' et que, par une sorte de réminiscence platonique ou plutôt par une illumination de l'Esprit, il y reconnut sa Mère!" (ebd., 213); „Il ne se reconnaîtrait pas le droit de se dire l'homme de l'Église, s'il n'était d'abord et toujours, en toute sincérité, son enfant" (ebd., 228); „Tout vrai catholique nourrit donc envers elle un sentiment de tendre piété. Il aime à l'appeler de ce nom de ‚mère', jailli du cœur de ses premiers enfants [et] proclame, avec saint Cyprien et saint Augustin: ‚Il ne peut avoir Dieu pour père, celui qui n'a pas l'Église pour mère'" (ebd., 229).

sich bewusst ist, dass der Schatz, worüber er verfügt, für alle bestimmt ist und allen angeboten werden muss.

Das Allererste, was uns aus dem Schatz der Kirche übergeben wird, ist das Wort Gottes. Es ist einer sprudelnden, immer neuen Quelle gleich, die unser Leben speist und vielfach fruchtbar macht. Diese entscheidende Ausrichtung der Theologie von Pater de Lubac geht eindeutig auf den Umgang und die Auseinandersetzung mit dem Werk des Origenes zurück. Der große Alexandriner (wenn ich richtig liege, lehnt sich de Lubacs *vir ecclesiasticus* an ihn an) galt ihm als Vorbild für den „furchtlosen" Glaubensmenschen, der die verschiedensten Stellen der Heiligen Schrift in Verbindung und in Einklang zu bringen weiß, um Christi Gestalt in Erscheinung treten zu lassen. „Was ihm [Origenes] ganz besonders am Herzen liegt, so sehr wie ihm sein Glaube selbst am Herzen liegt, ist das allgemeine Verhältnis von Buchstabe und Geist, die vielen Übergänge zwischen Altem und Neuem Testament, die Christus möglich macht. Darin erblickt er eine Grundlage des Christentums und gleichsam dessen ständige Neugeburt in den Geistern."[25] Und tatsächlich entspricht die Entdeckung des Origenes einer Neugeburt in der Theologie von Pater de Lubac. Besonders aufschlussreich ist hier festzustellen, dass das Wort „Allegorie", das bei de Lubac zunächst einen negativen Beigeschmack hatte (zum Beispiel in der ersten Ausgabe von Catholicisme aus dem Jahre 1937), nach der Arbeit zur „Intelligenz der Heiligen Schrift nach Origenes" im Jahre 1950 zum beliebten Kommentarmittel desselben wird.

Das alles beruht auf „dem Fakt Christus", wie es wiederholt in *Histoire et Esprit (Geist aus der Geschichte)* heißt.[26] Es geht hier nicht um Theorie, sondern um einen „Fakt", den einer auszuteilenden Fülle der Gnade. Die Ankunft Christi ist also als Fortschritt in der Erfüllung zu verstehen: „Wenn man beide Testamente in ihrer historischen Folge betrachtet, so gehören sie nicht zusammen wie Stroh und Korn, sondern wie zwei verschiedene Kornsorten."[27]

25 Henri de Lubac, Histoire et Esprit. L'intelligence de l'Écriture d'après Origène (1950), Œuvres complètes XVI, Paris 2002, 170–171. Weiter hinten heißt es: „Son exégèse répondait encore à des nécessités qui furent celles du christianisme naissant. Il nous est difficile aujourd'hui de bien les apercevoir. Le rôle de cette exégèse nous échappe, non parce qu'il fut sans importance, mais parce qu'il a été parfaitement rempli. Nous jouissons en paix de ceux de ses résultats qui sont acquis pour toujours, et nous n'imaginons plus la situation qui la rendait nécessaire" (ebd., 378).

26 Ebd., 11. 43. 380.

27 Ebd., 452.

Dies darf natürlich nicht vergessen lassen, dass das Mysterium des Kreuzes einen radikalen Bruch bildet. Bei Pater de Lubac gibt es aber keine Christologie. Denn in Christus nimmt die Geschichte ein Ende, und das Leben in Christus ist ein Leben im Geist. Da Christus schon auferstanden ist, können wir schon jetzt den Geist vorkosten, und zwar durch Christi Vermittlung: „Ihr werdet die Kraft des Heiligen Geistes empfangen, der auf euch herabkommen wird" (Apg 1,8). So findet man bei de Lubac auch keine Pneumatologie, denn unsere Geschichte befindet sich schon im Bannkreis des Geistes oder – anders gesagt – unterliegt dessen Logik. Daher lehnt de Lubac alle Versuchungen entschieden ab, die er in großer Anzahl in *La Postérité spirituelle de Joachim de Fiore (Joachim von Fiores geistige Nachkommenschaft)* vorführt, und die eine Ära des Geistes nach der Ära Christi fantasieren.[28]

Es leuchtet ein, dass de Lubacs Lektüre der Heiligen Schrift, im Kontext seiner persönlichen Verbindung mit Origenes, sich ebenfalls auf seine Theologie des „Übernatürlichen" auswirken muss. De Lubac stützt sich auf die außerordentliche Kraft, die ihm diese Lektüre vermittelt, so wie er sie sich in den vier Bänden der *Geschichte der mittelalterlichen Exegese* vornimmt, um damit an die Welt und an die Kultur heranzugehen. „Mit ‚Surnaturel' [...] tritt ein junger David gegen den Goliath der neuzeitlichen Rationalisierung und Logisierung des christlichen Mysteriums an."[29] Dabei lassen sich die Hindernisse, die diesem Unterfangen im Weg stehen, nicht leicht überwinden, so dass Pater de Lubac allein fünf Bände braucht, um sein gesamtes Denken zu diesem Thema kohärent darzulegen und die Einwände dagegen entkräften zu können.[30]

Pater de Lubacs Hauptvorsatz war es schon immer, „etwas Ausschlaggebendes für den Nichtgläubigen von heute"[31] zu sagen. Sein enges Verhältnis sowohl zu Abbé Laurent Remillieux und Abbé Edouard Duperray, die in den neuen Bezirken am Stadtrand von

28 Henri de Lubac, La postérité spirituelle de Joachim de Fiore. I. De Joachim à Schelling. II. De saint Simon à nos jours, Paris 1979.

29 Hans Urs von Balthasar, Henri de Lubac. Sein organisches Lebenswerk, Einsiedeln 1976, 52.

30 Brigitte Cholvy, Une controverse majeure: Henri de Lubac et le surnaturel, in: Gregorianum 92 (2011), 797–827. Cholvy ist die Autorin einer Doktorarbeit, welche sie am l'Institut Catholique de Paris verteidigt hat: Brigitte Cholvy, La théologie du surnaturel d'Henri de Lubac, Paris 2009.

31 Xavier Tilliette, Présentation, in: Henri de Lubac, Le Drame de l'humanisme athée, Œuvres complètes II, Paris 1998, XVII.

Lyon wirkten, als auch zu Abbé Jules Monchanin, der im Hinblick auf eine Kontaktaufnahme mit dem Hinduismus einen Ashram in Indien gründete, lässt de Lubacs grundlegenden Wunsch erkennen, der zeitgenössischen Welt Christus verkündigen zu können. Deshalb bemüht er sich erst zu verstehen, wie diese Offenbarung erwartet wird, wie sie wahrgenommen werden kann und dann, wie sie zu vermitteln ist. „Das Hauptanliegen seiner Arbeit war nicht das Wissen allein, sondern die notwendige Verkündigung des Evangeliums in der heutigen Welt."[32] Erwarten die Menschen von heute das, was wir verkündigen, und können sie es hören? Im Grunde ist de Lubac einfach der Überzeugung, „der Mensch kann in seiner Natur selbst seine grundsätzliche Hinwendung zu Gott entdecken, ohne dass sich daraus folgern lässt, Schöpfer und Geschöpf wären eins."[33]

Von Maurice Blondel hat er die Idee übernommen, das Christentum habe einen Sinn und erfülle das Begehren des Geistes, denn der Mensch sehne sich konstitutiv über sich hinaus.[34] Wenn de Lubac schreibt, Gott habe meinem Wesen eine übernatürliche Finalität eingeprägt, so ist er sich bewusst, dass diese Behauptung irgendwie *hinkt*, aber „dieses geheimnisvolle Hinken [...] bei einem aus dem Nichts erschaffenen Geschöpf, das jedoch seltsamerweise an Gott heranreicht, [kommt daher, dass] es als Abbild Gottes [...] des seligen Wissens fähig ist."[35] Übrigens lassen auch seine Notizen zum Konzil erkennen, wie sehr er an der Idee einer innigen Verbindung des Natürlichen mit dem Übernatürlichem hängt.[36]

Hier müssen wir an de Lubacs Schriften denken, die er im Dialog mit der zeitgenössischen Kultur entwickelt hat: sie sind vom Stil

32 Cholvy, controverse (Anm. 30), 797. „Est-il possible et raisonnable d'annoncer à tous les hommes l'Evangile de Jésus-Christ, de sorte que ce soit pour chacun une bonne nouvelle ou bien est-ce finalement un particularisme lié à une époque et à une culture?" Ebd., 798.

33 Ebd., 799.

34 Ebd., 802, Fußnote 20, sowie 819.

35 Henri de Lubac, Surnaturel, Paris 1991, 110 und 149.

36 Henri de Lubac, Carnets du Concile, Bd. 2, Paris 2007, 271.273.279.297.309. Jacques Prévotat unterstreicht in seinem Vorwort „Je cherche à montrer combien les questions qu'on agite aujourd'hui auraient besoin d'être éclairées, à leur base, par une doctrine cohérente de la nature et du surnaturel". Ou encore: „Si nous ne sommes pas convaincus a priori, par une vue de foi, qu'il y a une certaine harmonie préétablie entre la Révélation du Christ, prise dans sa plénitude, et l'attente secrète déposée par Dieu au fond de l'homme de tous les temps, nous manquerons de l'audace apostolique qui seule a chance d'atteindre l'homme de notre temps", Jacques Prévotat, Préface, zitiert nach: Henri de Lubac, Carnets du Concile, Paris 2007, IX bis XIII.

her gesehen sehr unterschiedlich, stimmen jedoch in Hinsicht auf das Gesamtprojekt überein. Man denke an *Le drame de l'humanisme athée (Die Tragödie des Humanismus ohne Gott)*, *Proudhon et le christianisme (Proudhon und das Christentum)* oder auch *De la connaissance de Dieu (Über die Kenntnis Gottes)* – die Idee zu dieser Schrift ging aus den Gesprächen hervor, die er in den Schützengräben des ersten Weltkriegs mit einem künftigen Schullehrer hatte: dieser „war kein Christ, aber auch kein militanter Atheist, er glaubte nicht an Gott. Wir redeten miteinander, diskutierten. Wir waren ganz jung und unerfahren: 20 Jahre alt."[37]

In *Catholicisme*[38], einer gleichsam programmatischen Schrift, in der sich die ganze Entwicklung des späteren Werks zu erkennen gibt, verweist Pater de Lubac auf eine Reihe grundlegender und unstrittiger Quellen aus der einschlägigen Literatur zum Platz der Kirche in der Welt, die deren paradoxen Auftrag erklären, denn die Kirche ist gleichzeitig sichtbar und unsichtbar, menschlich und göttlich, vergänglich und ewig. So kann man behaupten, Gott habe die Kirche schon vor der Schöpfung der Welt gewollt.[39] De Lubacs Denken hat sich einige Jahrzehnte später mit *Paradoxe et mystère de l'Église (Paradox und Mysterium der Kirche)* noch erweitert und abgeklärt. Die Katholizität der Kirche als Mutter dehnt sich jetzt auf die ganze Welt aus, weit über ihre bekannten Grenzen hinaus. Nichts Menschliches könnte ihr eigentlich entkommen.

Am Ende dieses ersten Teils meines Referats über Pater de Lubac möchte ich auf die wunderschönen Seiten über die Person und die Liebe im letzten Teil von „Glauben aus der Liebe" hinweisen. „Die sozialen Aspekte des Dogmas", so lautet der Untertitel dieses Werks im französischen Original, lassen sich tatsächlich mit den Wörtern Person und Liebe ganz gut zusammenfassen, indem sie sich auf das Mysterium der Person, die wir vor allem zu lieben haben, beziehen.[40]

---

37 Lubac, Mémoire sur l'occasion de mes écrits (Anm. 11), 40.

38 In der deutschen Übersetzung: Henri de Lubac, Glauben aus der Liebe, Einsiedeln ³1992.

39 Vgl. dazu Henri du Lubac, Aspects du bouddhisme I, Œuvres complètes XXI, Paris 2012. Dort zeigt der Autor auf, wie sich die Liebe im Buddhismus von der Caritas des Christentums unterscheidet.

40 Vgl. Lubac, Catholicisme (Anm. 17). Siehe besonders den dritten Teil des 11. Kapitels, 283–305. „Personne et société" (Le Mystère de la Personne; La cité des pierres vivantes; Révélation de l'homme; Catholicisme et vie intérieure).

2. Die Mitte im Werk von Hans Urs von Balthasar

Im Fall von Hans Urs von Balthasar sollten wir es leichter haben, denn der Basler Theologe spricht immer wieder vom Zentrum („Rückkehr zum Wesentlichen"), vom Herzen *(Das Herz der Welt, Au cœur du mystère rédempteur*[41]*)*, vom Entscheidenden (der deutsche Untertitel von *Cordula* lautet: *Der Ernstfall*, der französische *L'épreuve décisive*[42]*)*, von Integration *(Das Ganze im Fragment*[43]*)*. Das ist aber nicht so sicher. Er selbst fragt sich, was als die Einheit seiner ganzen Arbeit betrachtet werden könnte. Mit leichter Ironie oder etwas skeptisch spricht er im letzten Vortrag, den er einen Monat vor seinem Tod am 10. Mai 1988 in Madrid hielt, folgende Worte: „Wenn einer so viele dicke Bücher verfasst hat, fragen sich die Leute: was meint er damit im Grunde? [...] Man möchte schon das Herz seines Denkens erfassen, denn man setzt voraus, dass es ein solches gibt."[44]

Balthasars Denkmodus ist vorerst kontemplativ, wie die von ihm gebrauchten Grundbegriffe (*Gestalt, Herrlichkeit, Erscheinung* u. Ä.) erkennen lassen. Indem er sich der Theologie zuwandte, wollte er einen neuen Weg einschlagen und mit dem brechen, was ihn im Studium so sehr bedrückte – nämlich dass das Mysterium des Glaubens zerstückelt und zum Unterrichtsstoff in Form einzelner Abhandlungen wurde. „Elend der Theologie", ruft er aus, wenn er an seine Studienjahre in Lyon-Fourvière zurückdenkt. Ihm liegt daran, von einer Theologie Abstand zu nehmen, die wie beispielsweise Karl Rahner ein ganzes Arsenal von Begriffen mobilisieren muss, um ihre Demonstrationen rational durchführen zu können. Deshalb gebe er Goethe gegenüber Kant den Vorzug, so Balthasar, der sich das Wort *Gestalt* aussucht, um sich auf den Weg zu Christus zu machen. Man muss zuallererst ein Ganzes, eine Gesamtheit auf einen Blick erfassen können, bevor man einer einzelnen Frage nachgeht oder sich in irgendeine Abhandlung vertieft.

Balthasar verbirgt sich manchmal hinter poetischen Wunschformeln – zum Beispiel wenn er über das Christentum sagt: alles beginne mit einer „aperception", einer „Erscheinung", wenn man

41 Hans Urs von Balthasar, Au cœur du mystère rédempteur, Paris 2005.

42 Hans Urs von Balthasar, Cordula oder der Ernstfall, Einsiedeln ^{4}1987.

43 Hans Urs von Balthasar, Das Ganze im Fragment, Einsiedeln ^{2}1992.

44 Hans Urs von Balthasar, Versuch eines Durchblicks durch mein Denken, in: IKZ 18 (1989) 289–293, 289.

dieses immense Liebesmysterium mit den Augen erfasst. Der erste Ausruf bei dieser Erfassung der christlichen Offenbarung muss ein Ausruf der Bewunderung sein: „Wie schön ist das!" Denn Balthasar meint, man könne das Ganze mit einem Blick übersehen und sogar – und dies ist noch überraschender – das Ganze im Fragment entdecken: Diese These vertritt er im Werk, dessen Titel ins Französische *De l'intégration* übertragen wurde. Er liebt sogenannte „Begriffe der Totalität" wie אמת (emet), קדצ (sedek), דסח (hesed), die gleichzeitig das ausdrücken, was ist und was sein soll. Die verschiedenen Teilaspekte der christlichen Offenbarung „fügen sich so vollkommen zu derselben Wirklichkeit zusammen, dass jedes Mal ein einziges Wort ausreicht, um sie alle – wie auch immer – zu verstehen."[45]

„Ich hatte vor [so Balthasar 1987 in Paris anlässlich der Veröffentlichung vom 2. Band der *Theodramatik* in französischer Übersetzung], die Abfolge der theologischen Abhandlungen durcheinanderzubringen [...] und somit der Sache möglichenfalls einen gewissen ‚Charme' abzugewinnen."[46] Solche scherzhaften Worte verbergen eigentlich Balthasars Angst, die Theologie in ein starres und intellektuell tödliches Korsett einzusperren. Formal besteht die Veränderung darin, dass die Theologie unter der Rücksicht der drei Transzendentalien betrachtet wird, erstens des Schönen, dann des Guten, und anhand der Folgerungen daraus wird man schließlich in der Entdeckung des Wahren weiterkommen können – so ist die Reihenfolge der Trilogie entstanden. Aber die größte Erschütterung geht auf Adrienne von Speyr und auf deren geistliche Betreuung ab Allerheiligen 1940 zurück: erst durch sie, so Balthasar, habe die ganze Theologie, die er gelernt hatte, eine Gestalt annehmen können. „Durch die Erfahrungen Adrienne von Speyrs bekamen die Fragen, die offengeblieben waren, eine Antwort oder wurden in ihrer Relevanz bestätigt. Das Herz der Welt aus dem Jahre 1943 ist der erste direkte Widerhall auf das, was ich in der Heiligen Woche bei Adrienne miterlebt hatte, namentlich durch ihre Erlebnisse am Karfreitag und am Karsamstag sowie durch ihre österlichen und eucharistischen Erlebnisse."[47]

---

45 Hans Urs von Balthasar, Retour au centre, Paris 1971, 17–18.

46 Konferenz über das Gesamtbild der Trilogie. 12.02.1987 im Centre Culturel Suisse in Paris, anlässlich der Publikation des zweiten Bandes von „Dramatique Divine" in französischer Sprache.

47 Hans Urs von Balthasar, L'Institut Saint-Jean, genèse et principes, Paris 1986, 76–77.

Wäre es fehl am Platze, wenn ich die von Balthasar bei dieser Begegnung erlebte innere Erschütterung vergleichen würde mit der „Neugeburt" im Werk von Pater de Lubac, die ich kurz vorhin in Zusammenhang mit seiner Arbeit über Origenes gebracht habe? Eines Tages im Februar 1987 habe ich mich anlässlich eines entspannten Tischgesprächs getraut, ihn zu fragen, wie er sich der geistlichen Authentizität von Adriennes Erfahrungen vergewissern konnte. Er antwortete mir folgendes: Ja, das sei eine gute Frage. In mehr als 90% der Fälle sei diese Art spiritueller Beziehungen mit einem Mystiker suspekt. Aber als er von Adrienne gehört habe, was sie erlebte, habe alles, was sie ihm sagte, so völlig mit der echtesten katholischen Theologie übereingestimmt und so überzeugend geklungen, dass er ein ihm bisher unbekanntes Licht im weiten Panorama der christlichen Offenbarung entdeckt habe.

Und in der Tat: *Das Herz der Welt,* ein Werk, das keine Quellenangaben enthält, jedoch alles sagt und gleichsam alle künftigen Werke vorwegnimmt, zeigt genau, wo die Mitte – „das Herz" – liegt, indem es, aus einer neuen Quelle lebendigen Wassers, nämlich dem geistlichen Erlebnis Adriennes schöpfend, die vorhin gelernte Theologie völlig neu in Angriff nimmt und organisiert. Dieses kleine Meisterwerk besteht aus drei Abschnitten: „Das Reich", das von Gottes Abstieg in unsere Welt handelt, „Das Leiden" und dann „Der Sieg", der von Licht überflutet ist. Am härtesten in diesem Werk ist natürlich der zweite Abschnitt, in dem man auf solche Überschriften stößt wie: „So spricht Satan", „Gott ist gefährlich", „Du sitzt gefangen" und „Karsamstag"![48]

„Satan spricht mit unerträglichem Zynismus, zunächst wenn er sich vor der Vollendung des Erlösungswerks an Christus wendet und ihn warnt: Du willst den Blitz Gottes von den Menschen abwenden? So fährt er eben in dich. [...] Ich will dir schlicht sagen, worum es sich handelt: dein Werk ist umsonst getan. [...] Du hast geglaubt, Erlösung zu bringen, in Wirklichkeit hast du die Sünde verzehnfacht."[49] Dann wenn er sich an uns wendet und versucht, uns verzweifeln zu lassen, damit wir Gott, den er als „gefährlich" bezeichnet, misstrauen. „Gib acht, er verstellt sich. [...] Lässest du dich fangen, so bist du verloren."[50] Was dabei im Grunde einleuch-

48 Hans Urs von Balthasar, Das Herz der Welt, Einsiedeln ^{2}2008.

49 Hans Urs von Balthasar, Le cœur du monde, Luxemburg 1997, 116.118.120.

50 Balthasar, Das Herz der Welt (Anm. 48), 79.80.81.85.

tet, ist, dass Jesus die Welt gerettet hat, indem er durchs Feuer ging: sein Leben ging in Flammen auf. Und er macht keinen Hehl daraus, dass er dieses tollkühne Abenteuer mit uns teilen will: „Ich bin gekommen, um Feuer auf die Erde zu werfen. Wie froh wäre ich, es würde schon brennen!" (Lukas 12,49). Uns obliegt es, zu glauben, es handelt sich in Wahrheit um ein Liebesfeuer, das uns zum Sieg führt.

Balthasar bezeichnet gern seine Trilogie als „Triptychon", denn in dieser Art Kunstwerk liegt der Schwerpunkt im Motiv der Mitteltafel. Für ihn steht zweifelsohne die *Theodramatik*[51] in der Mitte seiner Theologie. Auf dieser zweiten Tafel des Triptychons geht er allerdings vom Karsamstag 1941 aus, als Adrienne in einen Zustand der absoluten Trostlosigkeit verfällt, den Zustand der Sünder in der Hölle. Im Jahre 1968, ein Jahr nach Adriennes Tod, den er als sehr schmerzlich empfunden hatte, verfasste Balthasar die *Theologie der drei Tage*[52], ein Werk, das als Übergang zwischen *Herrlichkeit* und *Theodramatik* gelten kann. Im selben Zeitraum veröffentlicht er 1966 *Cordula oder der Ernstfall*. Dieser möglicherweise übertriebene Zornausbruch gegen Karl Rahner zeigt eben, wo die Mitte liegt. Denn für Balthasar darf der Theologe nicht so überlegen, als könne das Christentum das Drama von Christi Passion entbehren, d.h. die Tatsache, dass Christus die Sünden aller Menschen durch den Kreuzestod auf sich genommen hat. Balthasar lehnt es ab, dass „der Mensch das Maß aller Dinge wäre", denn die Ereignisse im österlichen Triduum sind für den Christen der Ort und das zentrale Kriterium, an dem er seinen ganzen Einsatz in der Welt messen kann. Die letzte Anweisung Christi: „ihr werdet meine Zeugen sein" (Apg 1,8) mahnt uns daran, dass die Zeit des Zeugnisses innerlich immer mit der des Martyriums zusammenfällt.

So wie er *Glaubhaft ist nur Liebe* geschrieben hatte, um das gesamte Projekt von *Herrlichkeit* vorzustellen, so fasst er das zentrale Anliegen der *Theodramatik* im kleinen Buch *In Gottes Einsatz leben* zusammen.[53] Die faszinierenden literarischen Streifzüge durch die Theaterwelt von Sophokles zu Pirandello, oder auch von Äschylos zu Ionesco, die wir in den *Prolegomena* zur *Theodramatik* vorfinden, dienen als Rechtfertigung für die theatralische Dimension des

---

51 Hans Urs von Balthasar, L'Heure de l'Église, Paris 1986, 47.

52 Hans Urs von Balthasar, Pâques, le mystère, Paris 1972.

53 Hans Urs von Balthasar, In Gottes Einsatz leben, Einsiedeln ²1972.

Titels. Sie sind mit den zwölf Autoren, die in den zwei Bänden von *Fächer der Stile* durchgenommen werden, vergleichbar und ergänzen sich mit ihnen in dem Sinne, dass sie erblicken lassen, wie all diese Lichtpunkte nach dem großen Licht Christi tendieren.

Das Wort „Theater“ kommt in der Heiligen Schrift vor, oder vielmehr ein vom Wort abgeleitetes Verb, und zwar an der Stelle, wo der Autor des Briefes an die Hebräer, nachdem er über das Opfer Christi meditiert hat, die Leiden desjenigen zeigt, der in der Nachfolge Christi verharren will: „Erinnert euch an die früheren Tage, als ihr nach eurer Erleuchtung manchen harten Leidenskampf bestanden habt: Ihr seid vor aller Welt [theatrizomenoï – θεατριζόμενοι] beschimpft und gequält worden, oder ihr seid mitbetroffen gewesen vom Geschick derer, denen es so erging“ (Hebr 10,32–33). Es leuchtet hier ein, dass der Einsatz des Christen nicht nur in der Nachfolge der Passion Christi steht, sondern wirklich in der Passion Christi, d.h. im Einsatz Gottes für die Welt: Seitdem [seit Johannes] wird das Evangelium vom Reich Gottes verkündet ([euaggélizètaï – εὐαγγελίζεται] man könnte dieses Wort mit ›ver-geben‹ übersetzen, so dass man hören könnte, wie eng das Wort verbunden ist mit dem, was uns ›ver-sprochen‹ worden ist [epanggelizetaï – επαγγελίζεται]) und alle drängen sich danach [biazètaï – βιάζεται], hineinzukommen (vgl. Lk 16,16)[54]. Dieser Kraftakt setzt eine unerschütterliche Geisteshaltung voraus.

Übrigens steht damit die Glaubwürdigkeit der Kirche auf dem Spiel: „Die Kirche wird künftig so glaubhaft sein, wie ihre Vertreter es vor der Welt sind. […] Die Kirche wird dann nicht mehr nach ihrem in Formeln gefassten Credo, noch weniger nach ihren Theologen beurteilt werden, sondern nach dem, was dieses Credo – durch alle seine Formulierungen hindurch – in seinem Kern meint, was es an Gnade Gottes verheißt und an menschlichem Einsatz fordert.“[55]

Für Christus wie für uns, seine Jünger, sind der Auftrag und die Person nur eins. Aber gerade hier tritt die Versuchung an uns he-

54 Im französischen Original kommt dieses Wortspiel besser zum Ausdruck: „L'engagement du chrétien se situe non seulement dans le prolongement, mais vraiment dans la Pâque du Christ, c'est-à-dire dans l'engagement de Dieu pour le monde. ‚Le Royaume de Dieu est annoncé (euaggélizètaï – εὐαγγελίζεται) on pourrait traduire re-mis, pour entendre la proximité du mot avec ce qui nous a été promis (epanggelizetaï – επαγγελίζεται). Tous s'efforcent (biazètaï – βιάζεται) d'y entrer par violence' (Lc 16, 16).“

55 Balthasar, In Gottes Einsatz leben (Anm. 53), 102–103.

ran, nämlich wenn wir glauben, wir könnten wissen, wir könnten verstehen. Zwar ist die Hingabe unserer selbst, die Gott von uns verlangt, eine völlig klare und oft furchterregende Forderung. Aber selbst wenn uns dieses Mysterium durch den Einsatz Gottes in der Person Jesu enthüllt worden ist, so sollten wir nicht vergessen, dass das Mysterium weiterhin bestehen bleibt. Das ist womöglich der Sinn der allerletzten Warnung aus der letzten Schrift des Neuen Testaments. Wenn Petrus fühlt, dass „[sein] Zelt bald abgebrochen wird", ruft er die Gläubigen zu großer Demut auf. Denn als wir der Verklärung Jesu beigewohnt haben, so Petrus, „ist das Wort der Propheten für uns noch sicherer geworden, und ihr tut gut daran, es zu beachten; denn es ist ein Licht, das an einem finsteren Ort scheint, bis der Tag anbricht und der Morgenstern aufgeht in eurem Herzen." (2 Petr 1,14–21)

Auf diesen Mittelpunkt haben wir uns zurückzubesinnen. Um zu zeigen, dass er diese Bewegung fördern will, gebraucht Balthasar ein Wort im Plural: *Einfaltungen*[56] wir haben uns zerstreut, jetzt müssen wir zurück zur Mitte finden. Wir könnten diese Aufforderung noch besser verstehen, wenn wir an alle Stellen denken würden, wo Balthasar nebenbei bemerkt, was ihn in der eigenen Arbeit besonders beeindruckt hat: für ihn sei z. B. die geheime Mitte seines Werks über das Alte Testament das Kapitel zum furchterregenden „Gehorsam der Propheten"[57]. In seiner Ansprache bei der Verleihung des Wolfgang Amadeus Mozart-Preises der Johann Wolfgang von Goethe-Stiftung am 22. Mai 1987 in Innsbruck sagt er weiter, er habe nur eines erstrebt in all dem, womit er sich beschäftigt habe: alles, was er in Wien in der Germanistik gelernt habe, habe er später zur eigentlichen Mitte seines theologischen Werks gemacht, nämlich die Möglichkeit, eine Person zu sehen, zu bewerten, auszulegen.

Gerade das will er Goethe zu verdanken haben. Die Werteskala der Kultur unserer Zeit angesichts der christlichen Hauptwahrheiten werfe eine Anzahl von Fragen auf. All diese Probleme hätten ihn von den 1930er Jahren bis in die 1960er Jahre hinein beschäftigt. Hier ging es von Balthasar darum, etwas wieder aufzubauen, damit aus der alten Wahrheit eine einheitliche, verständliche, organische

56 Vgl. Hans Urs von Balthasar, Einfaltungen. Auf Wegen christlicher Einigung, Einsiedeln ^{4}1988.

57 Vgl. Hans Urs von Balthasar, L'Institut Saint-Jean (Anm. 47), 90.

Figur entstehe, in der jedes Mitglied alle anderen brauche und als Ganzes von der untrennbaren Einheit zeuge.[58] So kommt Balthasar selbst zu der Einschätzung, der rote Faden seines Werks und dessen unzähliger Exkurse in die Welt der Kultur sei es, auf die Figur Christi zu zeigen als Zeugen für eine unfassbare Liebe, die sich von dem trinitarischen Gott nährt und mit dem Kreuz gipfelt.

3. Schluss

Zum Schluss möchte ich darauf hinweisen, was meines Erachtens beiden Theologen in der Mitte ihres Denkens und ihres Glaubens gemeinsam ist. Natürlich steht im Mittelpunkt von allem Christus. Er ist im Wort *Gestalt* sowie überall im philosophischen, theologischen und kulturellen Entwicklungsgang zu finden, den uns Balthasar vorzeichnet. Auch de Lubacs Schriften, von der Exegese des Origenes über die Auslegung mittelalterlicher Texte bis hin zur Studie über den atheistischen Humanismus, streben bloß nach der Offenbarung vom „Licht Christi".

Auch die von jedem von ihnen angewandte Methode ist vergleichbar. Sie lesen sehr viel und interessieren sich für alles Mögliche (es wäre sicher aufschlussreich, ihre besondere, ihnen eigene Art und Weise des Lesens zu untersuchen). Sie durchforschen die verschiedenen Gebiete der Kultur je nach Geschmack und Interesse: Bei Balthasar kann das sowohl Musik, Dichtung oder Theater sein als auch Philosophie oder Theologie. Durch ihre feinfühlige, tiefgehende Auslegekunst können mithilfe des Parakleten diese vielfältigen Begabungen zur Geltung kommen und Früchte tragen. So vermögen de Lubac und Balthasar den Brennpunkt genau zu bestimmen, jene „Mitte" zu kräftigen, von der das Licht ausgeht, wovon sie Zeugnis ablegen wollen.

Es weht durch ihr Werk ein Wind der Freiheit, der zu ihrer Zeit ziemlich ungewöhnlich ist. Sie nehmen es nicht hin, dass die theologischen Summen aus dem Mittelalter, weil sie einen höheren Synthesegrad aufweisen, die Kirchenväter in Vergessenheit geraten lassen und davon abhalten, sie zu lesen. Das hat unter anderem das *Aggiornamento* von Papst Johannes XXIII. als Vorstufe auf dem Weg zum Zweiten Vatikanischen Konzils zu bedeuten. Denn zwar hatte

58 Elio Guerriero, Hans Urs von Balthasar, Paris 1993, 354–356.

das Konzil die Kirche mit der Kultur „vom heutigen Tag" zu versöhnen, aber auch viele in Vergessenheit geratene Schätze wieder „ans Tageslicht" zu bringen. So fällt auf, wie beide Theologen sich auf ganz unerwartete Autoren berufen, um diesen oder jenen Aspekt der christlichen Offenbarung neu zu beleuchten. Wer von uns kannte oder hatte Hopkins vor Balthasars *Fächer der Stile*[59] gelesen? Was für eine Überraschung, dass dieser zur katholischen Kirche konvertierte Anglikaner, der an schweren psychologischen Problemen litt, das eigene Leben mit dem Untergang der *Deutschland* in der Themse vergleicht und in seinen Gedichten schildert, wie Christus auf ihn zukommt!

Was Pater de Lubac betrifft, so schreckt er nicht davor zurück, uns an Proudhon heranzuführen, zu dem er eine besondere Zuneigung empfindet. Proudhons Vorwurf, die katholische Kirche habe sich von ihrer natürlichen Rolle abgewandt, findet bei ihm Gehör: „So wie die meisten Gegner des Katholizismus – man denke an Renan – ist Proudhon ein Fundamentalist"[60], so schreibt de Lubac ohne Zaudern. Dabei beruft er sich auf einen eindrucksvollen Text, der deutlich erkennen lässt, wie besessen und im Innersten aufgewühlt Proudhon ist von der Idee Gottes: „Gott ist zwar versteckt, aber eines steht fest: er quält uns; wir wähnen ihn immer wieder zu sehen; es ist uns, als klopfe er schon an die Tür […]. Wir wissen nicht, wer Gott ist, was sein Wesen ausmacht, seine Attribute usw.; und doch müssen wir nolens volens bekennen: es gibt jemanden."[61]

Wo liegt also die Mitte ihres Denkens? Und was hat schließlich „Mitte" zu bedeuten? Vielleicht ist sie dort, wo das Denken in Wahrheit und Freiheit mit der Liebe zusammenfließt. Deshalb tragen Lubac und Balthasar stets Sorge für die Freiheit des Menschen und sind überzeugt, der Mensch könne nur in Verbindung mit demjenigen, der in ihm Einheit und Eintracht zu schaffen vermag, das Glück erreichen. Lubac versucht, Natur und Übernatürliches bzw. Freiheit und Gnade in Übereinstimmung zu bringen, während Balthasar die Spaltung zwischen *Theologie und Heiligkeit*[62] beanstandet und sowohl „das Feld der Metaphysik" als auch die Gebiete der Literatur und des Theaters durchforscht, um zu zeigen, wie diese

59 Hans Urs von Balthasar, La Gloire et la croix, t. 2, Styles 1 et 2, Paris 1983. (Sur Hopkins, volume 2, 231–276).

60 Henri de Lubac, Proudhon et le christianisme, Paris 1945, 226.

61 Cholvy, controverse (Anm. 30), 80, Fußnote 10.

62 Hans Urs von Balthasar, Théologie et sainteté, in: Dieu vivant, 12 (1948), 17–31.

unseren Glauben erleuchten.

Für beide Theologen steht die Liebe zum Menschen, die in der Liebe zu Jesus Christus wurzelt, an erster Stelle. Es handelt sich um eine persönliche Liebe, und zwar in doppeltem Sinne des Wortes: Die Liebe wird uns offenbart und ist überall zu finden. Diejenigen, die lieben, machen sich und ihre Mitmenschen glücklich, indem sie sich auf das Abenteuer des Dienstes einlassen. Und wir Gläubige sehen sie „in Gottes Einsatz leben", gleichsam erfasst und immer wieder neu erfasst von der Liebe der göttlichen Personen, dieses Gottes, der „die Welt so sehr geliebt hat, dass er seinen einzigen Sohn hingab" (Joh 3,16).

Der Grundduktus innerhalb der Fundamentaltheologie von Joseph Ratzinger*

Rudolf Voderholzer

1. Aus aktuellem Anlass: Rom St. Peter, 14. und 17. November 1962

Wir erinnern uns in diesen Tagen des Beginns und der ersten Arbeitswochen des Zweiten Vatikanischen Konzils. Die österreichische Nachrichtenagentur Kath-Press bringt in ihren jeweiligen Tagesmeldungen im Anhang die Meldungen von vor 50 Jahren das angelaufene Konzil betreffend. Wir haben in diesem Jahr 2012 glücklicherweise dieselbe Zuordnung des Datums zu den Wochentagen. Auch 1962 war der 16. November ein Freitag.

1.1 *Kardinal Frings ergreift zweimal das Wort*

Am Mittwoch, den 14. November, es war die 19. Generalkongregation, begann die Debatte um das Schema „De fontibus revelationis", und als Zweiter ergriff Kardinal Frings das Wort. „Hoc schema mihi non placet"[1] – übersetzt: „Dieses Schema findet meine Zustimmung nicht", war sein Votum, und er begründete es mit einer

* Der folgende Beitrag speist sich auch aus Überlegungen, die der Autor bereits an anderer Stelle ausgeführt hat. Vgl. Rudolf Voderholzer, Offenbarung und Kirche. Ein Grundgedanke von Joseph Ratzingers Habilitationsprojekt (1955/2009) und seine theologische Tragweite, in: Marianne Schlosser / Franz-Xaver Heibl (Hg.), Gegenwart der Offenbarung. Zu den Bonaventura-Forschungen Joseph Ratzingers (= RaSt 2), Regensburg 2011, 50–73; vgl. auch Rudolf Voderholzer, Offenbarung, Tradition und Schriftauslegung. Bausteine zu einer christlichen Bibelhermeneutik, Regensburg 2013.

1 ASCOV I/3, 34–36, 34.

Reihe von fundamentaltheologischen Argumenten, die, wie die Quellen eindeutig bezeugen, von Joseph Ratzinger entwickelt worden waren:[2] Die Rede von den zwei Quellen ist nicht traditionell, sondern entstammt der Periode des Historismus. Es gibt nur eine Quelle der Offenbarung im Sinne des fons essendi, die geschichtliche Selbstmitteilung Gottes, die in Jesus Christus, dem Fleisch gewordenen Wort, kulminiert. Eines der wichtigsten Argumente hatte Frings aber, der wegen seiner Sehschwäche seinen Text nicht vorlesen konnte, sondern auswendig vortragen musste, vergessen. So meldete er sich am Samstag, den 17. November, es war die 21. Generalkongregation, noch einmal zu Wort, entschuldigte sich und ergänzte seine Wortmeldung.[3] Er habe sagen wollen, es gebe nur eine Quelle im seinsmäßigen Sinne, die Offenbarung selbst. *Und*: Die Heilige Schrift und die Heilige Tradition seien zwei Flüsse, „rivuli“, die ihr entspringen, aber nicht „fontes revelationis“. Damit ist der Grundansatz des Schemas im Herz getroffen.

1.2 Joseph Ratzingers Argumente zeigen Wirkung

Wir wissen heute, dass diese Kritik am Schema „De fontibus“ ihre Wirkung nicht verfehlt hat. Die aus dem Schema „De fontibus“ nach vierjähriger Umarbeitungszeit hervorgegangene Offenbarungskonstitution Dei Verbum wird eröffnet mit einem Ersten Kapitel „De ipsa revelatione“, dem das Kapitel 2 „De divinae revelationis transmissione“ nachgestellt ist, worin Tradition und Schrift – in dieser Reihenfolge! – als „Medien der Weitergabe der Offenbarung“ qualifiziert werden und der Offenbarung selbst nach- bzw. untergeordnet werden. Joseph Ratzinger, der im Vorfeld der Diskussion um „De fontibus“ besonders aktiv war,[4] konnte mit seinen Argumenten, die Kardinal Frings überzeugten, also Entscheidendes bewirken. Er tat dies gewiss nicht alleine. Gerade in dieser Zeit ist die Zusammenarbeit mit Karl Rahner sehr intensiv. Aber durch seine fundamentaltheologische Vorbildung und seine Beschäfti-

2 Vgl. JRGS 7.

3 „Et volebam dicere: ex quo duo rivuli emanant, scilicet Sacra Scriptura et Traditio; sed quia, propter debilitatem oculorum meorum legere non possum, et ideo memoraliter omnia dicere debeo, oblitus sum haec verba facere: ‚ex quo duo rivuli emanant, Sacra Scriptura et Traditio‘.“ (ASCOV I/3, 139)

4 Vgl. besonders den Vortrag am Vorabend der Eröffnung des Zweiten Vatikanischen Konzils „Bemerkungen zum Schema ‚De fontibus revelationis‘“, in: JRGS 7, 157–174.

gung mit Bonaventura (s. u.) war er für diese Fragestellung besonders sensibilisiert und kompetent.

Die Debatte um das Schema „De fontibus“ und der daraus schließlich hervorgehenden Offenbarungskonstitution führt bereits mitten in das Thema, das hier zu bearbeiten ist. Es zeigt sich in wirkmächtiger Weise ein – wenn nicht sogar der – Grundduktus der Fundamentaltheologie Joseph Ratzingers.

2. Joseph Ratzinger – der Fundamentaltheologe

Papst Benedikt XVI. schildert im Vorwort zu Band 2 seiner gesammelten theologischen Schriften, wie zielorientiert Gottlieb Söhngen[5], sein verehrter Doktorvater, ihn als seinen Meisterschüler aufgebaut, ihn auf die Lehrtätigkeit vorbereitet hat, und zwar nicht in Dogmatik, sondern in seinem Fach Fundamentaltheologie.[6] Nachdem er sich in der Dissertation mit dem Thema „Kirche“ beschäftigte, indem er dieses Thema bei einem frühkirchlichen Autor (Augustinus) untersucht und sich in die Patristik eingearbeitet hatte, sollte nun der zweite große Themenkomplex der Fundamentaltheologie, das Thema „Offenbarung“, eingehend untersucht werden und mit dem mittelalterlichen Autor Bonaventura zugleich eine weitere wichtige Etappe der Theologiegeschichte exemplarisch erschlossen werden.[7]

2.1 Das Duo der Schultheologie: Apologetik und Dogmatik und ihre Arbeitsteilung

Die Fundamentaltheologie war in den 1950er Jahren noch eine junge Disziplin. Die erste Auflage des LThK (der „Buchberger“) kennt in Band 4 (1932 erschienen) noch kein Stichwort „Fundamentaltheologie“.

Die Fundamentaltheologie war erst im Laufe des 20. Jahrhunderts allmählich aus der Apologetik hervorgegangen, die zusammen mit der Dogmatik die Systematische Theologie darstellte und mit ihr in

5 Gottlieb Söhngen (1892–1971), seit 1947 Professor für Propädeutik und Fundamentaltheologie in München.

6 Vgl. Söhngens programmatischen Art. Fundamentaltheologie, in: LThK² 4, 452–459.

7 Vgl. Papst Benedikt XVI., Vorwort, in: JRGS 2, 6f.

einer spezifischen Weise arbeitsteilig verbunden war, wenn ich das einmal etwas holzschnittartig hier so sagen darf. Während die Dogmatik das System des Glaubens als in sich geschlossenes, von Gott geoffenbartes Ganzes in seinem inneren Gefüge zu präsentieren hatte, war es der Apologetik aufgetragen, die Vernunftgründe für die Glaubwürdigkeit dieses Glaubenssystems aufzuzeigen und in der Auseinandersetzung mit den Protestanten („demonstratio catholica" in Bezug auf die Kirche) und mit Juden und Muslimen („demonstratio christiana" in Bezug auf die Offenbarung) zu verteidigen. Diese Art von Arbeitsteilung war bei vielen bedeutenden Theologen – vor allem in Frankreich und in Deutschland – lange schon als unbefriedigend angesehen worden: zum einen wegen des stark defensiven Charakters, den die Apologetik somit zwangsläufig erhalten hatte, zum anderen aber auch wegen der Schwierigkeiten, den Glauben sozusagen nur formal zu begründen, ohne gleichzeitig seinen Inhalt in den Blick zu nehmen, andererseits, was die Dogmatik betrifft, den Glauben nur als geschlossenes System vorzustellen, ohne zugleich seine Lebensrelevanz und seine Glaubwürdigkeit und Begründbarkeit mitzudenken.

2.2 Fundamentaltheologie als fundamentale Theologie

Weithin wird die Antrittsvorlesung von Henri de Lubac aus dem Jahr 1929 in Lyon theologiegeschichtlich als Initialzündung angesehen, die die Wende markiert von der klassischen Apologetik zur Fundamentaltheologie, wie sie heute weithin verstanden wird.[8]

Albert Lang, der Vorgänger von Joseph Ratzinger auf dem Lehrstuhl für Fundamentaltheologie in Bonn, hat in seinem zweibändigen Lehrbuch „Fundamentaltheologie" das Selbstverständnis dieses neuen Faches, das er bisweilen auch noch „neue Apologetik" nennt, trefflich beschrieben: „Die neuere Apologetik" – der er sich denn auch anzuschließen scheint – „legt besonderen Wert darauf, die Glaubensbereitschaft des modernen Menschen zu wecken, indem sie die Wertfülle des Glaubens zu entfalten und ihn als Erfüllung der im Menschen selbst gegebenen Tendenzen und Bedürfnisse aufzuzeigen sucht. Weil die traditionelle Apologetik die

8 Henri de Lubac, Apologetik und Theologie (dt. von K. H. Neufeld, in: ZkTh 98 (1976) 258–270, Original: Apologétique et Théologie, in: NRTh 57 (1930) 361–378; später auch in: Henri de Lubac, Théologies d'occasion, Paris 1984, 97–111).

subjektiven Ansatzpunkte und die immanenten Antriebe zum Glauben zu wenig beachtet habe, sei sie einem unfruchtbaren Intellektualismus verfallen."[9] Joseph Ratzinger steht für eine solche neue Fundamentaltheologie, die unter beständiger Bezugnahme auf die Heilige Schrift und die Theologie der Kirchenväter, aber auch im Gespräch mit der Philosophie und Literatur der Gegenwart den Glauben zugleich darzustellen und zu begründen versucht. Deshalb greifen auch die Abgrenzungen zwischen den beiden Fächern nicht mehr. Und so kann Joseph Ratzinger offenbar ganz problemlos vom Lehrstuhl für Fundamentaltheologie in Bonn auf den Lehrstuhl für Dogmatik in Münster wechseln. Seine Fundamentaltheologie ist eine vom Inhalt des Glaubens getränkte Fundamentaltheologie, und seine Dogmatik ist eine immer die Glaubwürdigkeit und auch die Schönheit und Wahrheit und Vollziehbarkeit des Glaubens mitbedenkende Dogmatik.[10]

2.3 Von der „demonstratio christiana" zur Theologie der Offenbarung und von der „demonstratio catholica" zur Ekklesiologie und ökumenischen Theologie

Bei Joseph Ratzinger lässt sich ablesen, wie aus der „demonstratio christiana" eine Theologie der Offenbarung wird, und aus der „demonstratio catholica" eine Ekklesiologie, wie aus Kontroverstheologie „ökumenische Theologie" in einem guten Sinne wird, die sich nicht aus der Abgrenzung bestimmt, sondern im Dialog die Wahrheitsmomente der anderen Seite anzuerkennen bereit ist, ohne die eigene Position zu verraten. Schon 1958/59 bietet Joseph Ratzinger in Freising ein Lektüreseminar zur Confessio Augustana an. Einer seiner Schüler, Vinzenz Pfnür, wird diese Anregung aufnehmen und zu einem Pionier des katholisch-lutherischen Dialogs werden.

Man vergleiche in diesem Zusammenhang nur einmal die zahlreichen dementsprechenden Marginalien in den gedruckten Konzils-Schemata, die sich im Nachlass von Kardinal Frings befinden. Ein ums andere Mal beklagt Joseph Ratzinger den allzu defensiven und nur verteidigenden Stil der den Geist der römischen Schul-

9 Albert Lang, Fundamentaltheologie, Bd. 1, Die Sendung Christi, München [3]1962, 15.

10 Die Ekklesiologie-Vorlesung von 1962 (in Bonn im Rahmen des Angebots in Fundamentaltheologie) und die von Münster 1964/65 und 1965 (jetzt im Fach Dogmatik) unterscheiden sich nicht hinsichtlich der Methode der Darstellung, wie ein Vergleich der überlieferten Mitschriften immerhin zu zeigen vermag.

theologie atmenden Texte. „Je tiefer ‚katholisch', desto ökumenischer!" ist demgegenüber das Motto, mit dem eine Wortmeldung zu „De ecclesia" überschrieben ist,[11] die Frings dann auch inhaltlich unverändert übernommen hat. Joseph Ratzinger ist fest davon überzeugt, dass die Wahrheit und Schönheit des Glaubens – aus den Quellen der Heiligen Schrift und mit dem jugendlichen Charme der Theologie der Kirchenväter präsentiert – die Kraft hat, sich selbst durchzusetzen und durch so manche dürre und rationalistische Begründungsakrobatik der bisherigen Apologetik eher gefährdet als gestützt wird.[12] Hier ähneln sich der Ansatz Joseph Ratzingers und der von Hans Urs von Balthasar. Dieser hatte der Glaubensbegründung jenseits von kosmologischer und anthropologischer Reduktion den Weg der Selbstevidenz des in der Liebe gelebten Glaubens den Weg gewiesen: „Glaubhaft ist nur Liebe". Die gekreuzigte Liebe Gottes ist aus sich heraus glaubwürdig.[13]

3. Offenbarung – mehr als „geschrieben steht"

3.1 Offenbarung als geschichtliche Selbstmitteilung Gottes

Für die Fundamentaltheologie Joseph Ratzingers grundlegend ist die Einsicht in den Mehrwert der Offenbarung als geschichtliches Ereignis gegenüber ihrer Bezeugung in der Heiligen Schrift. Diese Einsicht, die in der Dogmatik und Fundamentaltheologie der 1950er Jahre sich allenthalben durchzusetzen begann, reifte bei Joseph Ratzinger besonders im Rahmen der Vorbereitung seiner Habilitationsschrift über die Geschichtstheologie Bonaventuras. Ratzinger

11 JRGS 7, 244.

12 Vgl. die kurze und prägnante Aussage zum Thema „Apologie" im Interview von 1985 „Zur Lage des Glaubens": „Die einzig wirkliche Apologie des Christentums kann sich auf zwei Argumente beschränken: die Heiligen, die die Kirche hervorgebracht hat, und die Kunst, die in ihrem Schoß gewachsen ist. Der Herr ist durch die Großartigkeit der Heiligkeit und der Kunst, die in der gläubigen Gemeinde entstanden sind, eher beglaubigt als durch die gescheiten Ausflüchte, die die Apologetik zur Rechtfertigung der dunklen Seiten erarbeitet hat, an denen die menschliche Geschichte der Kirche leider so reich ist" (Zur Lage des Glaubens, München 1985, 134).

13 Hans Urs von Balthasar, Glaubhaft ist nur Liebe, Einsiedeln 1963. Neuauflagen. Vgl. Rudolf Voderholzer, „Glaubhaft ist nur Liebe". Hans Urs von Balthasar als Inspirator Joseph Ratzingers, in: SKZ 43/2007, vom 25. Oktober 2007, 740–742; Teil II, in: SKZ 44/2007, 762–764, 769. Vgl. auch den Titel der ersten Enzyklika Benedikts XVI. „Deus caritas est".

arbeitet heraus, dass der mittelalterliche Begriff der „revelatio" umfassender war als der neuzeitliche, bezog er doch nicht nur das objektive Geschehen der personalen Selbsterschließung und deren Niederschlag in den Schriften, sondern auch die subjektive Seite des Offenbar-Werdens für den Adressaten dieser Selbstmitteilung mit ein. Damit ist nicht einer modernistischen Interpretation der theologischen Erkenntnislehre Bonaventuras das Wort geredet, sondern eine Eigenart des vorthomasischen, augustinisch bestimmten Denkens benannt. Denn für dieses, so Ratzinger, sei eine göttliche Offenbarung nur rein von außen nicht vorstellbar. Vielmehr werde immer auch der Vorgang der Annahme der Offenbarung als das Offenbarwerden *für* jemanden mitbedacht. Bonaventuras Denken setzt eine sehr lebhafte Vorstellung von einem heilsgeschichtlichen Prozess voraus, der auch den Prozess der Dogmenentwicklung umfasst, in der es zu fortschreitender „revelatio" kommen kann. Diese Einsicht nahm in seiner Interpretation zugleich eine spezifische Form an, die die Kirche als für das Offenbarungsgeschehen konstitutiv mit-erkannte. Ohne dies hier breiter zu entfalten, sei stichpunktartig daran erinnert, dass dieser Vorgang in der Fundamentaltheologie selbst als die Abkehr von einem informationstheoretischen oder instruktionstheoretischen zu einem personal-dialogischen Offenbarungsverständnis beschrieben wird. Aus dem Mehrwert der Offenbarung gegenüber ihrer schriftlichen Bezeugung folgt auch, dass das Christentum keine „Buchreligion", sondern eine „Person-Religion" ist, die Religion des Fleisch gewordenen Wortes.[14] Kirche ist konstitutiv für den Offenbarungsvorgang insofern, als nur dann mit Recht von Offenbarung im vollen Sinn gesprochen werden kann, wenn jemandem etwas offenbar geworden ist, wenn Offenbarung im Glauben angenommen worden ist. Wo im Schauen auf den Durchbohrten die Kirche mit dem römischen Hauptmann unter dem Kreuz bekennt: „Wahrhaftig,

14 Darauf legt wiederum de Lubac in seinem Kommentar zum Prooemium und ersten Kapitel von DV größten Wert. Diese Nicht-Identität von Offenbarung und Schrift herauszuarbeiten als die Lehre des Konzils und auch den Hinweis zu geben auf eine fundamentaltheologisch prinzipielle Unterscheidung beispielsweise zwischen Christentum und Islam. Islam wäre eine klassische Buchreligion, das Christentum ist eine Personreligion. Vgl. Henri de Lubac, Die göttliche Offenbarung. Kommentar zum Vorwort und zum ersten Kapitel der dogmatischen Konstitution „Dei Verbum" des Zweiten Vatikanischen Konzils, aus dem Französischen übertragen und eingeleitet von Rudolf Voderholzer (= Theologia romanica, 26), Einsiedeln 2001.

dieser Mensch war Gottes Sohn“ (Mk 15,39) oder wo die Kirche personal repräsentiert in Simon Petrus auf die Frage, für wen die Leute Jesus halten, antwortet: „Du bist der Messias, der Sohn des lebendigen Gottes“ (Mt 16,16), dort vollendet sich die Offenbarung, wo die göttliche Selbsterschließung ihren Widerhall im Glauben der Kirche findet.

3.2 Kirche als Ort des Angekommenseins der Offenbarung

In seinen autobiographischen Aufzeichnungen schreibt Ratzinger im Rückblick auf die Studien in Vorbereitung seiner Habilitationsschrift: „Diese bei der Lektüre Bonaventuras gewonnenen Einsichten sind mir später, beim konziliaren Disput über Offenbarung, Schrift, Überlieferung sehr wichtig geworden. Denn wenn es so ist, dann liegt Offenbarung der Schrift voraus und schlägt sich in ihr nieder, ist aber nicht einfach mit ihr identisch. Das aber heißt dann, daß Offenbarung immer größer ist als das bloß Geschriebene. Und das wieder bedeutet, daß es ein reines ‚Sola scriptura‘ (‚durch die Schrift allein‘) nicht geben kann, daß zur Schrift das verstehende Subjekt Kirche gehört, womit auch schon der wesentliche Sinn von Überlieferung gegeben ist.“[15] Damit ist der fundamentaltheologische Grundduktus Joseph Ratzingers im Grunde trefflich zusammengefasst.

3.3 Neubestimmung der Größen „Offenbarung“, „Tradition“ und „Schrift“

Mit der Bestimmung von Offenbarung als geschichtliches Ereignis, das im Glauben der Kirche erkenntnismäßig an sein Ziel kommt, sind auch die beiden anderen fundamental-theologischen Größen wie Tradition und Schrift unter ein neues Vorzeichen gestellt. In der vor diesem Hintergrund neu vollzogenen Zuordnung bzw. dem Aufweis der inneren Zusammengehörigkeit der Größen Offen-

15 Joseph Ratzinger, Aus meinem Leben. Erinnerungen, München 1998, 84. Die exakte Bedeutung der Tradition, die nicht nur mit dem Aspekt der Weitergabe der Offenbarung, sondern bereits mit ihrer Annahme beim menschlichen Adressaten unauflöslich verquickt ist, wurden Gegenstand einer heftigen Kontroverse Ratzingers mit Josef Rupert Geiselmann, die sich, das Geschehen der Vorbereitung und der Durchführung des Konzils begleitend, über mehrere Jahre hinzog, worauf in diesem begrenzten Rahmen allerdings nicht näher eingegangen werden kann.

barung, Tradition und Schrift liegt meines Erachtens in der Tat die Mitte der Fundamentaltheologie Joseph Ratzingers. Dies sei im Blick auf den Traditionsbegriff, dem seine besondere Aufmerksamkeit galt, näher ausgeführt.

4. „Tradition“

4.1 Die Sicht der römischen Schultheologie: Tradition als zweite Offenbarungsquelle neben der Schrift

Die in Rom in den 1950er Jahren noch bestimmende neuscholastische Schultheologie, in deren Geist das Schema „De fontibus“ formuliert war, betrachtete die „Tradition“ als eine zweite materiale Offenbarungsquelle neben der Schrift. Die damit gegebene Argumentationsstrategie war zuletzt vor allem bei der Dogmatisierung der Assumptio Mariae 1950 zur Geltung gekommen. In seinem Vortrag vom 10. Oktober 1962 legt Ratzinger die Unhaltbarkeit der Begründung dieses Dogmas durch die Berufung auf die Tradition im Sinne nur mündlicher Überlieferung dar: „Nach 1950 war keine Auskunft beliebter als zu sagen, dieses Dogma sei ein typisches Beispiel eines nur durch die Tradition zu beweisenden Satzes. In Wirklichkeit ist gerade in diesem Fall mit einer solchen Auskunft gar nichts gewonnen, sie ist im Grunde eine Flucht, keine Erklärung. Denn auch die Überlieferung weiß bekanntlich vor dem 5. Jahrhundert von der Assumptio corporalis der Gottesmutter nichts […].“[16] Tradition muss offenbar anders verstanden werden, wenn das Dogma – und daran besteht kein Zweifel – den Glauben der Kirche trefflich und glaubensverbindlich zum Ausdruck bringt.

4.2 Ratzingers Kritik an der neuzeitlichen „Traditions“-Auffassung

Was für das jüngste Dogma gilt, gilt ebenso für die früheren Fälle. Ratzinger fährt nämlich fort, indem er auch die älteren Versuche ad absurdum führt, bestimmte Inhalte des Glaubens mit einer vermeintlichen mündlichen apostolischen Tradition zu begründen: „Die Geschichte kann praktisch keinen Satz nennen, der einerseits

16 Joseph Ratzinger, Bemerkungen zum Schema „De fontibus revelationis“, in: JRGS 7, 157–174, 162f.

nicht in der Schrift enthalten ist und andererseits auch nur mit einiger historischer Wahrscheinlichkeit bis auf die Apostel zurückgeführt werden könnte. Gerade die drei klassischen Lehrbuchbeispiele – Kanon der Schrift, Siebenzahl der Sakramente, Kindertaufe – bestehen diese Probe nicht. Wer die Kanongeschichte kennt, der weiß auch, welch mühsames Ringen um die Abgrenzung dessen sie einschließt, was die Kirche als Kanon, als regula ihrer selbst anerkennen will und was nicht. Nein, die Kirche hatte keine fertig formulierte Mitteilung des letzten Apostels zur Verfügung, der testamentarisch hinterließ, welche Bücher zusammen die Schrift ausmachen sollten.“[17]

Seine eigene Position erläutert der junge Berater von Kardinal Frings dann wie folgt: Die Kirche „musste in der Selbstbesinnung auf den in ihr wirksamen Heiligen Geist in der Mühsal menschlicher Geschichte sich fragen, in welchen Büchern sie diesen Geist erkannte und welchen nicht, ehe sie scheiden konnte, was ihr Wesensgesetz ausdrückte und was nicht. Und dieses lebendige Ringen im Heiligen Geist, das ist der Vorgang des ‚tradere', das ist das über die Schrift und ihren Buchstaben hinausgreifende Plus der Tradition, nicht aber ein fertiger material zu tradierender Satz.“[18] Dieses hier von Ratzinger zumindest angedeutete Verständnis von Tradition ist mit „Kirchenbindung“ der Schrift noch zu schwach beschrieben. Überlieferung ist für Ratzinger der vom Heiligen Geist ermöglichte und getragene Prozess der je neuen Aneignung und des vertieften Verstehens des in der Schrift bezeugten Offenbarungsgeschehens im Glaubensbewusstsein der Kirche. Dieser Prozess der je neuen Aneignung und des vertieften Verstehens ist nicht auf die theologischen Hörsäle oder die Schreibtische der Theologen beschränkt, wie eine rationalistische Position das immer wieder darzutun versuchte, sondern schließt die Liturgie, das Gebet, die Meditation, schließt das gesamte Glaubensleben der Kirche ein.[19]

---

17 Ratzinger, Bemerkungen zum Schema „De fontibus revelationis“ (Anm. 16), 161f.

18 Ebd., 162.

19 Vgl. Maurice Blondel, Geschichte und Dogma, aus dem Französischen übersetzt von Antonia Schlette, theologische Einführung von Johannes B. Metz, historische Einführung von René Marlé, Mainz 1963, 74ff., neue Ausgabe herausgegeben und eingeleitet von Albert Raffelt, übersetzt und kommentiert von Hansjürgen Verweyen, Regensburg 2011 (Untertitel des französischen Originals: Les lacunes philosophiques de l'exégèse moderne [= Die philosophischen Mängel der modernen Exegese], neuerdings in Œuvres complètes, Bd. 2, Paris 1997, 390–453), 94ff.

Allerdings ist natürlich nicht einfach zu sagen, wie das zu erkennen und zu erfassen ist. Man kann über den Glauben der Kirche ja nicht abstimmen. Überlieferung ist also der lebendige, vom Geist ermöglichte Prozess der je neuen Aneignung und vertieften Verstehens des in der Schrift bezeugten Offenbarungsgeschehens.

Schon in seiner Habilitationsschrift hatte Ratzinger formuliert: „Der Satz: Neben der Schrift ist die heilige Überlieferung Quelle der ‚Offenbarung' (= Offenbarungserkenntnis) besagt also demnach *erstlich* nicht, dass es da über die Schrift hinaus noch einen Vorrat von ‚Offenbarungswahrheiten' gibt, die neben der Schrift einher weiterüberliefert werden, er besagt vielmehr, dass die Schrift nicht einfach als totes historisches Buch schon ‚Offenbarung' Gottes ist, die demnach jedem, auch dem profanen Leser hier zugänglich und ‚verfügbar' (!) wäre, sondern dass sie vielmehr nur in den Händen der lebendigen Kirche in ihrer Verkündigung zur Offenbarung wird."[20] Im Gespräch mit Bonaventura entwickelt Ratzinger eine Sicht von Tradition, die sie mit dem Empfang der Offenbarung verknüpft und somit konstitutiv sein lässt für die Offenbarung selbst.[21] Das gläubige Subjekt Kirche, geschichtlich gesprochen: die

---

20 Joseph Ratzinger, Offenbarung und Heilsgeschichte nach der Lehre des heiligen Bonaventura (1955), in: JRGS 2, 53–417, hier 66f. Eine Selbstinterpretation seiner Habilitationsschrift gibt Ratzinger beispielsweise auch in seinem Vortrag zur Katechese in Frankreich: Glaubensvermittlung und Glaubensquellen, in: ders., Die Krise der Katechese und ihre Überwindung. Rede in Frankreich, Einsiedeln 1983, 13–39, 28: „Als ich vor rund 30 Jahren eine Untersuchung über das Verständnis von Offenbarung in der Theologie des 13. Jahrhunderts zu schreiben versuchte, stieß ich auf den unerwarteten Tatbestand, dass damals niemand auf die Idee gekommen wäre, die Bibel als ‚die Offenbarung' zu bezeichnen. Auch das Wort ‚Quelle' wurde nicht auf sie angewandt. Nicht als ob die Einschätzung der Bibel damals geringer gewesen wäre als heute. Ganz im Gegenteil, der Respekt vor ihr war viel unbedingter, und es war klar, dass Theologie rechtens nichts anderes als Schriftauslegung sein kann und darf. Aber die Vorstellung von dem Zusammenklang zwischen Geschriebenem und Lebendigem war anders als heute. Deshalb wandte man das Wort Offenbarung nur einerseits auf den in Menschenworten nie einholbaren Akt an, in dem Gott sich seinem Geschöpf kundmacht, und andererseits auf den Akt des Empfangens, in dem dem Menschen diese Zuwendung Gottes aufgeht und zur Offenbarung wird. Alles in Worten Festzuhaltende, also auch die Schrift, ist dann Zeugnis von Offenbarung, aber nicht die Offenbarung selbst." De Lubac hat einen Auszug aus diesem Vortrag als Kommentar zu „Dei Verbum" der dritten Auflage seines eigenen Kommentars angefügt: Die Göttliche Offenbarung, Anhang V (Anm. 14), 270–272.

21 Ausführlicher dazu: Rudolf Voderholzer, Offenbarung und Kirche. Ein Grundgedanke des Habilitationsprojektes Joseph Ratzingers (1955/2009) und seine theologische Tragweite, in: Marianne Schlosser / Franz-Xaver Heibl (Hg.), Gegenwart der Offenbarung. Zu den Bonaventura-Forschungen Joseph Ratzingers (= RaSt 2), Regensburg 2010, 50–73.

Tradition, ist nicht nur für die Weitergabe der Offenbarung verantwortlich, so als könne man die „Offenbarung" – objektiv in der Schrift gefasst, wie oft noch vorausgesetzt ist – als solche noch einmal unabhängig vom Glaubenssubjekt der Kirche „haben".[22]

4.3 Lehramt

Mit dem Aufweis des konstitutiven Verknüpftseins von Offenbarung und Kirche (die Größen „Tradition", „kirchliches Lehramt", „Regula fidei" umfassend) gelingt Joseph Ratzinger, das sei hier wenigstens angedeutet, letztlich auch eine Begründung der kirchlichen Lehrautorität im christlichen Ursprungsgeschehen, die wesentlich tiefer greift als eine bloß theologisch-positivistisch behauptete, von außen autoritativ an die Schrift herangetragene Bedeutung.

Somit sind wir aber von verschiedenen Seiten her auf das Thema „Schrift und Schriftauslegung", also Bibelhermeneutik als weiteres Thema der Fundamentaltheologie verwiesen, dem Joseph Ratzingers besondere Aufmerksamkeit gilt.

5. Die Heilige Schrift und ihre Auslegung

5.1 Historisch-kritische Selbstvergewisserung der Theologie ist notwendig

DV kommt in Artikel 12 bekanntlich auf die Regeln sachgemäßer Schriftauslegung zu sprechen. Während zunächst, in Fortführung des in der Enzyklika „Divino afflante Spiritu" (1943) Gesagten die Methoden der modernen historischen Exegese (Beachtung der literarischen Genera etc.) als notwendig zur sachgerechten Erforschung des Schriftsinnes genannt werden, kommen im zweiten Teil

22 Im Vortrag vom 10. Oktober 1962 führte er in demselben Sinne aus, die Kirchenväter hätten unter Paradosis nicht Einzelsätze verstanden, „die neben der Schrift einherlaufen (sie haben vielmehr die Existenz solcher Sätze entschieden bestritten), sondern sie verstehen darunter die Einfügung der Schrift in den lebendigen Organismus der Kirche und das Eigentumsrecht der Kirche auf die Schrift, wie es Tertullian in seiner Praescriptio haereticorum klassisch formuliert hat. Tradition – das heißt für sie einfach ‚scriptura in ecclesia', Schrift lebt in der lebendigen Aneignung durch die geisterfüllte Kirche und nur so ist sie sie selbst" (Ratzinger, Bemerkungen zum Schema „De fontibus revelationis" (Anm. 16), 163).

auch die Prinzipien der traditionellen Schriftauslegung (Beachtung der analogia fidei, Einheit der Schrift etc.) zur Sprache. Zum ersten Bereich hält Ratzinger in seinem Kommentar zu DV fest, „daß es keinen Weg mehr an der historisch-kritischen Methode vorbei gibt und daß sie gerade als solche einem Anspruch der Sache der Theologie selbst entspricht“[23]. Die historische Exegese wird nicht nur nolens volens akzeptiert, weil sich ihre Ergebnisse beim besten Willen nicht mehr leugnen lassen. Vielmehr „mußte die moderne Orientierung mit Nachdruck auf den menschlichen Faktor der Schrift pochen, aus dem sich die Möglichkeit und Notwendigkeit historisch-kritischer Erforschung dieser Texte ergeben; sie konnte es legitim von dem durch den Inkarnationsgedanken geprägten christlichen Gottesbild her, das gerade um die geschichtliche und menschliche Vermittlung des Ewigen in der christlichen Offenbarung weiß“[24]. Die Legitimität, ja die Notwendigkeit der historischen Erforschung der Schriften liegt also im Charakter der Schriften als geschichtliches Offenbarungszeugnis begründet. Weil dies aber erst mit DV 1–6 definitiv lehramtlich formuliert ist, ist DV 12 ohne DV 1–6 nicht zu verstehen! Ich halte diesen Aspekt, der in den allermeisten Kommentaren zu DV kaum Beachtung findet, für die epochale Errungenschaft dieser Konstitution.

5.2 „Kanonische“ Schriftauslegung entspricht dem historischen Werdeprozess und der Schrift als Buch der Kirche

Wie steht es nun aber mit dem zweiten Teil von DV 12? Ludger Schwienhorst-Schönberger, der Wiener Alttestamentler, hat längst einen Paradigmenwechsel in der Alttestamentlichen Theologie ausgemacht, in der die traditionellen Methoden der Exegese wie typologische Schriftauslegung und christologische relecture nicht mehr als sachfremde Überformung abgetan, sondern als der Dynamik der Schriftwerdung der Schrift als Zeugnis der Glaubensgemeinschaft Israels und der Kirche angemessene Hermeneutik betrachtet werden.[25] Sein Kollege Georg Steins schließlich spricht

---

23 Joseph Ratzinger, Einleitung, in: Einleitung und Kommentar zum Vorwort und zu Kapitel I, II und VI der Offenbarungskonstitution Dei Verbum, in: LThK², Erg.-Bd. II (1967), 498–528 und 571–581, 499.

24 Ratzinger, Einleitung (Anm. 23), 499.

25 Ludger Schwienhorst-Schönberger, Einheit statt Eindeutigkeit. Paradigmenwechsel in der Bibelwissenschaft, in: HerKorr 57 (2003) 412–417.

von einer erheblich veränderten „hermeneutischen Großwetterlage“[26] aufgrund neuerer literaturwissenschaftlicher Einsichten (Offenheit des Textes, Unabschließbarkeit der Lektüre, Rezeptionsästhetik). Vor diesem Hintergrund ist die Aktualität der in den traditionellen Worten[27] von DV 12 ausgedrückten Vision der gegenseitigen Ergänzung und Bereicherung von moderner Exegese und traditionell theologischer Schriftauslegung ganz neu in den Blick geraten. Steins spricht nicht nur davon, dass die Forderung nach Integration der spezifisch kirchlichen Auslegung mittlerweile durchaus „nicht mehr wissenschaftsfremd“ wirke, sondern dass Schrift, Tradition und Kirche sich niemals trennen lassen, ja „eigentlich nur verschiedene Aspekte ein und desselben Phänomens der göttlichen Selbstmitteilung“[28] seien.

Sichtet man das Schrifttum Joseph Ratzingers unter dieser Fragestellung, wird man wiederum feststellen, dass er seiner Zeit weit voraus ist und diesen Aspekt der Konzilsrezeption auf seine Weise mit befördert hat. Erneut erweist sich das in Ratzingers Habilitationsschrift entdeckte und vertiefte Offenbarungsdenken mit seinem spezifischen Zueinander von Offenbarung, Kirche und Schrift als Schlüssel zum Verständnis. Ratzinger rezipiert beispielsweise früh die in der französischen Theologie geformte und auch für die kanonische Exegese relevante Denkfigur der „relecture“.[29] Mit ihr wird der Sachverhalt prägnant auf den Begriff gebracht, dass die biblischen Schriften selbst in einem Prozess ständiger Fortschreibungen und Selbstinterpretationen im Licht neuer heilsgeschichtlicher Phasen im Raum einer Glaubensgemeinschaft gewachsen

26 Georg Steins, Bibel im Gespräch. Die verkannte Offenbarungskonstitution Dei Verbum, in: HerKorr Spezial, Oktober 2005, 17–21, 19. Vgl. auch Helmut Hoping, Wahrnehmung der Diachronie. Die Option des Konzils für die Geschichtswissenschaft, historisch-kritische Exegese und Glaubenshermeneutik, in: Peter Hünermann / Bernd Jochen Hilberath, Herders Theologischer Kommentar zum Zweiten Vatikanischen Konzil, Bd. 5, Freiburg 2005, 424–429.

27 Vgl. Steins, Bibel im Gespräch (Anm. 26), 19.

28 Ebd.

29 So in dem auf einen Vortrag von 1964 zurückgehenden Aufsatz Primat und Episkopat, in: JRGS 8, 629–659, 652. Dort der Hinweis (mit Heinrich Gross, Motivtransposition als Form- und Traditionsprinzip, in: Herbert Vorgrimler (Hg.), Exegese und Dogmatik, Mainz 1962, 134–152, 151) auf die französischen Exegeten Albert Gelin, Emmanuel Podéchard und Henri Cazelles. Das Christusereignis führt die eschatologische Neukontextualisierung der Heiligen Schriften Israels herauf und begründet die definitive relecture des Alten Testaments auf Christus hin.

und in der Rezeption durch die Glaubensgemeinschaft zur „Heiligen“ Schrift geworden sind.

In seinem Vortrag am Vorabend der Konzilseröffnung zeigt Joseph Ratzinger auf, zu welchen Konsequenzen ein ungeschichtliches, diese Einsichten missachtendes informationstheoretisches Offenbarungsverständnis im Hinblick auf die Geltung des Alten Testaments führt, wenn im Schema „De fontibus revelationis“ ausgeführt wird, dass (nur) die Aspekte des Alten Testaments ihre Autorität behielten, die sich auf die Grundlegung des Christentums beziehen: „Das ist zu wenig und zu viel in einem. Denn mit einer solchen Formulierung wird der Eindruck erweckt, als ob bestimmte Teile des Alten Testaments sich nicht auf die Grundlegung der christlichen Religion bezögen und daher einfachhin vergangen seien, als ob andere Dinge dagegen gleichsam schon direkt christlich seien und so als solche weiterbestehen würden. Die paulinische und überhaupt neutestamentliche Sicht des Alten Testaments ist eine andere; sie klingt in dem Zitat an, das der Text des Schemas selbst bietet: *Quaecumque* enim scripta sunt, ad nostram doctrinam scripta sunt […] (Röm 15,4) – das ganze Alte Testament redet von Christus, ist christologisch gemeint und ist als solches Grundlegung, Fundament der christlichen Religion, nicht bloß einzelne Stücke daraus. Aber auch das ganze Alte Testament muss gleichsam durch die christologische Verwandlung hindurch, gilt nicht aus sich heraus, sondern von Christus her und auf Christus hin, […].“[30] In seinem erstmals 1977 erschienenen Büchlein „Die Tochter Zion“ entwickelt er auf gesamtbiblischer Basis eine die Gottesmutter ganz vor dem Israelhorizont des Neuen Testaments deutende Mariologie.[31] In seiner New Yorker Erasmus Lecture zum Thema „Schriftauslegung im Widerstreit“, die für weite Teile der Bibelwissenschaft eine heilsame Provokation darstellte und dazu führte, dass sich die Päpstliche Bibelkommission mit der „Interpretation der Bibel in der Kirche“ befasste und 1993 ein gleichnamiges Dokument veröffentlichte, sagt der damalige Präfekt für die Glaubenslehre: Die Schrift „als Einheit lesen, heißt daher, sie von der Kirche als ihrem Existenzort her lesen und den Glauben der Kirche als den

---

30 Ratzinger, Bemerkungen zum Schema „De fontibus revelationis“ (Anm. 16), 171f.

31 Joseph Ratzinger, Die Tochter Zion, Einsiedeln 1977 (Neuauflagen!). Vgl. aber den „Vorentwurf“ dazu schon in ders., Einführung in das Christentum, München 1968, 227f. Wichtige Anregungen dafür erhielt Ratzinger wiederum von der französischen Theologie: Vgl. Lucien Deiss, Maria, Tochter Sion, Mainz 1961.

eigentlichen hermeneutischen Schlüssel ansehen. Das bedeutet zum einen, dass die Tradition den Zugang zu ihr nicht verbaut, sondern öffnet; es heißt zum anderen, dass der Kirche in ihren amtlichen Organen das entscheidende Wort in der Schriftauslegung zukommt."[32] Die Verwiesenheit der Schrift auf die Kirche beschränkt sich jedoch nicht allein darauf, dass nur der Geist, in dem sie verfasst wurde, auch den passenden hermeneutischen Schlüssel zu ihrem Verständnis liefert, sondern noch grundlegender ist es die Kirche, die letztlich den Charakter der Schrift als „Heiliger" Schrift verbürgt. „‚Die Schrift' ist jünger als ‚die Schriften', aus denen sie sich zusammensetzt."[33]

5.3 *Synthese statt Kompromiss*

Das 50-jährige Konzilsjubiläum hat der Theologie neu die Aufgabe einer Konzilshermeneutik gestellt. Der Grundduktus der Fundamentaltheologie Joseph Ratzingers, der selbst maßgeblich am Werden der Konzilsbeschlüsse mitgewirkt hat, gibt uns auch wertvolle Hinweise für die Erarbeitung von Prinzipien der Konzilshermeneutik. Eine der Auslegungsregeln, die Otto Hermann Pesch in seiner

32 Joseph Ratzinger, Schriftauslegung im Widerstreit. Zur Frage nach Grundlagen und Weg der Exegese heute, in: ders. (Hg.), Schriftauslegung im Widerstreit (= QD 117), Freiburg 1989, 15–44, 20. Dass für Joseph Ratzinger zum Begriff der Tradition ganz wesentlich das Moment der personalen Zeugenschaft der Bischöfe gehört, kann hier nur angedeutet werden: „Apostolische Überlieferung" und „apostolische Nachfolge" definieren sich gegenseitig. Vgl. Joseph Ratzinger, Primat, Episkopat und Successio apostolica, in: JRGS 12, 212–232, 223: „Die Nachfolge ist die Gestalt der Überlieferung, die Überlieferung ist der Gehalt der Nachfolge." Vgl. auch die erhellende Interpretation bei Peter Hofmann, Benedikt XVI. Einführung in sein theologisches Denken, Paderborn 2009, 87f.

33 Joseph Ratzinger, Primat Petri und Einheit der Kirche, in: JRGS 8, 610–628, 625, mit Hinweis auf Adolf von Harnack. Die Konsequenzen für die Priesterausbildung sowie für das Studium der Theologie und die Schriftauslegung ganz grundsätzlich werden etwa zeitgleich wie folgt gezogen: „Das Wort bloß ins Vergangene einhausen heißt, die Bibel als Bibel leugnen. Tatsächlich führt eine solche bloß historische, bloß auf das Gewesene bedachte Auslegung mit innerer Konsequenz zur Leugnung des Kanon und insofern zur Bestreitung der Bibel als Bibel. Den Kanon annehmen heißt immer schon, das Wort über seinen bloßen Augenblick hinaus zu lesen; es heißt, das Volk Gottes als den bleibenden Träger und Autor in den Autoren zu vernehmen. Da kein Volk aus Eigenem Volk Gottes ist, heißt die Annahme dieses Subjekts aber zugleich, in ihm und durch es hindurch Gott als den eigentlichen Inspirator seines Weges und seiner Schrift gewordenen Erinnerung anzuerkennen." (Joseph Ratzinger, Bereitung zum priesterlichen Dienst, in: JRGS 12, 432–450, 443f.)

Konzilsmonographie 1993 erstmals vortrug, lautet: „Wenn in den Konzilstexten etwas besonders eingeschärft wird, besteht der dringende Verdacht, dass es gerade relativiert und abgeschwächt werden soll."[34] Dahinter steht die vornehmlich „politische" Sicht der Konzilsarbeit als ein einziges Ringen um Kompromisse und die Unterstellung, alle Texte seien letztlich nur mehr oder weniger „faule" Kompromisse.[35] Die Beobachtung, dass etwas besonders eingeschärft wird, folgert Pesch aus dem Umstand, dass es aus einer eigentlich zu überwindenden Ecke heraus komme und deswegen zu vernachlässigen sei. Wendet man diese hermeneutische Grundposition auf DV 12 an, sieht man, wie grandios sie in die Irre führt. Die vermeintliche Zusammenstellung von historischer Exegese und traditioneller Schriftauslegung, in der Perspektive der 1960er Jahre für manche ein „fauler" Kompromiss, erweist sich heute als Auftrag, eine sehr wohl mögliche Synthese zu vollziehen. Es ist gerade die Avantgarde der Bibelwissenschaft, die das erkannt hat. Joseph Ratzinger aber hat das schon 1968 gesehen, wenn er in seinem DV-Kommentar mit der Kompromiss-Text-These ringt und schließt: „Der Text, der an diesem Tag vom Papst feierlich proklamiert wurde, trägt natürlich die Spuren seiner mühsamen Geschichte, er ist ein Ausdruck vielfältiger Kompromisse. Aber der grundlegende Kompromiß, der ihn trägt, ist doch mehr als ein Kompromiß, er ist eine Synthese von großer Bedeutung: Der Text verbindet die Treue zur kirchlichen Überlieferung mit dem Ja zur kritischen Wissenschaft und eröffnet damit neu dem Glauben den Weg ins Heute"[36].

Joseph Ratzinger hatte also nicht nur maßgeblichen Anteil an der Formulierung des vielleicht wichtigsten Textes des Zweiten Vatika-

34 Otto Hermann Pesch, Das Zweite Vatikanische Konzil. Vorgeschichte, Verlauf, Ergebnisse, Nachgeschichte, 2. Auflage, Würzburg 1994, 154. Neuerdings wieder dringend empfohlen von Bernd Jochen Hilberath, Kontinuität oder Bruch. Für eine angemessene Hermeneutik des Zweiten Vatikanischen Konzils, in: HerKorr spezial, Konzil im Konflikt, Freiburg 2012, 5–9.

35 Diese nur politische Sichtweise hätte ihr Recht, wenn es sich bei einem Konzil um eine Parlamentsversammlung oder eine Koalitionsrunde mit Vertretern unterschiedlicher politischer Fraktionen handelte. Im Falle eines Konzils muss aber doch auch, zumindest aus theologischer Perspektive, damit gerechnet werden, dass das gefundene und in der Regel unanimiter verabschiedete Ergebnis von der Vorsehung geleitet und die Frucht des Heiligen Geistes ist. Deswegen ist der Vorschlag von Kardinal Schönborn, die Hermeneutik der „kanonischen Auslegung" auch auf die Konzilstexte anzuwenden, sehr bedenkenswert.

36 Ratzinger, Kommentar (Anm. 23), 502f.

nischen Konzils, der Offenbarungskonstitution Dei Verbum, er hatte in seinem Kommentar schon in den 1960er Jahren deren wesentliche Schätze gehoben und auf sie aufmerksam gemacht. Hieran wird der Grundduktus seiner Fundamentaltheologie in schöner Weise deutlich: Nicht nur eine neue Zuordnung der Größen „Offenbarung", „Tradition", „Schrift" und „Kirche", sondern der Aufweis der tiefen inneren Verwobenheit dieser Größen, die das Wesen des christlichen Glaubens ausmachen und dafür elementar sind. Diesen Grundduktus aufzugreifen, sich von ihm mitnehmen zu lassen, wäre eine lohnende Aufgabe für das Jahr des Glaubens.

Die Bezeugung des Glaubens in der Fundamentaltheologie von Joseph Ratzinger

Stephan Otto Horn SDS

In seinen geistlichen Erwägungen „Auf Christus schauen" sieht Joseph Ratzinger die gegenwärtige Krise des Glaubens vor allem in dem „Ausfall der Verifikation des Glaubens im Leben der Christen" begründet.[1] An anderer Stelle verweist er dafür besonders auf das Fehlen der Freude im Leben der Gläubigen – nach ihm „sicher ein weit stärkerer Grund der Entkirchlichung als all die theoretischen Probleme, die der Glaube heute aufgeben mag"[2]. Im Gegensatz dazu war die missionarische Kraft der frühen Kirche „Frucht der Bewährung des Glaubens", „reale Einladung von Erfahrung zu Erfahrung"[3]. Es genügt deshalb für eine neue Evangelisierung nicht die kluge Darlegung einer „in sich schlüssigen Wahrheit". Vielmehr braucht es zusammen mit ihr die Bewährung im Leben dieser Wahrheit. Nur das Ineinander von Wahrheit und Bewährung kann „jene eigene Evidenz des Glaubens aufleuchten lassen, auf die das menschliche Herz wartet"[4]. Der Gläubige kann für einen beginnenden Glauben ein „Fenster für das Licht des lebendigen Gottes sein"; ein „beginnender Glaube sollte sich an ihn sozusagen anlehnen können"[5]. Mit Vorblick auf seine Reise nach Deutschland drückt Papst Benedikt es so aus: „Und endlich, in der Begegnung von Menschen, die von Gott angerührt worden sind, sehen wir

1 Joseph Ratzinger, Auf Christus schauen. Einübung in Glaube, Hoffnung und Liebe, Freiburg 1989, 38.

2 Joseph Ratzinger, Theologische Prinzipienlehre. Bausteine zur Fundamentaltheologie, München 1982, 79.

3 Ratzinger, Auf Christus schauen (Anm. 1), 39.

4 Ebd.

5 Ebd., 37–38.

gleichsam Gott. Ich denke nicht nur an die Großen: von Paulus über Franz von Assisi bis zu Mutter Teresa; sondern an die vielen einfachen Menschen, von denen niemand spricht. Und doch, wenn wir ihnen begegnen, geht von ihnen etwas von Güte, von Lauterkeit, von Freude aus, dass wir wissen, da ist Gott, und dass er uns anrührt."[6]

In wenigen Strichen will ich diese Sicht von Joseph Ratzinger näher darstellen und begründen. Im eben genannten Buch „Auf Christus schauen" vertritt Ratzinger unter Berufung auf das Erste Vatikanische Konzil die Auffassung, dass der Mensch von sich aus trotz aller Offenheit für Gott nicht zu einer konkreten Gottesbeziehung komme. Gott müsse „zu ihm herüberkommen". Und auf die Frage, wie das geschehen könne, antwortet er: „Die Anrede Gottes gelangt zu uns durch Menschen, für die er konkrete Erfahrung geworden ist."[7] Damit bezieht er sich auf die Gotteserfahrungen innerhalb des biblischen Gottesglaubens, die in Jesus kulminieren. Er ist „der große Sehende", der sagen kann: „Wer mich sieht, sieht den Vater" (Joh 14,9). Wem die Berührung mit Jesus geschenkt wird, nimmt teil an seiner Gottesschau. Jesus gehört in den Namen Gottes hinein. Und so bezeugt er Gott als einen Gott, der Beziehung schenkt, der Liebe ist. Dies geschieht zutiefst in der Hingabe Jesu am Kreuz, in der die Liebe Gottes des Vaters sichtbar wird. Nun stellt sich freilich die Frage, wie Joseph Ratzinger von der Schau Jesu fortschreitet zu der Glaubensschau der Christen, damit sie für andere wie ein „Fenster für das Licht des lebendigen Gottes"[8] sein können. Er antwortet auf die Frage, wie der suchende Mensch heute Christus begegnen kann, mit der Überzeugung, dass die wahrhaft Glaubenden Jesus Christus vergegenwärtigen. Wie versteht und begründet er dies? Er begründet seine Sicht sakramental. Diese sakramentale Begründung möchte ich hier zunächst im Blick auf die Eucharistie andeuten. Mit Augustinus sieht er in der Eucharistie das Geschehen einer Verwandlung des Christen, der in der Kommunion den Leib Christi empfängt. Denn so kommt er in Berührung mit der Liebe Christi und wird eins mit ihm. Die Eucharistie ist die Vergegenwärtigung der Liebe Gottes

---

6 Joseph Ratzinger, „Wort zum Sonntag" in der ARD am 17. September 2011 – Botschaft Seiner Heiligkeit Papst Benedikt XVI., in: Apostolische Reise Seiner Heiligkeit Papst Benedikt XVI. nach Berlin, Erfurt und Freiburg 22.–25. September 2011, Verlautbarungen des Apostolischen Stuhls Nr. 189, 14.

7 Ratzinger, Auf Christus schauen (Anm. 1), 31.

8 Ebd., 37.

des Vaters im Gegenwärtigwerden der Hingabe Jesu Christi am Kreuz. So geschieht in der Kommunion eine Einung mit Gott. Diese Einung, Erfahrung des Geliebtseins, Erfahrung tiefer Freude an Gott, kann den Menschen verwandeln. Er wird ein neues Leben haben, das Liebe und Freude ausstrahlt. So wird der Gläubige zum Zeugen, in dem Christus gegenwärtig ist und dessen Licht und Liebe aus ihm leuchtet. Diese sakramentale Begründung aus der Eucharistie setzt freilich eine Begründung aus der Taufe voraus, die den Weg zum Glauben einschließt. Annahme des Glaubens bedeutet für Joseph Ratzinger einen inneren Weg, eine existentielle Wende, eine Umkehr. Die Überzeugung, dass der Glaube Umkehr bedeutet, tritt uns in Ratzingers Schriften oft entgegen. Das Hereintreten des unsichtbaren Gottes in Raum und Zeit, das allein in Jesus von Nazareth in den Blick tritt, erfordert eine Lebenswende in der Gestalt der Nachfolge, es erfordert Angleichung an die Gottesbeziehung und das Leben Jesu. So gilt nun: „Gotteserkenntnis ist ein Weg; er heißt Nachfolge."[9] Dabei hebt Joseph Ratzinger / Papst Benedikt XVI. zwei Dimensionen hervor. Die erste ist für seine Theologie besonders bezeichnend. Er sieht die einzigartige Gottesbeziehung Jesu begründet in seinem Gebet. Seine ganze Existenz ist zutiefst Gebet, Haltung des Sohnes, der Gott Abba nennt, und so in der Haltung eines absoluten Vertrauens und absoluter Hingabe. In seine Beziehung zu Gott, in seine Gotteserkenntnis wird nur der eintreten können, der betet und sich so in die Nachfolge Jesu stellt. Dies hebt Ratzinger besonders in seiner „Spirituellen Christologie" hervor.[10] Die zweite Dimension unterstreicht er besonders in der Enzyklika „Deus caritas est". Dort beschreibt er den Weg des Glaubens im Unterschied zu religiösen Versuchen, die einen Aufstieg zu Gott bedeuten. Der christliche Weg des Glaubens gründet in einem Herabsteigen Gottes zu uns. Er ist nur dann möglich, wenn der Mensch sich in die Bewe-

9 Joseph Ratzinger, Dogma und Verkündigung, München 1973, 99.

10 „Weil das Gebet Zentrum von Jesu Person ist, ist Beteiligung an seinem Beten Voraussetzung für das Erkennen und Verstehen Jesu": „Wo keine Gottesbeziehung besteht, bleibt auch der unverständlich, der zuinnerst nichts anderes als Beziehung zu Gott dem Vater ist. Folglich ist die Beteiligung an der Gesinnung Jesu, d.h. an seinem Beten, das (wie wir sahen) Akt der Liebe, der Selbstschenkung an die Menschen ist, nicht irgendeine fromme Zutat zur Lektüre der Evangelien. [...] Genau umgekehrt ist dies die Voraussetzung, damit eigentliches Verstehen im Sinn heutiger Hermeneutik – nämlich Gleichzeitig-werden und Gleichsinnig-werden – sich zutragen kann", Joseph Ratzinger, Schauen auf den Durchbohrten, Einsiedeln 1984, 23ff.

gung Gottes hineinnehmen lässt und seine Existenz zu einem Leben der Demut und der Liebe verwandeln lässt. Gerade so wird er Gott im tiefsten Sinn erkennen können.[11] Die Nachfolge Jesu, das Eintreten in seine Gesinnungen, ermöglicht nun auch von Seiten des Menschen her eine immer tiefere Einung mit Jesus in der Eucharistie, die in das tägliche Leben hineinreicht. Das ist der tiefere Grund, warum Joseph Ratzinger sagen kann: „Das Licht Jesu reflektiert sich in den Heiligen und strahlt von ihnen wider. ‚Heilige' aber sind nicht nur die namentlich kanonisierten Personen. Immer leben verborgene Heilige, die in der Gemeinschaft mit Jesus einen Strahl von seinem Glanz empfangen, konkrete und reale Erfahrung Gottes."[12] Von da aus gelangt Joseph Ratzinger vor allem im Anschluss an Thomas von Aquin zu der Auffassung, dass die Schau der Heiligen „Bezugspunkt des theologischen Denkens wird, der seine Rechtmäßigkeit verbürgt"[13]. Er sagt im Blick auf die Arbeit der Theologen geradezu: „Sie verliert ohne diesen Bezugspunkt, ohne die innerste Verankerung in solcher Erfahrung ihren Realitätscharakter."[14] Hier schließt sich der Kreis dieses Entwurfs. Wir hatten gesehen, dass für Joseph Ratzinger die eigene Evidenz des Glaubens im Ineinander von Einsicht in die Wahrheit des Glaubens und von seiner Bewährung im Leben liegt. Nun hat sich gezeigt, dass die Erfahrung Gottes im Leben wahrhaft gläubiger Christen und die Theologie nicht unverbunden nebeneinander stehen. Die Berührung der Heiligen mit der Wirklichkeit Gottes ist für die Theologie vielmehr von höchster Bedeutung.[15] Ich schließe mit einem Wort von Marianne Schlosser: „Gott zu gehören und ihn zu bezeugen (adoratio und missio)

---

11 In Nr. 13 führt Papst Benedikt aus: „Die Eucharistie führt uns in den Hingabeakt Jesu hinein. Wir empfangen nicht nur statisch den inkarnierten Logos, sondern werden in die Dynamik seiner Liebe hineingenommen. Das Bild von der Ehe zwischen Gott und Israel wird in einer zuvor nicht auszudenkenden Weise Wirklichkeit: Aus dem Gegenüber zu Gott wird durch die Gemeinschaft mit der Hingabe Jesu Gemeinschaft mit seinem Leib und Blut, wird Vereinigung: Die ‚Mystik' des Sakraments, die auf dem Abstieg Gottes zu uns beruht, reicht weiter und führt höher, als jede mystische Aufstiegsbewegung des Menschen reichen könnte." In Nr. 17 fügt er hinzu: „Das Erkennen des lebendigen Gottes ist Weg zur Liebe, und das Ja unseres Willens zu seinem Willen einigt Verstand, Wille und Gefühl zum ganzheitlichen Akt der Liebe."

12 Ratzinger, Auf Christus schauen (Anm. 1), 34.

13 Ebd., 35.

14 Ebd.

15 Ebd., 34–36; vgl. auch die in Anm. 8 genannte dritte These in „Schauen auf den Durchbohrten".

sind zwei Seiten eines Seins. Das wirksamste Zeugnis aber geschieht nicht durch Worte und Beweisführungen, selbst wenn diese vieles vermögen. Die sicherste Apologie – so bekennt ein Intellektueller wie Joseph Ratzinger / Papst Benedikt XVI. – seien für ihn (neben der Kunst) *die Heiligen,* und zwar nicht nur die großen Gestalten, sondern gerade *die ‚einfachen Heiligen',* ‚die guten Menschen, denen ich in meinem Leben begegne, und die wohl nie heiliggesprochen werden. In ihrer täglichen Güte sehe ich die Wahrheit des Glaubens.'"[16]

16 Marianne Schlosser, Berufen zur Heiligkeit. Anmerkungen zum 5. Kapitel von Lumen gentium, in: Jan-Heiner Tück (Hg.), Erinnerung an die Zukunft. Das Zweite Vatikanische Konzil, Freiburg 2012, 283–302, 301–302 (unter Verweis auf die Ansprache von Papst Benedikt XVI. vom 13.04.2011 und auf „Zur Lage des Glaubens" (München 1985), 134). Vgl. auch vom Verfasser „Zur Spiritualität von Joseph Ratzinger / Papst Benedikt", in: Michaela Christine Hastetter und Helmut Hoping (Hg.), Ein hörendes Herz. Hinführung zur Theologie und Spiritualität von Joseph Ratzinger / Papst Benedikt XVI. (RaSt 5), Regensburg 2012, 90–104.

Übereignung an die Kirche als Grundakt der Glaubenserkenntnis

Joseph Ratzinger im Vergleich mit Max Seckler

Bernhard Körner

Es gibt Themen, die sich in der Theologie von Joseph Ratzinger / Papst Benedikt XVI. durchhalten. Dazu zählt nicht nur – nach seinen eigenen Angaben[1] – das Thema Exegese und Dogmatik im Allgemeinen[2] und die Theologische Erkenntnislehre[3], sondern auch die Überzeugung, dass die Kirche der Ort einer authentischen Auslegung der Heiligen Schrift als Wort Gottes ist.

Auch wenn es im Folgenden nicht um lehramtliche Texte, sondern um Joseph Ratzingers eigene Beiträge zur Schrifthermeneutik gehen wird, so sei hier – gewissermaßen als Einstieg – doch an das nachsynodale Schreiben von Benedikt XVI. erinnert, in dem der Papst „ein grundlegendes Kriterium der Bibelhermeneutik" in Erinnerung ruft: „Der ursprüngliche Ort der Schriftauslegung ist das Leben der Kirche."[4] Wie gesagt – dieser Gedanke zieht sich durch. Allerdings soll dieser Grundsatz im folgenden Beitrag ausgeweitet

---

1 Vgl. Joseph Ratzinger, Kirchliches Lehramt und Exegese. Reflexionen aus Anlaß des 100-jährigen Bestehens der Päpstlichen Bibelkommission, in: IKaZ 32 (2003) 522–529, 522.

2 Vgl. dazu vor allem Ratzingers Beitrag in: Joseph Ratzinger (Hg.), Schriftauslegung im Widerstreit (QD 117). Freiburg 1989; was andere Veröffentlichungen und seine Position überhaupt betrifft, verweise ich auf Bernhard Körner, Die Bibel als Wort Gottes auslegen. Historisch-kritische Exegese und Dogmatik, Würzburg 2011, 113–134.

3 Vgl. dazu Joseph Ratzinger, Theologische Prinzipienlehre. Bausteine zur Fundamentaltheologie, München 1982.

4 Benedikt XVI., Nachsynodales Schreiben *Verbum Domini* (2011), Nr. 29.

und auf die Glaubenserkenntnis überhaupt bezogen werden. Und insofern auch die theologische Erkenntnis auf dem Glauben aufbaut, gilt dieser Grundsatz dann auch von der Theologie als Glaubenswissenschaft. Für diese Ausweitung findet sich nicht zuletzt bei Ratzinger selbst ein Anhaltspunkt. Im Zusammenhang mit der Darlegung von grundlegenden Orientierungspunkten für die Christologie nennt er seine einschlägigen Ausführungen „Grundelemente einer theologischen Erkenntnislehre“[5]. Mit anderen Worten: *Die Kirche und ihr Glaube ist der eigentliche Ort auch der theologischen, d.h. der glaubenswissenschaftlichen Erkenntnis.* Dieser Satz scheint aufs Erste ganz klar – und doch auch wieder nicht. Vor allem stellt sich die Frage, was genau mit dem Begriff Kirche gemeint ist, und es fragt sich, wie diese Bindung an die Kirche mit der wissenschaftlichen Freiheit vereinbar ist. Diesen Fragen soll im Folgenden nachgegangen werden. Dazu werden zuerst die einschlägigen Ausführungen von Joseph Ratzinger dargestellt. In einem zweiten Schritt wird gefragt, in welcher Weise dieser Grundsatz methodisch umgesetzt werden kann.

1. Theologie – die Auffassung eines vom Papst geschätzten Kollegen

An dieser Stelle soll mit einem Tübinger Kollegen von Joseph Ratzinger begonnen werden, der mit ihm bis heute freundschaftlich verbunden ist – mit dem Fundamentaltheologen Max Seckler. Er hat sich mit seinen Arbeiten immer wieder zu Wesen und Konstitution der Theologie als Glaubenswissenschaft und zur theologischen Erkenntnislehre zu Wort gemeldet – zusammenfassend vor allem im vierten Band des von ihm zusammen mit Walter Kern und Hermann Josef Pottmeyer herausgegebenen *Handbuch der Fundamentaltheologie.* Er umschreibt die „Aufgaben der theologischen Arbeit“[6] dreifach: In der Theologie gehe es um „Erkennen und Wissen über den Glauben“, „Wissen und Verstehen im Glauben“ und „Wissen aus dem Glauben“[7]. Dabei unterstreicht er die Bedeutung der

5 Joseph Ratzinger, Schauen auf den Durchbohrten, Einsiedeln ^{3}2007, 24.

6 Max Seckler, Theologie als Glaubenswissenschaft, in: Walter Kern / Hermann Josef Pottmeyer / Max Seckler (Hg.), Handbuch der Fundamentaltheologie. 4. Traktat: Theologische Erkenntnislehre, Freiburg 1988, 179–241, 198.

7 Ebd., 198–199.

historischen Kenntnisse, die das Wissen über den Glauben ausmachen; er verweist darauf, wie wichtig es ist, die ganze Weltwirklichkeit, in die der Glaubende gestellt ist, durch das Wissen aus dem Glauben zu durchdringen. Aber – und das ist buchstäblich entscheidend – „das Herzstück der glaubenswissenschaftlichen Theologie liegt in der Bemühung um den *intellectus fidei*. Das augustinische ‚*desideravi intellectu videre quod credidi*' gibt dafür den Grund und die Richtung an."[8]

Wie – nicht zuletzt aufgrund des Augustinus-Zitats – leicht zu erkennen ist, vertritt Seckler das klassische Verständnis der Theologie. Es ermöglicht ihm nicht zuletzt, die glaubenswissenschaftliche von der philosophischen Theologie und der Religionswissenschaft zu unterscheiden.[9] In ihrem Kernbereich ist die Theologie jene wissenschaftliche Disziplin, in der der Glaube nicht nur Gegenstand ist (das kann er auch in der Religionswissenschaft und in der Religionsphilosophie sein), sondern auch Fundament des Diskurses und seines Geltungsanspruches. Dementsprechend gilt für Seckler: Für eine so verstandene Theologie ist die „normative Informationsquelle [...] die biblische Offenbarung"; die „ihr eigentümliche Subjektivität heißt ‚Glaube'; und ihr „gesellschaftlicher Ort ist die Kirche als Glaubensgemeinschaft."[10]

Man beachte also: Bei Seckler ist für die Arbeit der Theologie der Glaube „Voraussetzung, Gegenstand und Ziel"[11]. Und weil es um den Glauben geht, ist – wie eben zitiert – der Ort dieser Art von Theologie die Kirche als Glaubensgemeinschaft, „deren Sein und Leben sich daher definiert, daß sie das Wort Gottes in Ehrfurcht hört und in Zuversicht verkündet"[12]. Theologie hat daher – objektiv – als Voraussetzung die *fides*, den zur Instanz gewordenen Glauben der Kirche bzw. – wie Seckler sie nennt – die „institutionalisierte Subjektivität"[13] der Theologie. Der Glaube, der im Zusammenhang mit der Theologie bzw. als ihre Voraussetzung gefragt ist, ist etwas Objektives und nicht etwas Subjektives. Trotzdem ist für

---

8 Ebd., 199.

9 Vgl. Max Seckler, Theologie – Religionsphilosophie – Religionswissenschaft, in: ders., Im Spannungsfeld von Wissenschaft und Kirche. Theologie als schöpferische Auslegung der Wirklichkeit, Freiburg 1980, 26–41.

10 Ebd., 31.

11 Ebd.

12 Seckler, Glaubenswissenschaft (Anm. 6), 195.

13 Ebd., 197.

Seckler auch das persönliche Gläubigsein *(credere)* des Theologen von Bedeutung. Es ist „in hermeneutischer Hinsicht die unverzichtbare Art und Weise, *bei der Sache zu sein*, von der die Theologie handelt."[14]

Ein letzter Aspekt, der in der Konzeption von Seckler berücksichtigt werden soll: In dieser Theologie, in der „Dogma und Glaube axiomatische und erkenntnisleitende Voraussetzungen der theologischen Arbeit sind"[15], geht es aber „nicht nur um Selbsterfassung des Glaubens in deskriptiver Absicht, sondern in *sachkritischer* und *selbstkritischer* Absicht."[16] Seckler schreibt also der Theologie auch eine kritische Funktion zu.[17] Dabei versteht er Kritik nicht als permanenten Widerspruch, sondern als ‚gründliche Denkungsart' (Immanuel Kant)[18], also als ein Denken, das den Dingen auf den Grund geht. Es geht in der Theologie nicht allein darum, bereits Formuliertes einfach – deskriptiv – zu wiederholen, sondern es im Sinne der *fides quaerens intellectum* zu erschließen, indem man dem Gesagten auf den Grund geht. Und auf diese Weise kann es auch dazu kommen, dass Gesagtes von der Sache her auf neue Weise gesagt werden muss – und auch kann. Wer ein Anschauungsbeispiel für diese Vorgehensweise will, der findet es im Zweiten Vatikanischen Konzil, das z. B. das Verständnis der Offenbarung im Rückgriff auf die Heilige Schrift und das Denken der mittelalterlichen Theologie ausweitet. Und wer etwas über die theologische Arbeit hinter dem ersten Kapitel der Offenbarungskonstitution erfahren möchte, der findet Auskunft im Kommentar des Konzilstheologen Joseph Ratzinger.[19]

Wenn man die Position von Seckler kurz zusammenfassen will, dann wird man sagen müssen: Theologische Erkenntnis gewinnen heißt, sich auf das Fundament des Glaubens stellen und das eben dort, wo dieser Glaube bezeugt wird, also in der Glaubensgemeinschaft, in der Kirche. Hier findet die Theologie ihr Fundament, ihr Maß und ihr Ziel.

---

14 Ebd., 196.

15 Seckler, Theologie (Anm. 9), 32.

16 Ebd., 33.

17 Vgl. Seckler, Glaubenswissenschaft (Anm. 6), 230–234.

18 Vgl. ebd., 234.

19 Vgl. Joseph Ratzinger, Einleitung und Kommentar zur Dogmatischen Konstitution über die Göttliche Offenbarung, in: JRGS 7/2, 715–791, 776–791.

2. Joseph Ratzinger: die Kirche als Ort der theologischen Erkenntnis

Wer immer sich einen Überblick über das theologische Denken von Joseph Ratzinger verschafft hat, weiß, dass der Theologe, der Präfekt der Glaubenskongregation und wohl auch der Papst einem ähnlichen Verständnis der Theologie verpflichtet ist wie Max Seckler. Was Ratzinger von Seckler unterscheidet, ist das Interesse, das ihn in seiner kirchlichen Funktion jeweils prägt. Aber im Grundsätzlichen stimmen die beiden Theologen überein. Auch für Ratzinger gilt selbstverständlich: „Theologie setzt Glauben voraus“[20], und auch bei ihm ist die Kirche „für die Theologie keine wissenschaftsfremde Instanz, sondern ihr Existenzgrund und die Bedingung ihrer Möglichkeit.“[21] Und auch die kritische Funktion der Theologie findet, wie gleich gezeigt werden wird, bei Ratzinger Aufmerksamkeit und positive Würdigung – auch wenn er über weite Strecken seines Wirkens den Finger vor allem darauf legt, dass sich die Theologie, wenn sie genuin christliche Theologie sein und bleiben will, nicht von der Basis des kirchlichen Glaubens loslösen darf. Deshalb ist es im Einzelfall nicht unwichtig, Anlass und Adressaten seiner Beiträge in Betracht zu ziehen.

2.1 Hermeneutik: kein Gegenüber von Glaube und Kirche

Man geht vermutlich nicht fehl, wenn man die Bedeutung Ratzingers als Konzilstheologe auch darin begründet sieht, dass er sich intensiv mit Fragen der Theologischen Erkenntnislehre auseinandergesetzt hat. Das belegt nicht nur sein zur Zeit des Konzils verfasster Aufsatz über den Traditionsbegriff[22], sondern das zeigt sich nicht zuletzt in seinem Kommentar zur Offenbarungskonstitution.[23]

---

20 Joseph Ratzinger, Wesen und Auftrag der Theologie, Einsiedeln 1993, 48.

21 Ebd., 52–53; Bausteine zu diesem Thema finden sich in: Ratzinger, Prinzipienlehre (Anm. 3), 339–348.

22 Vgl. Joseph Ratzinger, Ein Versuch zur Frage des Traditionsbegriffs, in: Karl Rahner / Joseph Ratzinger, Offenbarung und Geschichte (QD 25), Freiburg 1965, 25–69.

23 Zur Mitarbeit Ratzingers an der Offenbarungskonstitution vgl. Joseph Ratzinger, Aus meinem Leben. Stuttgart 1998, 106–107.128–132; und Rudolf Voderholzer, Offenbarung und Kirche, in: Marianne Schlosser / Franz-Xaver Heibl (Hg.), Gegenwart der Offenbarung. Zu den Bonaventura-Forschungen Joseph Ratzingers (RaSt 2), Regensburg 2011, 50–73, 64–65.

Natürlich stimmt es, dass die Theologie in diesem Dokument nur am Rande zum Thema gemacht wird. Aber mit dem Wort Gottes *(Dei Verbum)* bzw. der Offenbarung werden natürlich die Grundlagen nicht nur des Glaubens, sondern auch der Theologie zur Sprache gebracht.

Was die Rolle der Kirche betrifft, ist besonders das zweite Kapitel der Offenbarungskonstitution über „Die Weitergabe der Offenbarung" von Bedeutung. Darin heißt es: „So führt die Kirche in Lehre, Leben und Kult durch die Zeiten weiter und übermittelt allen Geschlechtern alles, was sie selber ist, alles, was sie glaubt."[24] In seinem Kommentar stellt Ratzinger fest, damit werde die Tradition „mit dem Sein und mit dem Glauben der Kirche identifiziert und so definiert."[25] Ratzinger erinnert in seinem Kommentar aber auch daran, dass diese enge Verknüpfung von Tradition und Kirche bereits auf dem Konzil als problematisch erkannt worden ist. So habe Kardinal Meyer darauf hingewiesen, dass man damit nicht der Tatsache gerecht werde, dass Tradition nicht nur Vertiefung der Glaubenseinsicht und einen Fortschritt in der Glaubenserkenntnis bedeuten kann, sondern auch zu problematischen Entwicklungen führen könne und dazu geführt habe.[26] Und so beklagt Ratzinger, dass sich auch das Zweite Vatikanische Konzil in seiner Offenbarungskonstitution so wie bereits das Konzil von Trient nicht dazu durchringen konnte, die Notwendigkeit der Traditionskritik „positiv auszusagen"[27].

Unmittelbar im Anschluss an diese enge Verknüpfung von Überlieferung und Kirche stellt das Konzil fest: Die „apostolische Überlieferung kennt in der Kirche unter dem Beistand des Heiligen Geistes einen Fortschritt: es wächst das Verständnis der überlieferten Dinge und Worte"[28]. Auch diese Feststellung wurde auf dem Konzil heftig diskutiert, und nicht nur von einigen Konzilsvätern, sondern auch von protestantischer Seite kritisiert – Ratzinger verweist z. B. auf Oskar Cullmann. Dabei habe sich als Kern des Problems das „Gegenüber [...] von Schrift und Kirche"[29] erwiesen. Ratzinger beschließt seinen Kommentar mit einem „Hinweis"[30] auf

24 *Dei Verbum*, Nr. 8.
25 Ratzinger, Kommentar (Anm. 19), 756.
26 Vgl. ebd.
27 Ebd., 757.
28 *Dei Verbum*, Nr. 8.
29 Ratzinger, Kommentar (Anm. 19), 763.
30 Ebd.

die Hermeneutik: Wenn sie dem heutigen Erkenntnisstand entsprechen wolle, dann müsse sie davon ausgehen, dass sich „das reinliche Gegenüber von Objekt und Subjekt aufgelöst hat, ohne zur Identifizierung beider zu führen"[31]. Eben das aber hätten die Kritiker der Konzilsformulierung nicht beachtet, sie haben das „Verstehensproblem", das sich hier stellt, „übersprungen"[32].

Mit anderen Worten: Ratzinger geht offensichtlich davon aus, dass Erkenntnis im Glauben sich immer auf Zeugnisse stützt. Deshalb ist bei der Glaubenserkenntnis immer auch die Kirche als Zeugin in Gestalt vieler Zeugen im Spiel – angefangen von der Auslegung der Heiligen Schrift. Deshalb kann man davon ausgehen, dass die Kirche der Ort der Glaubenserkenntnis ist. Und eine Theologie, die sich als *fides quaerens intellectum* versteht, ist aus dem gleichen hermeneutischen Grund ebenfalls an diese Grundkonstellation gebunden.

Zwei Worte dürfen im Kommentar Ratzingers aber nicht übersehen werden – sie haben mit dem zu tun, was Seckler die ‚kritische Funktion' der Theologie nennt. An erster Stelle ist auf den Begriff der Traditionskritik zu verweisen, und an Ratzingers Bedauern, dass sie nicht den Platz bekommen hat, der ihr eigentlich zusteht. Das macht deutlich, dass die Aufgabe der Theologie auch für Ratzinger nicht nur darin bestehen kann, das faktisch Geglaubte bzw. im Glauben Behauptete gelten zu lassen, sondern dass die Theologie das Geglaubte bzw. die Glaubenstradition im Licht des Wortes Gottes auch kritisch analysieren muss.

Das zweite Stichwort in Ratzingers Kommentar, das in die gleiche Richtung deutet, ist der Hinweis, dass Subjekt und Objekt der Erkenntnis in einer heutigen Hermeneutik zwar nicht getrennt werden können, dass das aber nicht zu einer Identifizierung beider führe. Das muss wohl so verstanden werden, dass bei der jeweiligen Erkenntnis im Glauben und erst recht bei der theologische Erkenntnis, also das Zeugnis und das Bezeugte nicht gleichgesetzt werden dürfen, sondern dass das Zeugnis von der bezeugten Sache her, die immer größer ist und bleibt als das Zeugnis, kritisch beleuchtet, korrigiert oder ergänzt werden kann und muss.

Dass damit nicht etwas in die Position Ratzingers hineingetragen wird, was ihm selbst fremd ist, zeigt sich in seinem Aufsatz über

31 Ebd.

32 Ebd.

den Begriff der Tradition, den er zur Zeit des Konzils veröffentlicht hat.[33] Wie die Bibel erkennen lasse, ist Tradition für Ratzinger nicht nur ein Prozess, der zeitlich *nach* der Heiligen Schrift beginnt, sondern ein Prozess, der bereits *innerhalb* der Schrift beobachtet werden kann und dokumentiert ist.[34] Auf diese Weise lasse sich erkennen, dass hinter der Heiligen Schrift das Subjekt des Bundesvolkes steht, in dessen Glauben die Offenbarung immer wieder neu ‚ankommt'. Und so kann Ratzinger feststellen, dass „Offenbarungsgegenwart wesentlich mit den Wirklichkeiten ‚Glaube' und ‚Kirche' zu tun hat, die beide ihrerseits, wie nun sichtbar wird, eng miteinander zusammenhängen"[35]. Und so erweise sich die Offenbarung als eine dynamische Wirklichkeit, die im Zusammenspiel von Schrift und Tradition auch in der Gegenwart Wirklichkeit wird. Und deshalb vertritt Ratzinger die Auffassung, dass es bei der Auslegung der Heiligen Schrift ein doppeltes Wächteramt gebe. Weil es der Glaube der Kirche ist, in dem die Schrift als Wort Gottes ausgelegt wird, gibt es „ein Wächteramt der Kirche und ihrer geistbegabten Zeugenschaft"[36]. Weil das Wort der Schrift aber ein historisches Faktum ist, gibt es für Ratzinger „auch ein Wächteramt der Exegese"[37], die darüber zu wachen hat, dass der Literarsinn bewahrt und die Schrift Maßstab des kirchlichen Lehrens bleibt. Mit anderen Worten: Ratzinger geht in seinem Aufsatz davon aus, dass die Theologie – hier in Gestalt der Exegese – ein Wächteramt wahrnehmen kann und wohl auch muss.

2.2 Geistliches Leben: Gehorsam gegenüber der Kirche

Dass sich Joseph Ratzinger auch als Kardinal-Präfekt der Glaubenskongregation zum Thema Theologie zu Wort meldet, war eigentlich zu erwarten. Einige seiner einschlägigen Stellungnahmen hat er im Bändchen *Wesen und Auftrag der Theologie* veröffentlicht. Darin streicht er die Rolle der Kirche in besonderer Weise heraus. Vielsagend ist die Überschrift „Vom geistlichen Grund und vom kirchlichen Ort der Theologie"[38].

---

33 Ratzinger, Traditionsbegriff (Anm. 22).
34 Vgl. ebd., 54–59.
35 Ebd., 53.
36 Ebd., 60.
37 Ebd., 60f.
38 Ratzinger, Wesen und Auftrag (Anm. 20), 39.

Entsprechend seinem Grundansatz geht er davon aus, dass die Theologie im Glauben ihren geistlichen Grund hat. Daran anschließend stellt sich Ratzinger die Frage, wie jemand in die Haltung des Glaubens kommt. Und gerade an dieser Stelle kommt für ihn die Kirche ins Spiel. Es ist die Kirche, die einen Menschen zu jenem Subjektwechsel[39] führt, der für Ratzinger zum Glauben gehört. „Nicht mehr ich lebe, sondern Christus lebt in mir" (Gal 2,20) – dieses Pauluswort ist für Ratzinger nicht nur ein Grund-Satz in der Theologie der Taufe, sondern es illustriert zugleich, was mit Subjektwechsel gemeint ist – es geht darum, dass der gläubig Gewordene nicht mehr allein aus sich selbst erkennt, sondern aus dem Glauben, der in und durch die Kirche überliefert wird. Dementsprechend sieht Ratzinger – im Verweis auf Erfahrungen von Romano Guardini – die Rolle der Kirche darin, dass sie dem Einzelnen (und in weiterer Folge auch der Theologie) den christlichen Glauben vorgibt und ihn so zum Schritt in den Glauben der Kirche provoziert.

Nur in dieser konkreten Herausforderung werde der Mensch frei von seinen Lieblingsvorstellungen und überlasse er sich Gott und seiner Offenbarung. Ganz in christologischer Perspektive schreibt Ratzinger: „Nur der konkrete Gott kann anders sein als eine neue Projektion des eigenen Selbst. Nur die Nachfolge Christi ist der Weg des Sich-Verlierens, der ans Ziel führt."[40] Aber Ratzinger sieht das Problem und formuliert selbst einen möglichen Einwand: Hier stehe „eine Frage auf: Welches Jesusbild ist mehr als Bild? Wo finde ich ihn wirklich, ihn und nicht nur Gedanken über ihn?"[41] Und Ratzinger formuliert seine Antwort auf diese Frage: „Der, der Fleisch geworden ist, ist Fleisch geblieben. Er ist konkret."[42] Christus ist konkret Fleisch geblieben in der Kirche. Und er zitiert Guardini: „Von der Kirche Christi her ergeht an den einzelnen immer aufs neue die Aufforderung, die eigene Seele zu geben, damit sie in ihrer Neuheit und Eigentlichkeit empfangen werde."[43] Und interpretierend fährt Ratzinger fort: „Der Gehorsam gegen die Kirche ist die Konkretheit unseres Gehorsams. Die Kirche ist das neue und größere Subjekt, in dem sich Vergangenheit und Gegenwart, Sub-

39 Vgl. ebd., 43–48.

40 Ebd., 51.

41 Ebd., 51f.

42 Ebd., 52.

43 Romano Guardini, Die Kirche des Herrn, Würzburg 1965, 63.

jekt und Objekt berühren. Sie ist unsere Gleichzeitigkeit mit Christus: eine andere gibt es nicht."[44]

Das hat natürlich auch für die Theologie Konsequenzen. Wenn es keine andere Gleichzeitigkeit mit Christus gibt, als die in der Kirche, dann muss sich auch die Theologie, insofern sie – mit Seckler gesprochen – Wissen und Verstehen im Glauben sein will, in dieses ‚neue und größere Subjekt' einfügen. Das darf nicht als Einschränkung ihrer Freiheit verstanden werden, sondern als Eröffnung ihrer spezifischen Erkenntnismöglichkeiten. Und das kirchliche Lehramt hat gegebenenfalls die Aufgabe, das theologische Denken an den Ort der Kirche zurückzurufen.

Exkursion: eine Erkenntnisweise, die dem Gegenstand entspricht

Ein problembewusster Umgang mit Texten wird immer in Rechnung stellen, dass Schreiben eines Papstes zu unterscheiden sind von Arbeiten, die der Papst als Privatperson veröffentlicht bzw. veröffentlicht hat. Trotzdem soll an dieser Stelle auch ein Abschnitt aus dem nachsynodalen Schreiben *Verbum Domini* (2010) vorgestellt werden – in Form eines Exkurses. Das nicht zuletzt deshalb, weil es gerade auch im grundlegenden ersten Abschnitt über die Hermeneutik des Wortes Gottes unverkennbar die Handschrift von Benedikt XVI. trägt.

In diesem Schreiben ruft der Papst „ein grundlegendes Kriterium der Bibelhermeneutik in Erinnerung"[45]. Wie bereits eingangs zitiert, lautet es: „Der ursprüngliche Ort der Schriftauslegung ist das Leben der Kirche."[46] Und er fährt fort: „Dies verweist auf den kirchlichen Bezug nicht als äußeres Kriterium, dem die Exegeten sich beugen müssen, sondern es ist ein Erfordernis, das in der Schrift selbst und in der Weise, wie sie sich im Laufe der Zeit herausgebildet hat, liegt."[47] Zur Begründung zitiert der Papst das Schreiben der Päpstlichen Bibelkommission *„Die Interpretation der Bibel in der Kirche"*: Die „Glaubenstraditionen bildeten das lebendige Umfeld, in das sich die literarische Tätigkeit der Verfasser der Heiligen Schrift einfügen konnte. Hierzu gehörten auch das liturgische Leben und die

---

44 Ratzinger, Wesen und Auftrag (Anm. 20), 52. Er verweist auf Guardini, Die Kirche (Anm. 43), 67–70.

45 Benedikt XVI., *Verbum Domini* (Anm. 4), Nr. 29.

46 Ebd.

47 Ebd.

äußere Tätigkeit der Gemeinschaften, ihre geistige Welt, ihre Kultur und ihr geschichtliches Schicksal. Die biblischen Verfasser nahmen an alledem teil. In ähnlicher Weise verlangt also die Auslegung der Heiligen Schrift die Teilnahme der Exegeten am ganzen Leben und Glauben der Glaubensgemeinschaft ihrer Zeit".[48]

Diese Grundkonstellation der Schriftauslegung zu missachten, kann, so der Papst, gefährlich werden: „Ansätze, die unter Ausklammerung des Glaubens an den heiligen Text herangehen, können zwar interessante Elemente zutage fördern, indem sie auf die Struktur des Textes und seine Formen eingehen, ein solcher Versuch wäre jedoch stets nur vorbereitender Art und vom Aufbau her unvollständig. So hat die Päpstliche Bibelkommission ein in der modernen Hermeneutik allgemein anerkanntes Prinzip wiedergegeben und bekräftigt: ‚Das richtige Verständnis des biblischen Textes ist nur dem zugänglich, der eine lebendige Beziehung zu dem hat, wovon der Text spricht.'"[49] Und diese lebendige Beziehung, der Glaube, kommt aus der Glaubensgemeinschaft, aus der Kirche.

Es ist natürlich deutlich, dass es im Schreiben *Verbum Domini* nicht um die theologische Erkenntnis im Allgemeinen geht, sondern um die Schriftauslegung. Aber die Bedeutung der Kirche als Ort der Erkenntnis ist für die Schriftauslegung, für die Glaubenserkenntnis im Allgemeinen und für die theologische Erkenntnis die gleiche: Es geht darum, dass der Prozess der Erkenntnis wirklich der Tatsache entspricht, dass es sich um Erkenntnis des in der Offenbarung ergangenen Wortes Gottes handelt. Oder in Anlehnung an das Konzil gesagt: Glaubenserkenntnis und glaubenswissenschaftliche Erkenntnis auf der Basis von Schrift und Tradition sollen im gleichen Geist erfolgen, in dem die Offenbarung ergangen ist.[50]

3. Bausteine für eine Theologische Erkenntnislehre

In diesem kleinen Beitrag geht es einerseits um (einfache) Glaubenserkenntnis, andererseits um theologische Erkenntnis, verstanden als eine reflektierte Glaubenserkenntnis, die dann, wenn es um

48 Päpstliche Bibelkommission, Die Interpretation der Bibel in der Kirche (1993), III.A.3.

49 Benedikt XVI., *Verbum Domini* (Anm. 4), Nr. 30, darin zitiert: Bibelkommission, Die Interpretation (Anm. 48), II.A.2.

50 Vgl. *Dei Verbum*, Nr. 12: „Da die Heilige Schrift in dem Geist gelesen und ausgelegt werden muß, in dem sie geschrieben wurde".

glaubens*wissenschaftliche* Erkenntnis geht, entsprechend den wissenschaftlichen Standards praktiziert wird. Was das Ziel betrifft, zielen sowohl die Glaubenserkenntnis wie auch die glaubenswissenschaftliche (und in diesem Sinn die theologische) Erkenntnis auf Wissen und Verstehen im Glauben. Dahinter steht eine Art *Grundkonfiguration*, die einerseits gleich bleibt, andererseits aber unterschiedlich akzentuiert werden kann. Genau das lässt sich bei Joseph Ratzinger in seinen unterschiedlichen Verantwortungen gut beobachten. Bei der Kommentierung der Dogmatischen Konstitution über die göttliche Offenbarung nimmt er allein die Verantwortung eines Theologen wahr, und er macht dabei deutlich, dass er bestimmte Positionen und Engführungen der Schultheologie hinter sich lassen will. Sein Interesse ist es, eine kohärente Sicht der Glaubenserkenntnis vorzulegen, die an den heutigen Standards einer Hermeneutik gemessen werden kann. Das ändert sich in gewisser Weise, als er Präfekt der Glaubenskongregation wird. Jetzt ist er nicht mehr allein Theologe, sondern er muss – seinem Amt entsprechend – viel mehr und deutlicher für Klärungen eintreten. Sein Interesse zielt nicht primär auf offene Möglichkeiten, sondern auf Abgrenzung gegenüber problematischen Verfahrensweisen.

Abschließend sollen noch kurz zwei Fragen angeschnitten werden, die bereits eingangs erwähnt worden sind und sich ergeben, wenn man mit Joseph Ratzinger bzw. Papst Benedikt XVI. die Kirche als Ort der Glaubenserkenntnis und der glaubenswissenschaftlichen Erkenntnis versteht. Die Antworten, die im Folgenden skizziert werden, versuchen, das von Ratzinger Gedachte weiter zu denken – auf eigene Verantwortung. Dabei ist selbstverständlich nicht ausgeschlossen, dass Ratzinger dazu in anderen, in diesem Aufsatz nicht berücksichtigten Beiträgen selbst noch einiges gesagt hat.

3.1 Kirchliche Bindung und Freiheit der Wissenschaft

Die erste Frage ist, wie die Kirchlichkeit der Theologie mit ihrem wissenschaftlichen Charakter bzw. mit der Freiheit, die jede Wissenschaft in Anspruch nehmen muss, verbunden werden kann. Wenn Ratzinger die Kirche als Ort der Erkenntnis im Glauben und theologischer Erkenntnis versteht und dementsprechend die Übereignung an die Kirche als die notwendige Voraussetzung für eine solche Erkenntnis, dann wird man das ausschließlich positiv würdigen können und müssen – diese Position ist ohne Alternative. Jede

Erkenntnis, die sich auf die Offenbarung stützen will, muss sich fragen, wo die Offenbarung bezeugt wird – und dieser Ort ist die Glaubensgemeinschaft, also die Kirche. Aber wie ist damit der Anspruch auf Wissenschaftlichkeit – von außen an die Theologie herangetragen oder von ihr selbst erhoben – vereinbar? Wissenschaftlichkeit schließt Parteilichkeit aus und fordert Freiheit der Erkenntnis – ist das mit einer solchen Kirchlichkeit vereinbar? Diese Frage ist nicht zuletzt deshalb dringlich, weil auf der institutionellen Ebene Theologen und Theologinnen eine kirchliche Lehrbefugnis brauchen.

Hier melden sich praktische und einige sehr grundsätzliche Fragen. Aber wie immer man die gewiss heiklen Verfahrensfragen beantworten wird, eines steht fest: Theologie verstanden als *fides quaerens intellectum* ist nicht auf neutralem Boden möglich. Max Seckler übergeht diese Frage nicht und versteht die Freiheit der Theologie „nicht als Wahlfreiheit in der Grundlagenorientierung, sondern nur als Freiheit zur wissenschaftsgemäßen autonomen Selbstentfaltung auf der Basis der wissenschaftstheoretischen Geschäftsgrundlage der Theologie“[51], also auf der Grundlage des kirchlich bezeugten Glaubens. Ratzinger dagegen ist mehr daran interessiert, dass die Theologie mit ihrer Glaubensgrundlage verbunden bleibt und so ihren inhaltlichen Reichtum nicht preisgibt.[52] Trotzdem finden sich auch bei ihm Hinweise über die akademische Freiheit, die freilich im Grundsätzlichen bleiben, aber dennoch eine wertvolle Spur aufzeigen: auch die wissenschaftliche Freiheit muss an die Wahrheit gebunden bleiben.[53] Auf die Theologie übertragen wird das heißen: Wenn man – prinzipiell – mit der Möglichkeit einer geoffenbarten Wahrheit rechnet, dann muss es auch im Rahmen der Wissenschaft möglich sein, sich an sie zu binden, ohne dass damit die Wissenschaftlichkeit in Frage gestellt ist. Das gilt freilich unter der Voraussetzung, dass die Wahrheit (im Falle der Theologie: die Wahrheit der Offenbarung) höher bewertet wird als die Freiheit (theologische Positionen zu beziehen) bzw. dass die Freiheit im Dienst der Wahrheit steht, weil sie hilft, eine Wahrheit zu erschließen, die auf dem Weg der Vernunft allein nicht erreicht werden kann.

---

51 Seckler, Glaubenswissenschaft (Anm. 6), 227.

52 Man vgl. nur die Gewichtung seiner Ausführungen in Ratzinger, Wesen und Auftrag (Anm. 20).

53 Vgl. ebd., 29–31.

Denkt man hier noch einen Schritt weiter, dann wird man vielleicht auf ein in der Wissenschaftstheorie geläufiges Begriffspaar zurückgreifen können – auf die Unterscheidung von ‚Auffindungszusammenhang' (context of invention) und ‚Rechtfertigungszusammenhang' (context of justification).[54] Dementsprechend wird man sagen können: Für die Glaubenserkenntnis und auch für die glaubenswissenschaftliche Erkenntnis ist die Kirche der genuine Auffindungszusammenhang, gewissermaßen eine Fundgrube von Glaubensaussagen buchstäblich über Gott und die Welt. Was im ‚einfachen' Glauben nicht so wichtig ist, das macht aber die Aufgabe der Glaubenswissenschaft aus – sie fügt die Aussagen, die im Glauben vorgefunden wurden, in einen weiteren Zusammenhang von gesicherten Erkenntnissen, der es ermöglicht, den Sinn dieser Aussagen zu erfassen und ihren Geltungsanspruch nachvollziehbar zu machen, sie also in ihrem Anspruch zu rechtfertigen.

Die Theologie wird dabei die Extreme des Rationalismus, der den Glauben vom jeweils rational Nachvollziehbaren (was immer das heißen mag) abhängig macht, ebenso vermeiden müssen wie die Weigerung, den Glauben inhaltlich zu erschließen. Das hier gewichtige Fragen offen bleiben, steht außer Zweifel. Für die Frage, wie eine kirchlich gebundene Theologie mit der Freiheit der Wissenschaft vereinbar ist, zeichnet sich aber eine Antwort ab: Ähnlich wie die juridische Wissenschaft selbstverständlich die Autorität des Gesetzgebers akzeptiert, so wird auch die Theologie ihre Freiheit so praktizieren können, dass sie dabei die Autorität der Kirche bzw. ihrer lehramtlichen Instanzen voraussetzt und dennoch als Wissenschaft frei ist. Im Rückgriff auf Ratzinger und Seckler kann man sagen: Für die Theologie ist die Kirche „keine wissenschaftsfremde Instanz, sondern ihr Existenzgrund und die Bedingung ihrer Möglichkeit"[55], und die Theologie hat (wie die juridische Wissenschaft) keine „Wahlfreiheit in der Grundlagenorientierung", wohl aber die „Freiheit zur wissenschaftsgemäßen autonomen Selbstentfaltung auf der Basis der wissenschaftstheoretischen Geschäftsgrundlage der Theologie"[56]. Hier stehen freilich noch offene Fragen an, die damit zusammenhängen, dass der theologische Lehrer bzw. die theo-

---

54 Vgl. Carl Friedrich Gethmann, Art. Entdeckungszusammenhang / Begründungszusammenhang, in: EPhW[1], 549f.

55 Ratzinger, Wesen und Auftrag (Anm. 20), 52–53.

56 Seckler, Glaubenswissenschaft (Anm. 6), 227.

logische Lehrerin nicht nur als Wissenschaftler gesehen werden, sondern auch als Zeugen des kirchlichen Glaubens. Hier wird es im Einzelfall immer wieder zu Ermessensfragen kommen, die eine Unterscheidung der Geister nötig machen.

3.2 Das eine Subjekt der Kirche in mehreren Instanzen

Eine zweite Frage, die sich aus den Ausführungen von Joseph Ratzinger ergibt, ist die Frage, wie man die Kirche als Subjekt bzw. als Ort theologischer Erkenntnis identifizieren kann. Ganz einfach gefragt: Wer ist das – die Kirche, von der hier die Rede ist? Ist es möglich oder sinnvoll, die Kirche einfach mit dem Lehramt des Papstes und der Bischöfe gleichzusetzen?

Die Antwort ist meiner Überzeugung nach klar. Dem Lehramt der Bischöfe und des Papstes kommt entsprechend der Verfassung der Kirche und einer katholischen theologischen Erkenntnislehre Letztentscheidungskompetenz zu. Das steht außer Frage. Aber ausgehend von der klassischen Lehre der *loci theologici* wird man selbstverständlich auch mit anderen Instanzen rechnen dürfen bzw. müssen.[57] Joseph Ratzinger hat z. B. an die Kirchenväter und das Erkenntnispotential ihres Denkens erinnert.[58] Aber auch die Heilige Schrift wird von ihm als eigenständige Instanz ins Spiel gebracht – Ratzinger spricht, wie bereits gezeigt, von einem Wächteramt der Exegese[59], spricht ihr also gegenüber der kirchlichen Lehre eine kritische Funktion zu. Darüber hinaus kann aber wohl auch an die Heiligen und ihre kirchlich bestätigten Charismen gedacht werden, an die Liturgie und die Spiritualität, an den Konsens der Theologen usw.[60]

57 Diesen Gedanken hat Max Seckler in seinem Beitrag für die Festschrift zum 60. Geburtstag von Kardinal Ratzinger entfaltet – vgl. Max Seckler, Die ekklesiologische Bedeutung des Systems der ‚loci theologici'. Erkenntnistheoretische Katholizität und strukturale Weisheit, in: ders., Die schiefen Wände des Lehrhauses. Katholizität als Herausforderung, Freiburg 1988, 79–104.

58 Vgl. Ratzinger, Prinzipienlehre (Anm. 3), 139–159, ein Beitrag, den Ratzinger mit dem Hinweis beschließt, dass das Studium der Kirchenväter „keine bloße Katalogarbeit im Museum des Gewesenen" (ebd., 159) ist, sondern eine Aufgabe für die Zukunft der Kirche.

59 Vgl. Ratzinger, Traditionsbegriff (Anm. 22), 60–61.

60 Vgl. dazu Hermann Josef Pottmeyer, Normen, Kriterien und Strukturen der Überlieferung, in: HFTh 4, 124–152, 142–144.

Nicht zuletzt kann für die Klärung, wer das Subjekt Kirche ist, an Joseph Ratzingers Kommentar zur Offenbarungskonstitution erinnert werden. Das Konzil spricht davon, dass es in der apostolischen Überlieferung einen Fortschritt gibt – „durch das Nachsinnen und Studium der Gläubigen [...], durch innere Einsicht, die aus geistlicher Erfahrung stammt"[61] und durch die Lehre der Bischöfe. Und Ratzinger kommentiert: „Wichtig ist dabei, daß das Voranschreiten des Wortes in der Zeit der Kirche nicht einfach als eine Funktion der Hierarchie angesehen wird, sondern im gesamten Lebensvollzug der Kirche verankert erscheint."[62] Mit anderen Worten: Das eine Subjekt der Kirche vollzieht sich in unterschiedlichen kirchlichen Subjekten mit verschiedener Kompetenz – die Wahrheit im Glauben braucht ihr Zusammenspiel.[63]

Brechen wir hier ab: Die wenigen Hinweise dürften genügen, um mit guten Gründen zu behaupten, dass sich im theologischen Werk von Benedikt XVI. genügend Bausteine für eine theologische Erkenntnislehre finden. Sie warten darauf, zusammengefügt zu werden.

---

61 *Dei Verbum*, Nr. 8.

62 Ratzinger, Kommentar (Anm. 19), 758.

63 Diesen Gedanken hat Max Seckler unter dem Stichwort der „erkenntnistheoretischen Katholizität" in seinem Beitrag für die oben genannte Festschrift zum 60. Geburtstag von Joseph Ratzinger entfaltet – vgl. Anm. 57.

Jesus Christus als Mitte der Geschichte

Der Einfluss Bonaventuras auf das Denken Joseph Ratzingers / Benedikts XVI. und dessen Bedeutung für die aktuelle Fundamentaltheologie

Peter Hofmann

1. Bonaventura in den Katechesen Papst Benedikts XVI.

Wenigen Besuchern der Piazza S. Pietro ist bewusst, dass Berninis Kolonnaden, die den „Freiraum" der Kirche gewissermaßen umarmen, von zwei Halbkreisen großer Heiliger und Theologen gekrönt wird. Sie stehen dort nicht als bloßer Schmuck, sondern verkörpern die Leitgestalten der Kirche: Sie alle aber wenden sich Jesus Christus und seinen Aposteln zu, wie sie von der Balustrade der Kirchenfront auf Stadt und Erdkreis blicken. Diese beiden Halbkreise werden eröffnet vom hl. Thomas von Aquin und vom hl. Bonaventura von Bagnoreggio. Thomas und Bonaventura (nicht Thomas gegen Bonaventura oder umgekehrt): Diese Gegenüberstellung hat der Pontifex von seiner Segensloggia aus im Blick, ebenso bei Papstmesse und Audienz auf der Piazza. Daher verwundert es nicht, wenn er in seinen Katechesen über die großen Kirchenlehrer und -lehrerinnen im Frühjahr 2010 beide aufeinander bezieht, sind sie doch Mitglieder der Bettelorden und Söhne des hl. Franziskus und des hl. Dominikus. Christus, seine Apostel und die lehrenden Heiligen: Papst Benedikt hat nicht nur das ekklesiologische Konzept der Piazza vor Augen, sondern folgt ihm, wie sich zeigen wird, auch theologisch in seiner Katechesenreihe. Dabei richten sich Blick und Reflexion mit besonderer Liebe auf den poverello, den „alter Christus“, und seinen Nachfolger und Stellvertreter Bonaventura. Dafür gibt es biographische und theologische Gründe: Papst Benedikt gesteht, dass er „gewisse Nostalgie verspüre, während ich euch dieses Thema unterbreite, da ich an die Nachforschungen zurückdenke, die ich als junger Gelehrter gerade zu diesem, mir besonders teuren Autor durchgeführt habe. Die Kenntnis seines Denkens hat meinen Ausbildungsgang in nicht geringem Maße beeinflußt.“[1] Er hebt die Dissertation Bonaventuras (*Quaestiones disputatae de scientia Christi*) hervor, weil sie auf die zentrale Rolle Christi „im Leben und in der Lehre des Bonaventura“ verweise. „Wir können ohne weiteres sagen, daß sein ganzes Denken zutiefst christozentrisch war.“ Diese Christozentrik sei durch Franziskus das „lebendige Ideal“ der Nachahmung vermittelt; so betonte es auch sein Vorgänger Johannes Paul II. in seinem Apostolischen Schreiben *Novo Millennio ineunte,* denn dieses immergültige Ideal oder Programm finde „letztlich in Christus selbst seine Mitte. Ihn gilt es kennenzulernen, zu lieben und nachzuahmen, um in ihm das Leben des dreifaltigen Gottes zu leben und mit ihm der Geschichte eine neue Gestalt zu geben, bis sie sich im himmlischen Jerusalem erfüllt“ (Nr. 29)[2]. Geschichte versteht Papst Benedikt mit Bonaventura als den einen „Weg des Fortschritts“ mit dem einen Gott, denn Christus selbst ist nicht „das Ende, sondern der Mittelpunkt der Geschichte; mit Christus endet die Geschichte nicht, sondern es beginnt ein neues Zeitalter.[3]

In der christozentrisch verstandenen Geschichte ist „für den hl. Bonaventura die Leitung nicht bloßes Tun […], sondern vor allem Denken und Beten. An der Basis seiner Leitung finden wir immer das Gebet und das Denken; alle seine Entscheidungen ergeben sich aus der Reflexion, aus dem vom Gebet erleuchteten Denken. Sein inniger Kontakt mit Christus hat seine Arbeit als Generalminister immer begleitet, und daher hat er eine Reihe theologisch-mystischer Schriften verfaßt, die den Geist seiner Führung zum Ausdruck bringen und die Absicht bekunden, den Orden inner-

---

1 Generalaudienz 3. März 2010 (http://www.vatican.va/holy_father/benedict_xvi/audiences/2010/documents/hf_ben-xvi_aud_20100303_ge.html).

2 Zit. ebd.

3 Generalaudienz 10. März 2010 (http://www.vatican.va/holy_father/benedict_xvi/audiences/2010/documents/hf_ben-xvi_aud_20100310_ge.html).

lich zu führen […].“ Während Thomas den Primat der Erkenntnis betone und ontologisch-theoretisch Gott erkennen wolle, setze Bonaventura durchweg personal-praktisch beim Primat der Liebe an und wolle Gott als das höchste Gut lieben. Damit entscheide er nicht im klassischen Theorie-Praxis-Dilemma einfach für die Praxis, sondern erweitert diese verkürzte Alternative um eine „dritte Haltung, die er ‚der Weisheit entsprechend‘ nennt, und betont, daß die Weisheit beide Aspekte umfaßt. Und dann fährt er fort: Die Weisheit sucht die Kontemplation (als die erhabenste Form der Erkenntnis), ihre Absicht ist, *‚ut boni fiamus‘* – daß wir gut werden, vor allem dies: gut werden (vgl. *Breviloquium*, Prologus, 5). Dann fügt er hinzu: ‚Der Glaube ist so in der Vernunft, daß er den Affekt hervorruft. Zum Beispiel: das Erkennen, daß Christus ›für uns‹ gestorben ist, bleibt nicht Erkenntnis, sondern wird notwendigerweise Affekt, Liebe‘ (*Proemium in I Sent.*, q. 3).“[4] Dann kann es keine lieblose, also neutrale und beziehungslose Theologie mehr geben: Auch die Vernunft des Glaubens hat es mit dem geliebten Gegenüber zu tun, auf dessen Liebe sie antwortet. Denn „die wahre Theologie, die vernünftige Arbeit der wahren und guten Theologie hat einen anderen Ursprung, nicht den Hochmut der Vernunft. Wer liebt, will den Geliebten immer besser und immer mehr kennen; die wahre Theologie setzt nicht die von Hochmut motivierte Vernunft und deren Forschung ein, *‚sed propter amorem eius cui assentit‘*, ‚sondern sie ist bestimmt von der Liebe zu dem, dem sie ihre Zustimmung gegeben hat‘ (*Prooemium in I Sent.*, q. 2), und will den Geliebten besser kennen; das ist die grundlegende Absicht der Theologie. Für den hl. Bonaventura ist also schließlich der Primat der Liebe entscheidend.“ Damit stellt sich Papst Benedikt nicht gegen die Position des hl. Thomas, sondern ergänzt sie mit der Weisheitslehre des hl. Bonaventura: Wahrheit ist theologisch die Wahrheit in der Selbstzusage des personalen Gottes, in der sich der Sinn der Wahrheit des Seins nicht nur zu erkennen, sondern personal zu erwidern gibt.

Eine seiner schönsten Fassungen des Begriffs von Theologie gab Joseph Ratzinger als Präfekt der Kongregation für die Glaubenslehre: „Im Glaubensakt erkennt der Mensch die Güte Gottes und

4 Generalaudienz 17. März 2010 (http://www.vatican.va/holy_father/benedict_xvi/audiences/2010/documents/hf_ben-xvi_aud_20100317_ge.html).

beginnt, ihn zu lieben. Liebe aber will den Geliebten immer noch besser kennenlernen" (Nr. 7). „Da das Objekt der Theologie die Wahrheit, nämlich der lebendige Gott und sein in Jesus Christus geoffenbarter Heilsplan" (Nr. 8), ist, versteht er den theologalen Glauben als „Gabe Gottes, die das persönliche Ja zur Wahrheit schenkt" (ebd., Nr. 35)[5]. Die Wahrheit, die Ratzinger meint, hat das Antlitz der Person Christi, das in einer stetig vertieften Liebe durch Beten und Denken erkannt werden will. Übrigens durchzieht der biblische Topos der Suche nach dem Angesicht des Herrn nahezu alle Texte Ratzingers und insbesondere seine Katechesen bzw. Predigten.

Aber es geht nicht nur um die theologische Nähe zu einem prägenden Autor. Bietet nicht vor allem auch die Person Bonaventura, sein Schicksal, als franziskanischer Theologe die konfliktreiche Leitung des jungen Ordens übernehmen zu müssen? Liest man die Worte der Katechese vom 17. März 2010 über Bonaventuras Ordensleitung nochmals, so scheint sie indirekt auch auf das Amts- und Selbstverständnis von Papst Benedikt zu verweisen: „An der Basis seiner Leitung finden wir immer das Gebet und das Denken; alle seine Entscheidungen ergeben sich aus der Reflexion, aus dem vom Gebet erleuchteten Denken. Sein inniger Kontakt mit Christus hat seine Arbeit als Generalminister immer begleitet, und daher hat er eine Reihe theologisch-mystischer Schriften verfaßt, die den Geist seiner Führung zum Ausdruck bringen und die Absicht bekunden, den Orden innerlich zu führen [...]."[6] Selbst der am 11. Februar 2013 angekündigte Rücktritt vom Amt des Pontifex und Rückzug in das vatikanische Kloster Mater Ecclesiae liest sich rückblickend als Konsequenz seines an Bonaventura orientierten Theologiebegriffs: Wenn die Leitung der Kirche aufgegeben wird, so bleibt doch ihre Basis in Gebet und Denken, aus der sich alle Entscheidungen ergeben. Der Rückzug des Papstes ist also keine Amtsflucht, sondern eine letzte, konsequente Konzentration auf das, was sein Handeln immer getragen hat und worin er die Kirche auch ohne Leitungsamt begleiten kann.

---

5 Kongregation für die Glaubenslehre: Instruktion über die kirchliche Berufung des Theologen, 24. Mai 1990 (= Verlautbarungen des Apostolischen Stuhls 98), Bonn 1990, 7, 8 bzw. 20.

6 S. Anm. 4.

2. Ratzingers Bonaventura-Rezeption[7]

Woher nun die Prägung durch Bonaventura, an die der Papst in seinen Katechsen „mit Nostalgie“[8] zurückdenkt?

Joseph Ratzingers Dissertation war einem ekklesiologischen Thema gewidmet. In seiner Habilitationsschrift bearbeitete er ein Kernthema der Fundamentaltheologie aus ihrem Traktat „De revelatione“ (Über die Offenbarung). Gottlieb Söhngen schickte seinen Schüler wiederum als Avantgarde in ein schwieriges Grenzgebiet: „So sollte ich versuchen herauszubringen, ob es in irgendeiner Form bei Bonaventura eine Entsprechung zum Begriff der Heilsgeschichte gebe und ob dieses Motiv – wenn erkennbar – in Zusammenhang mit dem Gedanken der Offenbarung stehe.“[9]

Damit ist ein Problem benannt, für das sich zwei grundsätzliche Aspekte unterscheiden lassen. *Zum einen* soll der damalige aktuelle systematische Begriff der Heilgeschichte mit einem historischen theologischen Konzept abgeglichen werden. Diese Fragestellung hat zunächst systematische Brisanz, weil sie mit der Möglichkeit einer echten Lehrentwicklung rechnet. Es geht also nicht darum, Belege für eine[n] festgelegte Systematik zu finden, sondern eher um ein dogmengeschichtliches Experiment, das den aktuellen Lehrstand in Frage stellen oder in Bewegung bringen kann. Damit ist aber zugleich die eigene theologische Position, von der aus dieses Experiment unternommen wird, wiederum als Teil einer dynamischen Theologiegeschichte gedacht, nicht aber als ein Endpunkt, von dem

7 Das folgende Kapitel gibt einen sehr gestrafften Überblick über meine in Bagnoreggio vorgetragenen Thesen, nachzulesen (und darum hier nicht wiederholt) unter dem Titel „Offenbarung und Geschichte. Joseph Ratzingers Kommentar zu *Gaudium et spes* als angewandte Bonaventura-Rezeption“, in: Marianne Schlosser / Franz-Xaver Heibl (Hg.), Gegenwart der Offenbarung. Zu den Bonaventura-Forschungen Joseph Ratzingers (RaSt 2), Regensburg 2011, 74–103. Ergänzen möchte ich, dass die Studie Hansjürgen Verweyens (Der unbekannte Ratzinger. Die Habilitationsschrift von 1955 als Schlüssel zu seiner Theologie, Regensburg 2010) erst nach meinem unabhängig von ihr entstandenen und ausgearbeiteten Vortrag erschienen ist. Vgl. ferner meine Einführung in die Theologie Ratzingers und die dort beschriebenen Kontexte seines Denkens (Benedikt XVI. Einführung in sein theologisches Denken, Paderborn 2009).

8 S. Anm. 1.

9 Joseph Ratzinger, Aus meinem Leben. Erinnerungen (1927–1977), München 1998, 78.

her alle bisherige Entwicklung überschaut werden kann. Insofern ist Söhngens Frage eine „Masterfrage" an seinen Schüler, da sie über die Dogmengeschichte hinaus eine eminente fundamentaltheologische Bedeutung hat. *Zum anderen* wird hier die systematische Frage nach der Heilsgeschichte an einen bestimmten historischen Autor herangetragen. Damit ist das methodische Problem der Texthermeneutik aufgeworfen, sofern es nicht darum gehen kann, die nötigen terminologischen Äquivalente zu finden, die eine schlichte Übersetzung Bonaventuras in das Denken der 50er Jahre erlauben. Dann wäre dieser bloß als Vorläufer reklamiert, aber nicht als Kollege in demselben geschichtlichen Diskurs. Dieser zweite Aspekt einer geschichtsbewussten Texthermeneutik hängt eng mit dem erstgenannten fundamentaltheologischen Aspekt zusammen: Nicht nur die Geschichte ist theologisch zu bedenken, sondern *Theologie überhaupt* ist geschichtlich zu denken und zu treiben.

Nun sind die Probleme mit der Habilitationsschrift Ratzingers bekannt, aber publiziert wurde bisher nur der zweite Teil, der sich dem prophetischen Bonaventura des Hexaëmeron widmet, nicht jedoch der weitaus umfangreichere erste Teil, der in elf Paragraphen den scholastischen Bonaventura erschließt und vor allem Rechenschaft gibt über die Problemstellung und Methodik der Arbeit. Abgesehen davon, dass manche unveröffentlichte Partien in den Jahren nach der Habilitation einer Zweitverwertung zugeführt wurden, wobei die Begriffsschemata wohl nur für Spezialisten von Interesse gewesen sein dürften: Hat der erst jetzt publizierte Gesamttext überhaupt eine Bedeutung für Ratzingers theologisches Profil?

Meine These ist: Der bisher unveröffentlichte Teil der Bonaventura-Schrift hilft nicht nur, das geschichtstheologische Konzept des Schlussteils von 1959 besser zu verstehen. Er wirft auch ein Licht auf Ratzingers ekklesiologische Arbeiten im Umkreis des Konzils, insbesondere auf seinen Kommentar zu *Gaudium et spes* und auch auf die markante Kritik an Rahners transzendentaltheologischer Konzeption des Christentums. Diese These möchte ich in drei Schritten entfalten, wobei nicht nur die Kontinuität und Konsequenz im Denken Ratzingers, sondern auch dessen Prägung durch Bonaventura deutlicher werden soll.

Erstens geht es um die Hermeneutik einer Theologie, die eine historische Geschichtstheologie behandelt und gerade auf diese Weise geschichtlich von der Heilsgeschichte spricht. Christus ist die Mitte und das Ziel der Heilsgeschichte; auf ihn ist die Welt in Hervorgang und Rückkehr hingeordnet. Dieser Begriff wehrt nicht nur eine thomanische Aristotelesrezeption ab, die Geschichte nur als Kontinuum von Kontingenzen denken kann. Die Philosophie überhaupt erhält in diesem Konzept nur eine relative Autonomie zugewiesen: Sie muss sich in die Theologie hinein überschreiten, die Theologie wiederum in Heiligkeit münden.

Zweitens sind mit dieser Bonaventura-Lektüre theologische Prämissen verbunden, die auch Ratzingers Kommentar zu *Gaudium et spes* bestimmen. Besonders für diese Konstitution attestiert Ratzinger eine letztlich dilemmatische Verhältnisbestimmung von Heil und Geschichte bzw. von Kirche und Welt, weil sie nicht konsequent geschichtstheologisch durchdacht und prinzipiell vom Christus-Ereignis her konzipiert werde. Die Botschaft des Glaubens könne daher leicht als „superadditum" und Fremdkörper in einer Welt erscheinen, deren Menschen auch „guten Willens" zum Heil fänden. Die Skepsis Ratzingers angesichts mancher „nachkonziliaren" Entwicklung gilt also nicht nur der Rezeption, sondern wurzelt in seiner Analyse der Texte des Konzils. Zwar finden die divergierenden Tendenzen letztlich zu einer befriedigenden Balance im Beschlusstext der Konstitution; sie bieten aber auch Anknüpfungspunkte für Deutungen, die nicht unbedingt dem Geist des Konzils und der Intention seiner Väter entsprechen. Vor allem die Geschichte der Offenbarungskonstitution *Dei Verbum*, vielleicht die entscheidende dogmatische Äußerung des Konzils, dürfte in einigen Zügen neu zu schreiben sein, seit nicht nur Ratzingers Einfluss auf Kardinal Frings und den gesamten deutschen Episkopat umfassender dokumentiert, sondern auch der bislang unveröffentlichte Erstentwurf zum Schema „De fontibus revelationis" zugänglich ist. Bonaventuras christologisches Verständnis der Offenbarung, vermittelt durch den Peritus Ratzinger, prägt seither die erste grundlegende lehramtliche Äußerung zum Begriff der Offenbarung. Der von Joseph Ratzinger erarbeitete Entwurf eines Schemas zur Offenbarung sowie dessen Anteile im Entwurf, den er mit Karl Rahner und Otto Semmelroth den deutschen Bischöfen vorlegte, lässt genau diesen definitorischen Neuansatz erkennen, der sich in der prägnanten Formel von der „ipsa revelatio", die Jesus Christus in Person ist, verdichtet.[10] Dieser personalistische Begriff von Offenbarung scheint mir den eigentlichen Sinn des später inflationär gebrauchten und (insbesondere bei Rahner wieder ins Philosophische zurückübersetzten) Terms „Selbstmitteilung" Gottes zu enthalten.

Drittens reicht Ratzingers Kritik am Supranaturalismus, die er mit Henri de Lubac in seiner Bonaventura-Schrift betreibt, auch direkt in seine Auseinandersetzung mit Rahner hinein. Wer die Offenbarungsgeschichte auf die ganze Menschheit beziehe, müsse das spezifisch Christliche aber, so betont Ratzinger, eigens festhalten, wenn er nicht „Theologie in Geschichtsphilosophie auflösen" wolle. Für Rahner, der hier in den *Begriff*, nicht aber in die *Tradition* des Christentums einführe, sei jedoch das Christentum nur „der geglückteste Fall der notwendigen Selbstauslegung der transzendentalen Offenbarung"[11], aber nicht strikt die Mitte der Geschichte. Dann aber führe „Rahners Verschmelzung von Geschichte und Wesen im Begriff des ‚absoluten Heilsbringers' zu einer Spiritualität der Selbstannahme und der Identifikation von Menschsein überhaupt mit Christsein"[12].

Aus dieser Tendenz erwuchs aber bereits das nur knapp überwundene Dilemma der Pastoralkonstitution, die einer Welt „guten Willens" recht optimistisch das „superadditum" von Glauben und Kirche entgegenstellte. Eben diese Tendenz scheint es auch gewesen zu sein, der sich – nach Ratzingers Deutung – ein Bonaventura in seiner prophetischen Kritik an einem autonomen, heilgeschichtlich indifferenten Aristotelismus entgegensetzte.

---

10 Vgl. die Entwürfe für ein Schema zu den Quellen der Offenbarung von Ratzinger (erstveröffentlicht) sowie den von Rahner gemeinsam mit Ratzinger und Semmelroth erarbeiteten Entwurf (De voluntate Dei erga hominem, frz. zuerst in: Unam Sanctam 70b (Paris 1969) 577–588, jetzt in: Joseph Ratzinger, Gesammelte Schriften Bd. 7: Die Lehre des Zweiten Vatikanischen Konzils. Formulierung – Vermittlung – Deutung, Freiburg i. Br. 2012, 125–147.

11 Karl Rahner, Grundkurs des Glaubens. Einführung in den Begriff des Christentums, Freiburg i. Br. 1976, 159.

12 Joseph Ratzinger, Theologische Prinzipienlehre. Bausteine zur Fundamentaltheologie, München 1982, 170.

3. Zur theologischen Tragweite von Ratzingers Bonaventura-Rezeption[13]

Der Mensch, wie Joseph Ratzinger ihn als Fundamentaltheologe (und nicht aus der Perspektive einer bloß natürlichen Theologie, Apologetik oder Propädeutik) sieht, ist *capax finiti*, weil ihn der dreipersonale Gott, der Liebe ist, anspricht und ihn zur Antwort befähigt. Im Akt des Glaubens übereignet er sich Gott, der die Wahrheit in Person ist. Dieser Glaubensakt der Selbsthingabe gilt der Wahrheit Gottes und dessen, was sie inhaltlich zu erkennen gibt. Eine solche Relationalität, die den Wahrheitsbezug des Menschen bestimmt, schließt einen Relativismus der Wahrheiten aus, weil sie die ausschließliche Beziehung zu dem einen Gott ist. Gott wiederum, der in dieser von ihm eröffneten und getragenen Beziehung (analog zur *creatio ex nihilo* bzw. *continua*) die Initiative ergreift und die absolute Souveränität innehat, ist *capax finiti*: Er bleibt ganz er selbst und in sich („immanent"), wenn er aus sich heraus- und in die von ihm geschaffene Geschichte eintritt („ökonomisch"). Dieses Paradox der Geschichtsmächtigkeit des biblischen Gottes, der zugleich in und über der Geschichte steht, bezeichnet Ratzinger immer wieder mit dem Verhältnis von Universalität und Partikularität bzw. Konkretheit: Das universale Göttliche gibt sich für uns (und zu unserem Heil, wie in Anlehnung an das nizänische Credo hinzuzufügen ist) eine konkrete Gestalt, die wirklich das über alles geschichtliche hinausweisende Göttliche enthält. In dieser Denkfigur klingen die zentralen Aussagen der großen christologischen Konzilien nach; die geschichtliche Gestalt, die Gott sich selbst gibt, eint Gott und Mensch, ohne sie zu trennen (Gott zu verjenseitigen bzw. den Menschen zu verdiesseitigen) und ohne sie zu vermischen (also die göttliche Souveränität im Menschlich-Geschichtlichen aufgehen zu lassen). Dieser Logos beherrscht im johanneischen Sinn den Kosmos; er gilt geschichtlich und ontologisch. Nur in diesem Logos kann der Mensch Gott bzw. sich selbst verstehen und

---

13 Diese Anmerkungen stellen meine Wortmeldungen und Notizen während der Diskussion in Heiligenkreuz in einen systematischen Zusammenhang, ohne im Einzelnen mehr als eine Problem- und Projektskizze zu bieten – geht es doch um einen Anstoß zu weiterer Diskussion und gerade nicht um deren vorweggenommenen Abschluss.

annehmen. Zugleich ist dieser Logos nicht einfach das geschichtlich angewandte innere Prinzip (der zweiten trinitarischen) Person, sondern der menschgewordene Gott, in dem beide personal eins sind. Wer das Antlitz Jesu Christi sieht, kann den Vater im Heiligen Geist erkennen, denn Jesus Christus ist „das Bild des unsichtbaren Gottes“ (Kol 1,15; vgl. 2 Kor 4,4). In ihm findet die paradoxale Spannungseinheit von Gott und Mensch ihre wirkliche personale Einung; insofern ist „alles durch ihn und auf ihn hin erschaffen“ (Kol 1,16) und sind wir in ihm zu Heiligkeit und Fehllosigkeit erwählt (vgl. Eph 1,5). Diese Christozentrik ist heilsgeschichtliche Onto*logie*. Dieses *universale concretum* Jesu Christi umkreist das betrachtende Denken Ratzingers, wenn er unermüdlich in biblischen Allusionen davon spricht, sein Antlitz schauen zu wollen. Dieser Logos ist also kein Begriff, kein bloßes Negativ oder eine Spur (*vestigium*) des eigentlichen abwesenden Gottes, sondern seine geradezu sakramentale Präsenz (*imago*). Anders gesagt: Für dieses betrachtende Denken, diese reflektierte Kontemplation, sind johanneischer *logos* und paulinisches *eikon* dasselbe, weil sie sich auf unterschiedliche Weise auf denselben Gott beziehen. Und dieser Gott ist kein *deus otiosus*, der apathisch jenseits einer sich selbst überlassenen Welt stünde, sondern der Gott und Vater Jesu Christi. So wird Heilsgeschichte denkbar, denn es ist Gott selbst, der sich in ihr gibt und offenbart. Im Unterschied zur („natürlichen“) Philosophie, die einen „anonymen“ Logos denken will und bestenfalls zum Konzept eines möglichen universalen Heilsbringers gelangen kann (über das auch Friedrich Schleiermacher zu seinem Nachteil theologisch nicht hinausgeht und das noch im Begriff des „Höchstfalls“ bei Karl Rahner nachklingt), gilt eine wirkliche Theologie dem namentlichen Gott, ja dem geheiligten Namen selbst.

Damit ergeben sich unmittelbar Konsequenzen für einen (systematisch gewiss erst noch zu explizierenden) Wahrheitsbegriff in der Theologie Ratzingers. Auch wenn er korrespondenz-, kohärenz- und konsenstheoretische Aspekte zeigt, überschreitet er doch im christologischen Ansatz diese herkömmlichen Differenzierungen. Denn der Mensch kommt durch die *Begegnung* mit Gott zur Vernunft; er ist nicht *per se* vernünftig, sondern nur in einer relativen (das heißt von Gott geschenkten und getragenen) Autonomie. Eine so radikale Christologik verzichtet darum mit gutem Grund auf klassische apologetische Typen der Fundamentaltheologie (auch auf das Rahnersche Konstrukt eines „Hörers des Wortes“), nicht aber auf den Anspruch des immer vorläufigen, aber dennoch starken Arguments. In dieser Konzeption einer eher „schwachen Vernunft" äußert sich eine nachaufklärerische Skepsis gegen eine allzu selbstgewisse (oder, mit Hegel gesagt, „selbstbewusste") Vernunft, von der die Theologie ohnehin weiß, dass sie in ihrem postlapsarischen Status grundsätzlich beeinträchtigt und gefährdet bleibt. Ratzinger verweigert sich also gerade nicht dem sogenannten „Projekt der Moderne", sondern geht gerade in ihrem Sinne über allzu simplizistische und undialektische Vereinfachungen hinaus. Darin berührt er sich nicht nur mit Ernst Blochs Kritik am „Aufkläricht", sondern auch (und gelegentlich ausdrücklich) mit „Dialektik der Aufklärung" Max Horkheimers und Theodor W. Adornos. Seine Nähe zu Jürgen Habermas (als Erbe dieses Typs der über sich selbst aufgeklärten Aufklärung), wie sie 2004 in einem Münchner Gespräch dokumentiert wurde, ist daher kaum erstaunlich. Von „Modernitätsverweigerung" oder einer nicht wirklich mitvollzogenen Aufklärung kann also keine Rede sein. Zugleich wäre erst noch zu erforschen, wie viel ein solcher (fundamental-)theologischer Ansatz vor allem der lutherischen Theologie verdankt, die bei Ratzinger von Anfang an breit rezipiert wird – und vor allem erheblich breiter als die scheinbar typisch „katholischen" Denkformen der Apologetik, an denen er gelegentlich geradezu achtlos vorübergeht. Könnte es, neben vielen Einwänden gegen Ratzingers forcierte geschichtliche Hermeneutik, nicht gerade diese Argumentation aus dem von Bonaventura her erschlossenen Christo-Logos sein, die bei Michael Schmaus den Verdacht des „Modernismus" erweckte? Und könnte es sein, dass die apologetische (und darin wiederum sehr „katholische") Tendenz zu transzendentaltheologischen Erstphilosophien und Propädeutiken von Joseph Maréchal über Karl Rahner und Hansjürgen Verweyen bis hin zu Klaus Müller einer wirklichen Rezeption des Fundamentaltheologen Ratzinger vor allem im deutschen Sprachraum noch immer im Wege steht? Zur ontologischen Wahrheitsfrage tritt die geschichtliche (forensische) Wahrheitsfrage, auf die nur der (Augen-)Zeuge antworten kann: Offenbarung ist ein geschichtliches Ereignis, das bezeugt sein will (vgl. vor allem die doppelsinnige Argumentation des Paulus in 1 Kor 15 zur Wahrheit der Auferstehung, die einerseits logisch unverzichtbar und andererseits zuverlässig bezeugt ist).

Schon eher berührt sich Ratzingers heilsgeschichtliches Denken mit den scheinbar entlegenen Theologien von Johann Baptist Metz und Helmut Peukert. Wenn mit Bonaventura Christus die Fülle oder Mitte der Geschichte und diese als Offenbarungs- auch Heilsgeschichte ist, dann haben Glaube und Theologie einen Zeitindex. Sie rechnen nicht nur grundsätzlich mit der Geschichtsmächtigkeit Gottes, sondern mit seinem personalen Eintreten und Handeln in der Geschichte. Inkarnation und Wunder liegen also in der Sache nicht weit voneinander entfernt. Gott ist einer, der in seinem ersten Kommen die Geschichte für immer prägt und in seinem zweiten Kommen vollenden wird. Biblisch wäre also von Rettung und Gerechtigkeit zu reden, die beide universal (eben weil Gott *Gott* ist) und jeweils partikulär konkret (weil Gott *Mensch geworden* ist) gelten und wirken. Darum kann sein Heil nur als Heil aller gemeint sein, auch wenn es faktisch nur wenige annähmen. In der einen Geschichte muss es ein Heil als Gerechtigkeit für alle geben, das mit Erik Peterson unter dem eschatologischen Vorbehalt steht, schon gegeben, aber noch nicht vollendend erfüllt zu sein. Auch hier ist es nicht wirklich erstaunlich, dass Ratzinger und Metz in Werk und Gespräch miteinander ganz ähnliche Positionen einnehmen, ja beide geradezu Fundamentaltheologie als Eschatologie betreiben, weil Jesus Christus das Eschaton wie auch die Offenbarung in Person ist. Unter diesem Aspekt verdient Ratzingers Peterson-Rezeption besondere Beachtung, vor allem aber die Tatsache, dass sein einziges systematisches Werk wohl nicht zufällig seine Eschatologie ist – eben eine von ihrem heilsgeschichtlichen Zeitindex bestimmte Fundamentaltheologie (und keineswegs ein dogmatischer und noch weniger dogmengeschichtlicher Traktat!). In dieser Form drängt sie zu einer umfassenden Relecture, die erst die ganze Tragweite dieses Denkens erfassen und ihre Bedeutung für den aktuellen theologischen Diskurs formulieren könnte. Wenn am Anfang dieser hochkomplexen Theologie neben Augustinus vor allem Bonaventura steht, dann zeigt sich, wie konstant Joseph Ratzinger bzw. Papst Benedikt XVI. seinen Ansatz ergriffen und wie vielfältig er ihn entwickelt hat. Nebenbei zeigt sich aber auch, dass eine so radikale Christozentrik mit den (noch immer theologisch) üblichen Denkformen bricht: damals mit den jesuitisch-molinistischen Neuthomismen, heute mit dem zähen Nachleben solcher Erstbegründungsstrategien und ihren gleichzeitigen relativistisch-pluralistischen Verfallsprodukten.

„Die Logik des Ganzen ist uns nicht deduzierbar. Eine der spirituellen Spannung des Christlichen gemäße Synthese muss daher eine offene Synthese sein, die auf eine abschließende, das Ganze umfassende Logik verzichtet. Das wird, rein denkerisch betrachtet, ihre Schwäche sein [...]. Die Schwäche der christlichen Synthese ist ihre Stärke. Der Kerngedanke einer christlichen Philosophie und Theologie der Geschichte müsste daher die Freiheit, die wirkliche Freiheit sein, die freilich das Nicht-Ableitbare einschließt und damit den perfekten Denkzusammenhang ausschließt. Die Person Jesu Christi als das Ereignis des Neuen und Unerwartbaren ist dann zentraler Ausdruck dieser Freiheit, die somit zur Zentralfigur der Geschichte überhaupt wird."[14]

Der Hinweis auf das Nicht-Ableitbare und daher auch geschichtlich Unabschließbare versteht sich am besten von Ratzingers Bonaventura-Deutung her: Offenbarung und Theologie, auch die Heiligkeit, sind in fortschreitender Explikation begriffen; sie sind schon gegeben, doch noch nicht vollendet. Angesichts des prophetischen und eschatologischen Gestus im Hexaëmeron ist es sicher kein Zufall, dass Ratzingers nächstes und einziges systematisch durchgearbeitetes Projekt gerade seine „Eschatologie" von 1977 ist.

Ratzinger führt nicht in den *Begriff* des Christentums ein, sondern in seine *Tradition*. Aus diesem Grund kann es für ihn weder theologische Kurz- noch Weltformeln geben, wenn es die Bekenntnisformel des Christentums als Credo der Kirche gibt. Die Theologie, wie Ratzinger sie versteht, legt eben dieses Credo aus und verantwortet diese Auslegung hermeneutisch. Ein solches Unternehmen ist durchaus rational und auch apologetisch, weil es nicht nur den Glauben der Kirche von seinen Fehldeutungen unterscheidet und ihn gegen sie verteidigt, sondern weil es bestimmte konkurrierende Rationalitätskonzepte argumentativ abweisen und die Kohärenz des entfalteten Credo darlegen kann. Eine spätere Formulierung fasst das grundsätzliche Anliegen prägnant zusammen und belegt nebenher dessen paradigmatische Kontinuität in Ratzingers Denken. Darum soll sie diesen Exkurs beschließen:

„Dass die Rationalität der Welt sinnvoll nicht aus der Irrationali-

---

14 Ratzinger, Theologische Prinzipienlehre (Anm. 12), 178/179. – Die Anmerkung verweist auf den Kontrahenten Rahners, der in seinem Buch „Cordula oder der Ernstfall" (Einsiedeln 1966) dessen Ansatz vielleicht etwas weniger zurückhaltend in der Wahl seiner Mittel, aber auch etwas weniger präzise in der Argumentation angegriffen hatte: „Positiv steht mir vor allem das Gesamtwerk von H. U. von Balthasar als Ausdruck einer offenen Synthese vor Augen". Dennoch lässt sich wohl kaum ein prägender Einfluss Balthasars nachweisen; die ausdrücklichen Bezüge sind zudem spärlich.

tät erklärt werden kann, ist evident. Und so bleibt der Logos am Anfang aller Dinge nach wie vor die beste Hypothese, die freilich von uns verlangt, die Gebärde der Herrschaft aufzugeben und die des demütigen Vernehmens zu wagen."[15]

Der Glaube hat seine eigene Vernunft, die aber keine autonome Herrschaft ausübt, sondern auf den Logos der Offenbarung Gottes und somit den einzig vernünftigen und legitimen Anspruch auf Herrschaft hört. Nur so kann letztlich von Offenbarung und Heilsgeschichte gesprochen werden: *fundamentaltheologisch* von Bonaventuras Offenbarungs- und Geschichtstheologie her (wie es die Habilitationsschrift deutet und die Vorarbeit zur Offenbarungskonstitution formuliert), *in der Verhältnisbestimmung von Kirche und Welt* (wie der Kommentar zu *Gaudium et spes* zeigt) sowie *in der Entfaltung des Symbolon*, das, wie Ratzinger gegen Rahner einwendet, der kirchliche Schlüssel zum Verständnis der Offenbarung ist.

---

15 Joseph Ratzinger, Auf Christus schauen. Einübung in Glaube, Hoffnung, Liebe, Freiburg i. Br. ^{2}2006 (1. Aufl. 1989), 34.

Zu den Quellen des christologischen Denkens im Werk von Joseph Ratzinger

Christoph Kardinal Schönborn OP

Bei der Darstellung zu den Quellen des christologischen Denkens im Werk von Joseph Ratzinger / Benedikt XVI. werde ich in drei Schritten vorgehen: Zuerst geht es um das Fundament seiner Christologie, dann um die methodischen Hürden, die zu überwinden sind, damit die Christologie gelingen kann, und schließlich um das Herz seiner Christologie.

1. Das Fundament der Christologie

Ich finde kein besseres Fundament als das, was Papst Benedikt XVI. am 29. Juni 2011 in seiner Predigt zum 60. Jahrestag seiner Priesterweihe gesagt hat.[1] Diese Predigt hat mich sehr bewegt, weil sie auch das Wort aufgreift, um das Wort gebaut ist, das ich mir als Bischofsmotto gewählt habe, als ich 1991 von Papst Johannes Paul II. zum Bischof ernannt wurde: „Vos autem dixi amicos", euch aber habe ich Freunde genannt. Papst Benedikt hat seine ganze Predigt im Rückblick auf 60 Jahre Priestertum um dieses Wort gebaut. Ich zitiere ein paar Worte daraus, um ihn selber zur Sprache zu bringen, in seiner so schlichten und so ergreifenden Meditation über seinen eigenen Weg als Priester. „60 Jahre nach dem Tag meiner Priesterweihe höre ich inwendig wieder, wie am Ende der Weihezeremonien unser greiser Erzbischof, Kardinal Faulhaber, mit etwas brüchig gewordener und doch fester Stimme

1 Im Folgenden zitiert nach: http://www.vatican.va/holy_father/benedict_xvi/homilies/2011/documents/hf_ben-xvi_hom_20110629_pallio_ge.html, abgerufen am 05.03.2013.

dieses Wort Jesu uns Neupriestern zusprach: ‚Nicht mehr Knechte nenne ich euch, sondern Freunde.' Nach der liturgischen Ordnung dieser Zeit bedeutete dieser Zuruf die ausdrückliche Zuweisung der Vollmacht der Sündenvergebung an die neugeweihten Priester. Nicht mehr Knechte, sondern Freunde. Ich wusste und spürte, dass es in diesem Augenblick nicht nur ein zeremonielles Wort war und auch mehr als ein Zitat aus der Heiligen Schrift, ich wusste, in dieser Stunde sagt der Herr selbst es jetzt zu mir ganz persönlich. In der Taufe und in der Firmung hat er uns schon an sich gezogen, uns in die Familie Gottes aufgenommen. Aber was nun geschah, war doch noch einmal mehr. Er nennt mich Freund. Er nimmt mich in den Kreis derer auf, die er damals angeredet hatte im Abendmahlsaal. In den Kreis derer, die er auf ganz besondere Weise kennt und die ihn so in besonderer Weise kennenlernen. Und da haben wir die fast erschreckende Vollmacht, zu tun, was nur er, der Sohn Gottes, sagen und tun kann und darf: Ich vergebe Dir Deine Sünden. Er will, dass ich von ihm bevollmächtigt mit seinem Ich ein Wort sagen kann, das nicht nur Wort ist, sondern Handeln, das im Tiefsten das Sein, das Seinsethos verändert."[2]

Dann weiter unten: „Nicht mehr Knechte, sondern Freunde. In diesem Wort liegt das ganze Programm meines priesterlichen Lebens. Was ist das eigentlich, Freundschaft?" Und Papst Benedikt zitiert Augustinus: „‚idem velle, idem nolle', dasselbe wollen, und nicht wollen, sagen die Alten. Freundschaft ist Gemeinschaft des Wollens und des Denkens. [Und der Herr sagt uns das selbst ganz nachdrücklich:] ‚Ich kenne die Meinen und die Meinen kennen mich.' (Joh 10,14) […] Die Freundschaft, die er mir schenkt, kann nur bedeuten, dass auch ich ihn immer mehr zu erkennen versuche, dass ich in der Schrift, in den Sakramenten, in der Begegnung des Betens, in der Gemeinschaft der Heiligen, in den Menschen, die er mir schickt, ihn immer mehr zu erkennen versuche. Freundschaft ist nicht nur Erkennen, sie ist vor allem Gemeinschaft des Wollens. Sie bedeutet, dass mein Wille hineinwächst in das Ja zu dem Seinigen. Denn sein Wille ist für mich kein äußerer, fremder Wille, dem ich mich mehr oder weniger willig beuge oder auch nicht beuge, nein, in der Freundschaft wächst mein Wille mit dem seinen zusammen, wird sein Wille der meinige, und gerade so

2 Ebd.

werde ich wahrhaft ich selber."[3] Dann richtet er sich in der Predigt an die Erzbischöfe. „Liebe Freunde, vielleicht habe ich mich zu lange mit dem inwendigen Rückblick auf die sechzig Jahre meines priesterlichen Dienstens aufgehalten, nun wird es Zeit, an das Besondere dieser Stunde zu denken."[4] Und dann spricht er alle Honoratioren an und alle, die jetzt das Pallium auferlegt bekommen, und den Patriarch Bartholomäus, der Ehrengast am 29. Juni mit seiner Delegation am Fest des heiligen Petrus und heiligen Paulus ist, aber wie ein Magnet zieht es ihn wieder hin zu diesem Thema und schon nach ein paar Sätzen kehrt er wieder zurück. Man spürt die innere Kraft dieses Themas, es ist das Thema seines Lebens. Und dieser Mensch, der so diskret ist über sein Inneres, der so wenig sein Inneres nach außen kehrt, in diesen Worten spürt man ihn ganz besonders. Da sagt er, als er über das Pallium spricht, schon zwei Sätze weiter: „Das Joch Christi ist identisch mit seiner Freundschaft. Es ist ein Joch der Freundschaft, und darum ‚ein süßes Joch', aber auch gerade so ein forderndes und formendes Joch, es ist das Joch seines Willens, der ein Wille der Wahrheit und der Liebe ist und so ist es für uns gerade auch das Joch, andere in die Freundschaft mit Christus zu führen, und für die anderen da zu sein, um uns um sie als Hirten zu sorgen."[5] Dann kommt eine Meditation über die Lämmer, aus deren Wolle das Pallium gemacht wird, und dann ist er bei dem Thema des Hirten, und wieder ist es das Thema der Freundschaft, das im Hirtenthema anklingt, und am Schluss: „Sechzig Jahre priesterlicher Dienst – liebe Freunde, vielleicht bin ich zu ausführlich geworden, aber es drängte mich, in dieser Stunde hinzuschauen auf das, was die Jahrzehnte geprägt hat, es drängt mich, Euch – allen Priestern und Bischöfen wie auch den Gläubigen der Kirche – ein Wort der Hoffnung und der Ermutigung zu sagen, ein in der Erfahrung gereiftes Wort davon, dass der Herr gut ist. Vor allem aber ist dies eine Stunde des Dankes. Dank an den Herrn für die Freundschaft, die er mir geschenkt hat und die er uns allen schenken will. Dank an die Menschen, die mich geformt und begleitet haben, und in all dem verbirgt sich die Bitte, dass der Herr einmal in seiner Güte uns annimmt und uns seine Freude schauen lässt."[6]

3 Ebd.
4 Ebd.
5 Ebd.
6 Ebd.

Diese wunderbare Predigt, aus seinem innersten Herzen heraus in seinem Rückblick auf sechzig Jahre Priestertum, hat mich so bewegt – wie so vieles in seinen Predigten, die sicher zu den ganz, ganz großen Predigten der christlichen Geschichte gehören, die einmal – ich wage das zu sagen – neben Augustinus in den großen Predigtsammlungen stehen werden. Ich glaube, hier hat er den Kern dessen gesagt, was für ihn Christologie ist. Es ist das Bedenken, in allen seinen Konsequenzen, dieses Innerste der Freundschaft, die der Herr uns schenkt: Ich nenne euch nicht mehr Knechte, sondern Freunde. Nun ließen sich viele, viele andere Beispiele nennen aus seiner Verkündigung zum Thema Freundschaft, ich denke hier vor allem an seine große Predigt zu seinem Amtsantritt, wo er in so wunderbarer Weise über das Thema Freundschaft mit Jesus gesprochen hat; ich denke an die großen Predigten bei den inzwischen schon drei Weltjugendtagen. Diese großen Predigten, wo er zu den jungen Menschen eigentlich vor allem über die Freundschaft mit Jesus gesprochen hat. Das ist der Porticus, das ist das Fundament aller seiner christologischen Reflexionen und wir werden in den weiteren beiden Teilen meines Referates auch darauf stoßen.

2. Die Hürden

Im nächsten Schritt möchte ich die zwei großen, mehr fundamentaltheologischen Hürden ansprechen, die es in seiner theologischen Arbeit zu nehmen gilt, um das auch theologisch reflektiert vermitteln zu können, was in diesem Fundament zur Sprache kommt – die Freundschaft mit dem, der wahrer Gott und wahrer Mensch ist, der um unseres Heiles willen für uns Menschen Mensch geworden ist, gelitten hat, gestorben ist und auferstanden ist. Und diese beiden Hürden, oder sagen wir, Türen, die es zu durchschreiten gilt, sind einerseits die Exegese und andererseits das Judentum. Ich darf hier etwas Autobiographisches einflechten, weil es die Zeit war, in der wir Joseph Ratzinger entdeckt haben als einen der Autoren, auf die man sich verlassen kann, die sicher durch das Chaos der späten 60er und frühen 70er Jahre geführt haben. Ich erinnere mich an die ersten Fundamentaltheologievorlesungen, ich nenne den Namen des Professors nicht, er hat sich nachher sehr bekehrt und wirklich ein großes Oeuvre hinterlassen, das dann ganz anders war, aber damals unter dem Sturm dieser andrängenden Umbrüche seit 1964 war plötzlich Bultmann das Zentrum der Exegese, der Zugänge zur Theologie, und ich erinnere mich, wie unser Professor für Fundamentaltheologie zu uns gesagt hat: Meine Herren, das ist Dynamit. Und dann flog wieder eine der Säulen des christlichen Glaubens, der christlichen Theologie in die Luft. Das war die damals noch sehr unkritische Bultmann-Rezeption, und damit auch eine Exegese, die sich nicht auf die regula fidei gründen konnte, auf die schlichte, klare Glaubensregel. Und ich erinnere mich, wie ich nach den ersten zwei Semestern nach Hause kam und meiner Mutter erklärte, frisch gefüllt mit Bultmann, dass man die Rede von Jesus dem Sohn Gottes aus der Zeit verstehen muss, der damaligen Zeit, da gab es diese orientalischen Mythen von den Göttersöhnen und die Hellenisierung des Christentums usw. Meine Mutter hat mich dann nur groß angeschaut und gesagt: „Wenn Jesus nicht der Sohn Gottes ist, dann ist doch unser Glaube leer." Und ich muss im Rückblick sagen, das war vermutlich die wichtigste fundamentaltheologische Vorlesung, die ich gehört habe. Die Frage, wie weit wir einen Zugang zur Gestalt Jesu finden, der auch Bestand hat vor der kritischen Vernunft, der historischen Kritik, vor der berechtigterweise kritisch hinterfragenden Exegese, diese Frage ist auch in der Theologie von Joseph Ratzinger eine Schlüsselfrage. Ich bin bei Weitem nicht kompetent genug, um das große Kapitel „Joseph Ratzinger und die Exegese" zu behandeln. Aber ich denke doch, dass wir in dem ersten Band der Jesustrilogie einige Passagen haben, die so grundlegend und entscheidend sind, dass ich sie wenigstens stichwortartig benennen möchte.

Auf der ersten Seite des ersten Bandes des Jesusbuches – wir haben das Wort oft gehört – sagt er: „Ich bin innerlich lange unterwegs gewesen zu dem Jesusbuch."[7] Es ist wirklich sein langer innerlicher Weg, aber es ist auch der Weg einer sehr fundamentalen Reflexion, die in der Einfachheit ihres Resultats vielleicht verbirgt, wie viel Reflexionsarbeit, wie viel Studium, wie viel ernsthafteste Auseinandersetzung dahintersteht. Er spricht von Anfang an den Riss zwischen dem historischen Jesus und dem Christus des Glaubens an. Ich erinnere mich an meine eigene Studienzeit, was für eine Krise das für einen jungen Menschen war, der aus dem ungetrübten Jugendglauben in diese Konfrontation hineingeriet. Wie

7 Joseph Ratzinger / Benedikt XVI., Jesus von Nazareth I, Freiburg 2007, 10.

viele Theologiestudenten haben über diese Hürde nicht drüber gefunden und sind in ihrem Glauben tief verletzt worden. Wie sehr haben wir uns damals in diesen schwierigen Jahren wirklich wie an einen Rettungsanker an Autoren gehalten wie Joseph Ratzinger und natürlich auch Henri de Lubac und Hans Urs von Balthasar, wo man gemerkt hat: hier geht ein vor der Vernunft – auch vor der historischen Vernunft – verantworteter Glaube bereichert aus der Exegese hervor, und es wird nicht alles in Frage gestellt. Seit den 50er Jahren änderte sich die Situation, Joseph Ratzinger erinnert sich an die begeisternden Jesusbüchern von Karl Adam, Romano Guardini, Franz Michel Willam, den ich noch gekannt habe, den wunderbaren alten Priester, Giovanni Papini, Daniel Rops, und dann veränderte sich die Situation: „Der Riss zwischen dem ‚historischen Jesus' und dem ‚Christus des Glaubens' wurde immer tiefer, beides brach zusehends auseinander. Was aber kann der Glaube an Jesus den Christus, an Jesus den Sohn des lebendigen Gottes bedeuten, wenn eben der Mensch Jesus so ganz anders war, als ihn die Evangelien darstellen und als ihn die Kirche von den Evangelien her verkündigt?"[8] Genau das war das Dilemma, vor dem wir damals standen, erst als Studierende und dann wurden wir in die Verkündigung hinausgeschickt mit dem Rüstzeug der historisch-kritischen Exegese, ohne das solide theologische Fundament, das die großen Meister wie Balthasar, de Lubac und Ratzinger uns geliefert haben. „Die Fortschritte der historisch-kritischen Forschung führten zu immer weiter verfeinerten Unterscheidungen zwischen Traditionsschichten, hinter denen die Gestalt Jesus, auf den sich doch der Glaube bezieht, immer undeutlicher wurde, immer mehr an Kontur verlor. Zugleich freilich wurden die Rekonstruktionen dieses Jesus, der hinter den Traditionen der Evangelisten und ihren Quellen gesucht werden musste, immer gegensätzlicher: vom antirömischen Revolutionär, der auf den Umsturz der bestehenden Mächte hinarbeitet und freilich scheitert, bis zum sanften Moralisten, der alles billigt und dabei unbegreiflicherweise selber unter die Räder kommt. Wer mehrere dieser Rekonstruktionen nebeneinander liest, kann alsbald feststellen, dass sie freilich weit mehr Fotografien der Autoren und ihrer Ideale sind als Freilegungen einer undeutlich gewordenen Ikone. […] Als gemeinsames Ergebnis all dieser Versuche ist der Eindruck zurückgeblieben, dass wir jedenfalls

8 Ebd., 10.

wenig Sicheres über Jesus wissen und dass der Glaube an seine Gottheit erst nachträglich sein Bild geformt habe. Dieser Eindruck ist inzwischen weit ins allgemeine Bewusstsein der Christen vorgedrungen. Eine solche Situation ist dramatisch für den Glauben, weil sein eigentlicher Bezugspunkt unsicher wird."[9] Und hier kommt wieder die Freundschaft ins Spiel: „Die innere Freundschaft mit Jesus, auf die doch alles ankommt, droht ins Leere zu greifen."[10] Kann ich mit jemand befreundet sein, von dem ich nur einen Schemen kenne, der hinter den Äußerungen der Gemeinde, den Theorien der Gemeinde verschwindet? Das ist die dramatische Frage. Und die große Leistung von Joseph Ratzinger, in der so schlichten Sprache, aber in der unglaublichen Gelehrsamkeit, die dahintersteht, ist es, vielen Menschen diese Sicherheit wiedergegeben zu haben: Du begegnest in den Evangelien dem wirklichen Jesus! Er kommt zu der Konklusion, dass der Jesus der Evangelien wirklich der echte Jesus ist und dass die Konstruktionen, die historisch-kritische Exegeten um ihn herum gebaut haben, viel weniger mit dem echten Jesus zu tun haben als die echten Evangelien. Es gilt, die Grenzen der historisch-kritischen Methode zu erkennen. Ihre erste Grenze besteht für den, der sich heute von der Bibel angeredet sieht, darin, dass er das Wort in der Vergangenheit belassen muss. Dass das Wort des Evangeliums ins Heute spricht, uns heute anspricht, das kann eine rein historisch-kritische Methode nicht erfassen. Als historische Methode setzt die historisch-kritische Methode die Gleichmäßigkeit der Geschichte voraus und deshalb muss sie die ihr vorliegenden Worte als Menschenworte behandeln, und eben nur als Menschenworte.[11] „Sie kann bei sorgfältigem Bedenken wohl den ‚Mehrwert' erahnen, der in dem Wort steckt, eine höhere Dimension sozusagen durch das Menschenwort irgendwie hindurchhören"[12], aber es bleibt ein Schemen, es bleibt ungreifbar. Ich denke hier an den berühmten Vortrag in New York über die Exegese, wo Kardinal Ratzinger versucht hat zu zeigen, dass hinter der historisch-kritischen Methode auch eine ganze philosophische Präkonzeption steht, ein Verständnis, das letztlich auf Kant zurückgeht, dass die Sache selbst letztlich nicht greifbar

9 Ebd., 10–11.
10 Ebd., 11.
11 Vgl. ebd., 15.
12 Ebd., 15–16.

ist, dass wir immer nur die Phainomena und nicht die Sache selbst erfassen können. Ich möchte es mit meinen Worten sagen, die bei Weitem nicht so dicht sind wie die von Joseph Ratzinger. Ich habe versucht, das in meiner Christologie[13] zu formulieren (und ich war sehr gerührt, dass im zweiten Band der Heilige Vater meine armselige Christologie neben der von Pannenberg und Kasper erwähnt[14]). Es ist etwas, was mir im Lauf der Jahre durch die Kirchenväter, durch die Exegese und vor allem durch das Judentum viel bewusster geworden ist: Die Christologie setzt nicht mit Ahnungen und wagen Hypothesen an, sondern sie beginnt gewissermaßen mit dem vollen Licht der Offenbarung. Am Anfang steht das volle Licht, am Anfang steht die Erkenntnis, dass Jesus der Sohn Gottes ist. Das ist der Beginn der Christologie, das ist der Beginn des Christusglaubens, der Beginn der Begegnung mit Jesus Christus. Für mich ist die Schlüsselstelle Gal 1. Wie beschreibt Paulus den Schritt von seiner Überzeugung, dass Jesus ein Blasphemiker ist und dass seine Jünger einer Sekte angehören, die es zu verfolgen gilt? Wie geschieht dieser Überstieg zum Glauben an Christus? Er geschieht so, wie Paulus es beschreibt: „Als es dem gefiel, der mich vom Mutterschoß an erwählt hatte, seinen Sohn in mir zu offenbaren." So beschreibt Paulus seine Erfahrung vor Damaskus. Die Erkenntnis Jesu Christi beginnt nicht, wie es oft historisch-kritisch dargestellt wird, mit Ahnungen: Zuerst ist er ein Prophet und dann kommt durch die Reflexion eine immer vollere Christologie und am Schluss steht die Gottessohnchristologie des Johannes. Genau das Gegenteil ist der Fall: Am Anfang steht das volle Licht des Geheimnisses, in das der Apostel auf dem Weg nach Damaskus getaucht wird. Dieses Licht, das ihn blendet, so dass er die ersten Tage blind ist. Dieses Urlicht der Offenbarung entfaltet sich dann in der Reflexion, es wird allmählich zur christologischen Reflexion. Aber der christologische Glaube, der Christusglaube steht nicht am Ende einer langen Reflexionskette, sondern er ist der Anfang, er ist das Urlicht aller Christologie. Ich sage es mit meinen Worten, aber es ist im ersten Band der Trilogie weit besser formuliert: „In deinem Licht schauen wir das Licht." Betrachten wir, wie ganz parallel zu Gal 1 in Mt 16,16 diese Offenbarungsstruktur dargestellt ist: Jesus antwortet dem Petrus auf sein Bekenntnis, dass Jesus der Sohn des leben-

---

13 Christoph Schönborn, Die Christusikone, Wien 1998.

14 Vgl. Joseph Ratzinger / Benedikt XVI., Jesus von Nazareth II, Freiburg 2011, 12.

digen Gottes ist: „Selig bist Du, Simon bar Jona, denn nicht Fleisch und Blut haben Dir das offenbart" – genauso wie bei Paulus in Gal 1: „sondern mein Vater, der im Himmel ist". Die Erkenntnis – „Du bist der Christus, der Sohn des lebendigen Gottes" – ist Offenbarung des Vaters. Und nur in diesem Licht gibt es eine christologische Reflexion. Und das Entscheidende daran für die exegetische Methode, die der Heilige Vater in seinen drei Bänden voraussetzt, auf der die ganze Meditation des Lebens Jesu basiert, ist, dass am Anfang der volle Glaube steht. Das Licht dieses Glaubens wird im Prisma der Erfahrungen in die Reflexion heruntergebrochen, wird in seinen Konsequenzen ausgeleuchtet – die Reflexion über Gesetz und Gnade ist dann bei Paulus eine Folge dieses Urlichtes, aber zuerst steht die volle Einsicht, die volle Erkenntnis – gnadenhaft geschenkte Erkenntnis –, dass Jesus der Christus, der Sohn des lebendigen Gottes ist. Die große Frage ist dann: Was bedeutet die historisch-kritische Exegese? Dass Joseph Ratzinger in der historisch-kritischen Exegese zuhause ist, dazu bedarf es keines Beweises. Es gab die berühmten Studienwochen mit Heinrich Schlier und Joseph Ratzinger (das muss grandios gewesen sein). Hier gab es die Art Exegese, aus der auch Joseph Ratzinger seine ganze Kraft der Durchdringung der Heiligen Schrift geschöpft hat. Und dazu brauchte er nicht historische Spekulationen, sondern dieses solide Vertrauen in die Zuverlässigkeit des Zeugnisses der Evangelien, in deren historische Glaubwürdigkeit über die wahre Gestalt Jesu Christi. Die zweite große Hürde (oder die Türe) ist das Thema Judentum. Ich glaube, die Frage des Judentums ist der Schlüssel zu Joseph Ratzingers Exegeseverständnis, denn ich denke, in dieser Frage entscheidet sich auch die ganze Einstellung Joseph Ratzingers zur historisch-kritischen Exegese.[15] Joseph Ratzinger hat auf das Buch von Rabbi Jakob Neusner reagiert, indem er gesagt hat, das ist bei Weitem eines der bedeutendsten Bücher, das in den letzten Jahrzehnten zur Jesusfrage geschrieben worden sind.[16] Und in dieser Auseinandersetzung mit Rabbi Jakob Neusner kann man etwas von der inneren Sensibilität Joseph Ratzingers für das Judentum, für die jüdischen Quellen und für die innerste Mitte der chris-

15 Der Autor dieses Artikels durfte den ersten Band des Jesusbuches auf Wunsch des Heiligen Vaters in Rom der internationalen Presse vorstellen in der Synodenaula im Vatikan am 13.04.2007.

16 Vgl. Jacob Neusner, Ein Rabbi spricht mit Jesus, Freiburg 2011.

tologischen Frage erahnen. Ich zitiere aus meiner Präsentation des ersten Jesusbandes: „Nach 200 Jahren historischer Bibelkritik kann mit Joseph Ratzinger / Benedikt XVI. von der soliden historischen Zuverlässigkeit der Evangelien ausgegangen werden. Die zahlreichen Phantasiebilder von Jesus als Revolutionär, als sanfter Sozialreformer, als heimlicher Liebhaber der Maria Magdalena etc. können getrost im Beinhaus der Geschichte abgelagert werden. Aber die eine große Frage bleibt nach wie vor bestehen: Ist Jesus in sich stimmig? Ist sein Selbstanspruch nicht ein Riesen-Fehlgriff, dem die Christenheit seit 2000 Jahren nachhängt? Judentum und Islam stoßen sich gerade an diesem Anspruch. Auf ihn zu antworten, ist die eigentliche Herausforderung, der sich der Nachfolger des Petrus (und des Paulus!) auf dem Areopag der heutigen Öffentlichkeit stellt. Stimmt Jesus selber? Und wenn ja: ‚Was hat er gebracht?' […] Warum soll er mehr sein als ein Prophet? Dieses ‚Mehr' ist nicht Erfindung seiner Anhänger, die ihn zu Gott gemacht hätten: Es ist sein eigenstes Selbstverständnis. Er selber nennt sich ‚der Sohn'"[17]. Joseph Ratzinger hat das ausführlich in seinem Jesusbuch behandelt, wie sehr der Sohn der eigentliche Titel, ja mehr als der Titel, der eigentliche Name Jesu ist: Der Sohn. In einem absoluten, nur ihm eigenen Sinn. Warum kann oder will er sich nicht zurücknehmen in die bescheidenere Rolle eines Religionsstifters unter anderen? Hier liegt das eigentliche Ärgernis. Es ist radikaler als die vielen Ärgernisse, die seine Jünger von Anfang an gegeben haben – bis heute. Und hier bin ich in meiner Präsentation des Buches dann auf Rabbi Neusner und die beeindruckende Passage des ersten Bandes über Rabbi Neusner eingegangen. Ich darf mich nochmal selber zitieren: „Ist Jesus stimmig, glaubwürdig? Nach dem persönlichen Zeugnis von Papst Benedikt war einer der Anstöße, dieses Buch zu schreiben, die Begegnung mit dem Buch des großen jüdischen Gelehrten Jakob Neusner. Was Papst Benedikt über dieses Buch sagt, ist so wesentlich für das Verständnis seines eigenen Jesusbuches, dass ich hier doch zitieren möchte: ‚Jakob Neusner habe sich' – so Papst Benedikt – ‚unter die Hörer der Bergpredigt eingereiht und im Anschluss daran ein Gespräch mit Jesus ver-

17 Christoph Schönborn, Der Papst auf der Agora. Über einen Anspruch den allein Gott stellen kann, in: „Jesus von Nazareth" kontrovers. Nachfragen an Joseph Ratzinger, Berlin ²2007, 9–17, 12, darin zitiert: Benedikt XVI, Jesus von Nazareth. Teil 1. Von der Taufe im Jordan bis zur Verklärung, Freiburg 2007, 73 bzw. 389–396.

sucht.' Es ist ja so faszinierend, wie Neusner sich an den Berg der Seligpreisungen begibt und einen Tag lang Jesus zuhört und unter den Zuhörern dabei ist. ‚Dieser ehrfürchtig und freimütig geführte Disput des gläubigen Juden mit Jesus hat mir' – so sagt Ratzinger – ‚mehr als andere Auslegungen, die ich kenne, die Augen geöffnet für die Größe von Jesu Wort und für die Entscheidung, vor die das Evangelium stellt. So möchte ich als Christ in das Gespräch des Rabbi mit Jesus mit eintreten, um von ihm klar das authentisch Jüdische und das Geheimnis Jesu besser zu verstehen.' An diesen Trialog hat Kardinal Ratzinger bereits damals gedacht, als er das Buch von Rabbi Neusner als das bei Weitem wichtigste Buch für den christlich-jüdischen Dialog aus den letzten Jahren bezeichnete. Wie sah dieser Dialog aus? Versuchen wir das Wesentliche dieses Gesprächs aufzunehmen, sagt Ratzinger, um Jesus zu erkennen und um unsere jüdischen Brüder besser zu verstehen. Neusner war in seinem inneren Dialog Jesus den ganzen Tag lang gefolgt und zieht sich nun zu Gebet und Torastudium mit den Juden einer kleinen Stadt zurück, um das Gehörte – immer im Gedanken der Gleichzeitigkeit über Jahrtausende – mit dem dortigen Rabbinen zu besprechen. Sie vergleichen nun Jesu Lehren mit denen der jüdischen Tradition. Der alte Rabbi fragt Neusner, ob Jesus dasselbe lehre wie diese. Neusner: Nicht genau, aber ungefähr. Was hat er weggelassen, fragt der alte Rabbi? Nichts, sagt Neusner. Was hat er dann hinzugefügt? Antwort: Sich selbst! So der gedachte Dialog. Genau das ist der Punkt, vor dem Neusner in seiner so respektvollen Begegnung zurückschreckt. Er fasst sein Erschrecken in das Wort, das Jesus zu dem reichen Jüngling sagt: „Wenn Du vollkommen sein willst, geh, verkaufe Deinen Besitz und folge mir nach." Alles hängt davon ab, sagt Neusner, wer mit *mir* gemeint ist. Und unser Autor ergänzt: ‚Dies ist der zentrale Grund, warum Neusner Jesus nicht folgen will, sondern beim ewigen Israel bleibt. Die Zentralität des Ich Jesu in seiner Botschaft ist also der Grund, wie Rabbi Neusner schreibt, warum er sich dem Kreis der Jünger Jesu nicht angeschlossen hätte, wenn er im ersten Jahrhundert im Land Israel gelebt hätte. Und diese Entscheidung hätte er aus guten und wichtigen Gründen getroffen, mit Argumenten und Fakten vernünftig begründet, so sagt er gleich zu Anfang seines Buches. Und dann folgt die faszinierende Auslegung, in der Joseph Ratzinger Schritt für Schritt die Argumente von Rabbi Neusner über die verschiedenen Themen der Bergpredigt aufgreift, um zu zeigen, dass die Lehre

Jesu letztlich sich auch vor der Vernunft als tragfähig ausweist.[18] Da sind wir in einem ganz anderen Feld, als in dem, was wir oft im Bereich der historisch-kritischen Exegese finden. Nicht, dass deren Verdienste geschmälert werden sollen, aber hier sind wir in der direkten Begegnung mit dem Anspruch Jesu und mit dem, was dieser Anspruch für jeden von uns ganz persönlich bedeutet: „Du aber, wenn Du vollkommen sein willst, folge mir nach“ (Mt 19,21). Ich möchte es damit bewenden lassen, es gäbe so viel zu sagen über das, was diese beiden Hürden, die historisch-kritische Exegese als die Frage, ob wir überhaupt einen Zugang zu Jesus haben, und die viel radikalere Frage, ob die Gestalt Jesus selber stimmig ist – wie Joseph Ratzinger diese beiden Hürden in großer Behutsamkeit, in großer Tiefe der Reflexion und auch der Kenntnis zu überwinden oder zu durchschreiten sucht, um dann in das eigentliche Herz der Christologie zu kommen.

3. Die Herzmitte der Christologie

Wo finde ich Joseph Ratzingers Christologie am dichtesten dargestellt? Ich glaube, es sind die christologischen Orientierungspunkte, die zum ersten Mal veröffentlicht wurden in „Schauen auf den Durchbohrten“[19]. Es sind die Meditationen, die er in Lourdes und in Toulouse bei den Dominikanern geschrieben hat, in stillen Tagen im Dominikanerkloster, und die etwas ganz Faszinierendes machen: Er versucht, die Mitte der Christologie vom Gebet Jesu her anzugehen. Im Gebet Jesu findet er die innerste Identität Jesu und von hier aus geht er in die christologische Reflexion der frühen Kirche, der großen Konzilien und dann auch in die Gegenwart.

Er entfaltet diese in sieben Thesen. Ich werde sie nicht alle hier behandeln, empfehle aber herzlich ihre Lektüre. Joseph Ratzinger fragt sich: Was ist die innere Mitte der Christologie? Und er hat darauf die ganz einfache Antwort: Sie ist Auslegung des Betens Jesu.

Die erste These lautet: „Die Mitte von Leben und Person Jesu ist nach dem Zeugnis der Heiligen Schrift seine ständige Kommuni-

---

18 Vgl. Ratzinger, Jesus I (Anm. 7), 135–137.

19 Joseph Kardinal Ratzinger / Benedikt XVI., Schauen auf den Durchbohrten, Einsiedeln ^{3}2007.

kation mit dem Vater."[20] Ich glaube, das ist sowohl theologisch wie auch existentiell die zentrale Mitte der Christologie. Ich lese in dieser Perspektive die Stelle in Joh 1, als die beiden ersten Jünger Jesus nachfolgen und er sich umdreht und fragt: Was sucht ihr, was wollt ihr? Und sie ihn fragen: Meister, wo wohnst Du? Und er sagt: Kommt und seht. Für mich ist das die Exegese dieser ersten These. Jesus führt uns zu dem Ort, wo er „wohnt". Das ist nicht nur die Wohnung, die Adresse, sondern ποῦ μένεις bedeutet: wo ist Deine Bleibe, wo ist Deine Mitte, wo ist Dein innerster Ort? Kommt und seht! Und der ganze Weg des Christen, aber auch der der christologischen Reflexion ist der Weg mit Jesus hin zu dem Ort, wo er wohnt, wo er seine Mitte hat. Und diese ist der Vater. Er ist „in den Schoß des Vaters hinein", müsste man den Prolog des Johannes übersetzen. Zum Petrusbekenntnis sagt Ratzinger, dass Petrus in dem Augenblick das Wesen Jesu begreift und aussagt, in dem er ihn (nach Lukas) betend in seinem Einssein mit dem Vater erblickt hat.[21] Die Meditation über das Beten Jesu führt uns ganz direkt hinein in die Mitte seines Geheimnisses. Wer Jesus ist, sieht man nach dem Lukasevangelium dann, wenn man ihn in seinem Beten sieht. „Das christliche Bekenntnis kommt aus der Beteiligung am Beten Jesu, aus dem Hineingezogen-werden, Hineinschauen-dürfen in sein Beten hervor; es ist Auslegung der Erfahrung des Betens Jesu, und es legt deswegen Jesus richtig aus, weil es aus der Beteiligung an seinem Eigentlichen und Innersten hervorkommt."[22] *Zweite These*: „Jesus starb betend. Im letzten Abendmahl hat er seinen Tod vorweggenommen, indem er sich selbst austeilte und so das Sterben in eine Tat der Liebe, in Verherrlichung Gottes von innen her verwandelte."[23] Nach den Zeugnissen der Evangelien ist Jesus betend gestorben. Sein Sterben ist ein Gebetsakt, also ein Akt innerster Verbundenheit mit dem Vater. Ich durfte in der Internationalen Theologenkommission eine kleine Subkommission leiten, die über das Selbstbewusstsein Jesu gearbeitet hat. Es ist ein sehr schöner Text entstanden. Die zentrale Frage ist, ob Paulus in Gal 2,20 Recht hat, wenn er sagt: „Er hat mich geliebt und sich für mich hingegeben". Hat er sterbend *für mich* gebetet? Es ist

20 Ebd., 15.
21 Vgl. ebd., 18.
22 Ebd.
23 Ebd., 20.

klassische Lehre der Kirche: Jesus hat vom ersten Moment seiner Empfängnis an in seiner Menschheit die *visio beatifica* gehabt. Die kleine Thérèse sagt, dass sie in den Betrachtungen der Nachfolge Christi von Thomas von Kempen eine schöne Stelle gelesen hat. „Unser Herr war im Ölberg im Genuss aller Wonnen der Dreifaltigkeit, aber seine Todesangst war deshalb nicht weniger grausam. Das ist ein Geheimnis, aber glauben Sie mir, durch das, was ich selber erfahren, verstehe ich etwas davon."[24] Das ist nicht umsonst dogmatische Lehre der Kirche. Es ist unaufgebbares Kernstück der christlichen Lehre von Jesu Hingabe: Er hat *mich* geliebt und sich für *mich* hingegeben. Man könnte viel dazu sagen, was das für die christologische Reflexion bedeutet, für das Zueinander von der beseligenden Gottesschau und dem menschlichen Bewusstsein in seinen vielen Facetten. Die Lehre der Kirche ist hier ganz klar. *Die dritte These*: „Weil das Gebet Zentrum von Jesu Person ist, ist Beteiligung an seinem Beten Voraussetzung für das Erkennen und Verstehen Jesu."[25] Das ist sozusagen die Gnoseologie, die Erkenntnislehre der Christologie, die Joseph Ratzinger ganz einfach und schlicht auf die Beteiligung am Beten Jesu zurückführt. Ich zitiere hier nur einen Satz: „Wer betet, fängt an zu sehen. Beten und Sehen hängen zusammen, weil, wie Richard von Sankt Viktor sagt, ‚die Liebe Auge ist'. Deshalb können die eigentlichen Fortschritte der Christologie niemals aus bloßer Schultheologie kommen, auch nicht aus moderner Schultheologie, wie sie sich in kritischer Exegese, Dogmengeschichte, humanwissenschaftlich orientierter Anthropologie usw. präsentiert. [...] Die Theologie der Heiligen muss hinzukommen, die Theologie aus Erfahrung ist. Alle wirklichen theologischen Erkenntnisfortschritte haben ihren Ursprung im Auge der Liebe und in seiner Sehkraft."[26] *Die vierte These* fasse ich kurz zusammen: „Die Gemeinschaft mit dem Beten Jesu schließt die Gemeinschaft mit allen seinen Brüdern ein."[27] Das ist die ekklesiologische Konsequenz dieser christologischen Schau: „Das Mitsein mit seiner Person, das aus der Beteiligung an seinem

---

24 Thérèse von Lisieux, Das „Gelbe Heft" von Mutter Agnes. Aus Gesprächen mit unserer heiligen kleinen Theresia in ihren letzten Monaten, in: Thérèse Martin, Ich gehe ins Leben ein. Letzte Gespräche mit der Heiligen von Lisieux, Leutersdorf [5]1998, 33–232, 81.

25 Ratzinger, Schauen (Anm. 19), 23.

26 Ebd., 24–25.

27 Ebd., 25.

Gebet hervorgeht, konstituiert so jenes umfassende Mitsein, welches Paulus mit dem Wort ‚Leib Christi' benennt. Deshalb ist die Kirche, der Leib Christi, das wahre Subjekt des Erkennens Jesu. In ihrem Gedächtnis ist das Vergangene gegenwärtig, weil in ihr Christus gegenwärtig ist und lebt."[28] Ich denke, hier ist in ganz kurzen Worten die innere Verbundenheit von Christologie und Ekklesiologie gegeben, die sicher bei Joseph Ratzinger ganz entscheidend ist. *Die fünfte These* entfaltet das Gesagte in die Dogmengeschichte: „Der Kern des in den alt-kirchlichen Konzilien definierten Dogmas besteht in der Aussage, dass Jesus wahrer Sohn Gottes ist, gleichen Wesens mit dem Vater und durch die Menschwerdung ebenso gleichen Wesens mit uns. Diese Definition ist im letzten nichts anderes als eine Interpretation des Lebens und Sterbens Jesu, das immerfort vom Sohnesgespräch mit dem Vater bestimmt war."[29] Das Konzil von Chalcedon ist die richtige Auslegung des Betens Jesu. Wie Kardinal Ratzinger auch an anderer Stelle homoousios als die richtige Auslegung des Sohnestitels beschreibt. Homoousios ist die normative Beschreibung dessen, was der Sohnestitel bedeutet. Hier kommt Ratzingers große Kenntnis der Dogmengeschichte zum Tragen, vor allem in der *sechsten These*, wo er das von Chalcedon Gesagte weiterführt in die nachchalcedonischen Konzilien – vor allem in das dritte Konzil von Konstantinopel über die beiden Willen Christi, die innere Willenseinheit zwischen dem göttlichen und dem menschlichen Willen. „Zur rechten Erfassung der inneren Einheit von biblischer und dogmatischer Theologie, von Theologie und religiösem Leben leistet die im 3. Konzil von Konstantinopel (680–681) zusammengefasste sogenannte neuchalcedonische Theologie einen wichtigen Beitrag."[30]

Wichtig ist: „Der Logos spricht vom menschlichen Wollen und Denken Jesu im Ich-Stil; es ist sein Ich geworden, in sein Ich aufgenommen, weil der menschliche Wille mit dem Willen des Logos völlig eins und mit ihm reines Ja zum Willen des Vaters geworden ist."[31] Aber nochmal: Ausgangpunkt ist der Blick auf das Beten Jesu, in dem dieses innere Einssein des menschlichen mit dem göttlichen Willen zum Ausdruck kommt.

28 Ebd.
29 Ebd., 29.
30 Ebd., 33.
31 Ebd., 35.

„So kann man das Beten, welches in das Beten Jesu eintritt, und im Leib Christi Gebet Jesu Christi wird, [also unser Beten mit dem Beten Jesu – so kann man dieses Beten] als Laboratorium der Freiheit bezeichnen. Hier und nirgendwo sonst geschieht jene tiefgreifende Verwandlung des Menschen, derer wir bedürfen, damit die Welt besser wird." [32] Und dieser letzte Punkt – *die siebte These* – ist nochmal ein Blick auf die historisch-kritische Methode, sozusagen ein Blick in die jüngste Gegenwart, um hier noch einmal die Dinge ins rechte Lot zu bringen: „Die historisch-kritische Methode wie auch andere neuere wissenschaftliche Methoden sind wichtig zum Verständnis der Heiligen Schrift wie der Überlieferung. Ihr Wert hängt allerdings an dem hermeneutischen (philosophischen) Kontext, in dem sie angewandt werden."[33] Was er hier über die Hermeneutik des Glaubens als einzige Verstehensform ausführt, die alle Völker, Verschiedenheiten und Kulturen transzendiert, kann ich hier nicht mehr weiter ausführen. Ich schließe mit dem letzten Abschnitt dieser tiefgründigen Meditation. „Würde man diese Gedanken weiterverfolgen, so könnte man die Fruchtbarkeit des Glaubens deutlich machen, die die Historie nicht vergewaltigt, sondern ihre Wahrheit öffnet und jeder wirklichen Wahrheit offen steht. In der Einheit der Person Jesu, die Mensch und Gott umspannt, ist jene Synthese von Mensch und Welt vorgezeichnet, in deren Dienst die Theologie stehen sollte. Ich glaube, dass an dieser Stelle die Schönheit und die Notwendigkeit der Aufgabe des Theologen sichtbar werden könnten. In einer von Trennung gezeichneten Welt sollte der Theologe die Grundlagen möglicher Einheit ans Licht bringen. Ihm ist die Frage aufgegeben, wie sich heute solche Einheit erkennen und verwirklichen lässt. So könnte er an der Vorbereitung dieser Einheit mitwirken, die zugleich Ort der Freiheit und des Heils ist. Dies freilich kann er nur tun, wenn er selbst in dieses ‚Laboratorium' der Freiheit und der Einheit eintritt, von der wir gesprochen haben, d. h. in jene Umformung des eigenen Willens, in der er sich expropriieren und dem göttlichen Willen einfügen lässt, also auf jenes Gottähnlich-werden zugeht, durch welches Gottes Reich kommt."[34] Damit kehren wir zu unserem Ausgangspunkt zurück: Die Christologie wird im Gebet geboren, nirgendwo sonst.

32 Ebd., 37.
33 Ebd.
34 Ebd., 40.

Christologie und Liturgie bei Joseph Ratzinger / Benedikt XVI.

Helmut Hoping

Die Liturgie hat für Joseph Ratzinger[1] seit der Studienzeit in Freising eine wichtige Rolle gespielt.[2] Das Besondere der Christologie[3] des späteren Papstes, der im Februar 2013 von seinem Amt zurücktrat, ist ihre enge Verbindung mit dem Beten Jesu und dem Beten der Kirche. Drei Aspekte der Christologie Joseph Ratzingers sollen im vorliegenden Beitrag näher beleuchtet werden: 1. Das Programm einer spirituellen Christologie; 2. Die Gegenwart der Offenbarung in der Liturgie; 3. Das Priestertum Christi und die Gabe der Eucharistie.[4]

1. Oratio Christi
Das Programm einer spirituellen Christologie

Seit der Bibelenzyklika „Divino afflante spiritu" (1943) war die katholische Theologie verstärkt darum bemüht, den durch die Bibelkritik der Aufklärung und die Leben-Jesu-Forschung des 19. Jahrhunderts verursachten Bruch zwischen dem historischen Jesus

1 Zur Theologie und Biographie des Papstes gibt es inzwischen eine reichhaltige Literatur. Empfehlenswert sind folgende Titel: Hansjürgen Verweyen, Joseph Ratzinger – Benedikt XVI., Die Entwicklung seines Denkens, Darmstadt 2007; Peter Hofmann, Benedikt XVI., Einführung in sein theologisches Denken, Paderborn 2009; Gianni Valente, Student, Professor, Papst. Joseph Ratzinger an der Universität, Augsburg 2009; Kurt Koch, Das Geheimnis des Senfkorns. Grundzüge des theologischen Denkens von Papst Benedikt XVI. (RaSt 3), Regensburg 2010.

2 Vgl. Joseph Ratzinger, Aus meinem Leben. Erinnerungen (1927–1977), Stuttgart 1997, 63f.

3 Vgl. Helmut Hoping, Das Geheimnis des Sohnes. Zur Christologie Joseph Ratzingers, in: Michaela Christine Hastetter / Helmut Hoping (Hg.), Ein hörendes Herz (RaSt 5), Regensburg 2012, 62–73.

4 Vgl. Helmut Hoping, Gemeinschaft mit Christus. Christologie und Liturgie bei Joseph Ratzinger, in: IKaZ 35 (2006) 557–572.

und dem Christus des Glaubens zu überwinden. Der Jesus, wie ihn die historische Kritik seit Hermann Samuel Reimarus († 1768) rekonstruierte, hätte auch nicht jene ungeheure Wirkung auslösen können, die von ihm ausging. Die Geschichte der historischen Jesusforschung hat gezeigt, dass die Vorstellung eines wirklichen Jesus *hinter* den Quellen nicht haltbar ist. Einen wichtigen Impuls erhielten Bibelwissenschaft und systematische Theologie durch die Konstitution „Dei Verbum" (1965) über die göttliche Offenbarung des Zweiten Vatikanischen Konzils (1962–1965). Der wirkliche Jesus kann nur in den Evangelien gefunden werden, die – unbeschadet ihres Zeugnischarakters – als historische Quellen ernst zu nehmen sind. Der historische Jesus und der Christus des Glaubens lassen sich nicht trennen. Von dieser Überzeugung ist auch Joseph Ratzingers Bestseller „Einführung in das Christentum" (1968)[5] geleitet. Er geht auf Vorlesungen über das Apostolische Glaubensbekenntnis im Sommersemester 1967 für Hörer aller Fakultäten an der Universität Tübingen zurück.[6]

In seinen „Thesen zur Christologie" von 1973 – Joseph Ratzinger war inzwischen von Tübingen nach Regensburg gegangen – heißt es zur Frage des historischen Jesus prägnant: „Die Identität zwischen dem irdischen und dem auferstandenen Jesus ist grundlegend für den Glauben der Gemeinde und verbietet jede spätere Zertrennung zwischen historischem und kerygmatischem Jesus"[7]. In dem kleinen Beitrag „Was bedeutet Jesus Christus für mich?" (1973) erklärt Ratzinger: „Ich weiß, dass der Jesus der Evangelien der wirkliche Jesus ist, dass ich mich ihm weit ruhiger anvertrauen kann als den gelehrtesten Rekonstruktionen, die er alle überdauern wird"[8]. Dies ist auch der methodische Ansatz des Jesusbuches Joseph Ratzingers / Benedikt XVI. mit seinen beiden Teilen über die öffentliche Wirksamkeit und den Prolog zu den Kindheitsgeschichten Jesu.[9] Da Jesus von Nazareth eine Person der Geschichte war, ist

---

5 Vgl. Joseph Ratzinger, Einführung in das Christentum. Vorlesungen über das apostolische Glaubensbekenntnis (1968). Mit einem neuen einleitenden Essay, Augsburg 2007.

6 Vgl. die Auflistung der Tübinger Lehrveranstaltungen in: Valente, Joseph Ratzinger an der Universität (Anm. 1), 197f.

7 Joseph Ratzinger, Thesen zur Christologie (1973), in: ders., Dogma und Verkündigung, München-Freiburg 1973, 133–136, 134.

8 Joseph Ratzinger, Was bedeutet Jesus Christus für mich? (1973), in: ders., Dogma und Verkündigung (Anm. 7), 137–140.

9 Vgl. Joseph Ratzinger / Benedikt XVI., Jesus von Nazareth. Erster Teil: Von der Taufe im Jordan bis zur Verklärung, Freiburg-Basel-Wien 2007; ders., Jesus von Nazareth.

die historische Forschung für Benedikt XVI. unverzichtbar.[10] Die historisch-kritische Exegese ist aber nicht in der Lage, das göttliche Geheimnis der Person Jesu zu erfassen. Hierfür braucht es die „Augen des Glaubens“. Allein vom Christus des Glaubens her erschließt sich auch die Einheit der Heiligen Schrift.[11]

Mit seinen frühen Beiträgen zur Christologie ging es Joseph Ratzinger nicht um Vorarbeiten zu einem gelehrten dogmatischen Traktat. Ihm schwebte eine andere Art von Christologie vor. Diese konnte aber erst genaueres Profil gewinnen, nachdem Joseph Ratzinger – seit 1977 Erzbischof von München und Freising – einem Ruf von Johannes Paul II. (1978–2005) an die römische Kurie gefolgt war. Zu Beginn seiner Zeit als Präfekt der Kongregation für die Glaubenslehre veröffentliche Ratzinger seine programmatische Schrift „Schauen auf den Durchbohrten. Versuche zu einer spirituellen Christologie“[12]. Ein zentraler Satz daraus lautet: „Die Christologie wird im Gebet geboren, nirgend sonst.“[13] Schon in einem Aufsatz aus dem Jahre 1976, wiederabgedruckt in der „Theologischen Prinzipienlehre“ von 1982, heißt es: „Dass er [Jesus] der Sohn ist, heißt vor allem, dass er ein Betender ist.“[14] In der Tat bildet die Kommunikation mit dem Vater nach dem Zeugnis des

---

Zweiter Teil: Vom Einzug in Jerusalem bis zur Auferstehung, Freiburg-Basel-Wien 2011; ders., Jesus von Nazareth: Prolog. Die Kindheitsgeschichten, Freiburg-Basel-Wien 2012. – Zum Jesusbuch des Papstes vgl. u. a. Thomas Söding (Hg.), Das Jesusbuch des Papstes. Die Antwort der Neutestamentler, Freiburg-Basel-Wien 2007; Helmut Hoping / Michael Schulz (Hg.), Jesus und der Papst. Systematische Annäherungen zum Jesus-Buch des Papstes, Freiburg-Basel-Wien 2007; Jan-Heiner Tück, Annäherungen an „Jesus von Nazareth“. Das Buch des Papstes in der Diskussion, Ostfildern 2007; Achim Buckenmaier / Rudolf Pesch / Ludwig Weimer, Der Jude Jesus von Nazareth. Zum Gespräch zwischen Jacob Neusner und Papst Benedikt XVI., Paderborn 2008; Peter Kuhn (Hg.), Gespräch über Jesus. Papst Benedikt XVI. im Dialog mit Martin Hengel, Peter Stuhlmacher und seinen Schülern in Castelgandolfo 2008, Tübingen 2010; Thomas Söding (Hg.), Tod und Auferstehung Jesu. Theologische Antworten auf das Buch des Papstes, Freiburg-Basel-Wien 2011; Jan-Heiner Tück (Hg.), Passion aus Liebe. Das Jesus-Buch des Papstes in der Diskussion, Ostfildern 2011; Thomas Söding, Jesus von Nazareth. Die Kindheitsgeschichten im neuen Jesus-Buch von Papst Benedikt XVI., in: zur debatte 8 (2012) 2–6.

10 Vgl. Ratzinger / Benedikt XVI., Jesus von Nazareth I (Anm. 9), 20.

11 Vgl. ebd., 18.

12 Joseph Ratzinger, Schauen auf den Durchbohrten. Versuche zu einer spirituellen Christologie (1984), Einsiedeln ^{2}1990.

13 Ebd., 40.

14 Joseph Ratzinger, Theologische Prinzipienlehre. Bausteine zu einer Fundamentaltheologie (1982), Donauwörth ^{2}2005, 33.

Neuen Testamentes die Mitte des Lebens und der Person Jesu.[15] Die Christologie des Sohnes Gottes überträgt in gewisser Weise „das Faktum des Betens Jesu in philosophisch-theologische Fachsprache“[16]. In der Beteiligung am Beten Jesu sieht Joseph Ratzinger eine Voraussetzung für das Erkennen und Verstehen seiner Person.[17] Denn jede Erkenntnis, so ein Prinzip mittelalterlicher Erkenntnislehre, bedarf der Angemessenheit des Erkennenden zum Erkannten: *omnis cognitio fit per assimilationem cognoscentis et cogniti*.[18]

Das Gebet Jesu ist auch der Schlüssel zur Soteriologie: Betend nahm Jesus Abschied von seinen Jüngern, indem er beim letzten Abendmahl Gott Lob und Dank sagte und sich in den Gaben von Brot und Wein austeilte. Betend ist Jesus auch gestorben und hat in der Gottverlassenheit des Todes den Gott Israels, seinen Vater, angerufen. Jesus lebte so sehr aus dem Gebet zu seinem Vater, dass man sagen kann, sein Leben bis in sein Sterben hinein war ein einziges Gebet.[19] Auch für die Ekklesiologie ist der Schlüssel im Beten Jesu zu suchen. Die Kirche und ihr Bekenntnis gehen aus dem Beten Jesu hervor. Joseph Ratzinger zeigt dies vor allem am Beten Jesu beim Abendmahl, im Garten Getsemani und am Kreuz. Resümierend schreibt Ratzinger in „Schauen auf den Durchbohrten“: „Die Kirche wird in dem Gebet geboren, in dem Jesus sich dem Vater zurückgibt und der Vater dem Sohn alles übergibt.“[20] Mit seinem Jesusbuch hat Benedikt XVI. das Programm seiner „spirituellen Christologie“ in die Tat umgesetzt, wobei „spirituell“ im Sinne von geistlich-theologisch zu verstehen ist. In seinem Jesusbuch spricht der Papst aus verständlichen Gründen nicht mehr von „spiritueller Christologie“, wohl weil der Begriff des Spirituellen inzwischen inflationär und nicht selten in Verbindung mit Esoterik gebraucht wird. Das Jesusbuch des Papstes unterscheidet sich aber signifikant von herkömmlichen Christologietraktaten. Es handelt sich um eine biblisch inspirierte Theologie der Mysterien des Lebens Jesu, die ihren Ausgang beim Beten Jesu nimmt.[21] Eine gewisse Ähnlichkeit besteht mit dem Jesusbuch „Der Herr“

15 Ratzinger, Schauen auf den Durchbohrten (Anm. 12), 15.
16 Ebd., 29.
17 Vgl. ebd., 19.
18 Vgl. ebd., 23f.
19 Ebd., 21.
20 Ebd., 17.
21 Ratzinger / Benedikt XVI., Jesus von Nazareth II (Anm. 9), 12f.

von Romano Guardini († 1968).[22] Mit Kardinal Kurt Koch können wir sagen, dass das Besondere des Jesusbuches Benedikts XVI. darin besteht, bei der „Gebetskommunikation Jesu mit seinem Vater"[23] anzusetzen.

Ausgehend vom Beten Jesu hat Joseph Ratzinger das Verhältnis von Christologie und Liturgie mehrfach am Beispiel der *Prex Eucharistica* konkretisiert. In seinem Kern geht das Eucharistische Hochgebet auf die *berakah* (Lobpreis, Danksagung, Segen) zurück, die Jesus beim letzten Abendmahl über Brot und Wein gesprochen hat. Bei *berakah* Jesu über Brot und Wein handelt es sich um die „eigentliche, konstitutive Mitte von Jesu letztem Abendmahl; das Hochgebet, das diese Mitte aufnimmt, stammt so direkt aus dem Beten Jesu am Abend vor seinem Leiden und bildet den Kern des neuen geistigen Opfers. Deswegen haben die Väter die Eucharistie zum Teil einfach als *oratio* bezeichnet."[24] Das eucharistische Hochgebet ist das Opfer in der Weise des Wortes, das vom menschgewordenen Wort Gottes selbst kommt.[25] Dies gilt auch vom *Pater noster*, das schon früh ein konstitutiver Teil der eucharistischen Liturgie wurde, so dass die Kirchenväter die vierte Bitte des *Vaterunser* schon ganz selbstverständlich als Eucharistiebitte verstanden.[26] Cyprian von Karthago († 258) sagte von der *oratio Domini*, dass wir dabei mit von Gott gegebenen Worten zu Gott beten würden.[27]

Kürzlich hat Benedikt XVI. bei einer Mittwochsaudienz in einer Ansprache über das Wesen der Liturgie das Wort Cyprians aufgegriffen. Die Liturgie der Kirche, so der Papst, sei „der bevorzugte Ort, an dem Gott zu uns spricht und uns zugleich Worte schenkt, mit denen wir antworten können"[28]. In besonderer Weise gilt dies natürlich für die Feier der Eucharistie, dem Lebenszentrum der Kirche, dem Johannes Paul II. (1978–2005) seine letzte Enzyklika

22 Romano Guardini, Der Herr. Betrachtungen über die Person und das Leben Jesu Christi (1937), Mainz 1997.

23 Koch, Das Geheimnis des Senfkorns (Anm. 1), 147.

24 Joseph Ratzinger, Eucharistie – Communio – Solidarität (2002), in: ders., Theologie der Liturgie. Die sakramentale Begründung christlicher Existenz (JRGS 11), Freiburg-Basel-Wien 2008, 425–442, 428.

25 Vgl. den Hinweis von Joseph Ratzinger, Ist die Eucharistie ein Opfer? (1967), in: JRGS 11, 259–270, 270.

26 Vgl. Ratzinger / Benedikt XVI., Jesus von Nazareth I (Anm. 9), 189–191.

27 Vgl. Cyprian von Karthago, De dominica oratione 2.

28 Benedikt XVI., Ansprache bei der Generalaudienz am 26. September 2012.

„Ecclesia de eucharistia" gewidmet hat.[29] Das Zweite Vatikanische Konzil nennt die Darbringung der Eucharistie „Quelle und Höhepunkt"[30] des ganzen kirchlichen Lebens. Die Eucharistie hat ihren Ursprung aber nicht nur im Gebet Jesu, sondern im ganzen Offenbarungszusammenhang des letzten Mahles Jesu, seines Sterbens und seiner Auferstehung von den Toten. Die Eucharistie wird daher als *memoria passionis, mortis et resurrectionis Christi* gefeiert.

2. Christus praesens
Die Gegenwart der Offenbarung in der Liturgie

Der Zusammenhang zwischen Christologie und Liturgie kann nicht nur vom Beten Jesu, sondern auch vom christlichen Offenbarungsverständnis her erschlossen werden. Seit der Habilitationsschrift „Offenbarung und Heilsgeschichte in der Lehre des heiligen Bonaventura"[31] hatte sich Joseph Ratzinger intensiv um eine begriffliche Klärung des Offenbarungsverständnisses bemüht. Wichtig wurde ihm dabei die Unterscheidung zwischen *revelatio* (Offenbarung) und *manifestatio* (Manifestation).[32] Der Einfluss, den Ratzinger, persönlicher Berater von Kardinal Joseph Frings († 1978) und Konzilsperitus, auf die Entstehung der dogmatischen Konstitution „Dei Verbum" über die göttliche Offenbarung hatte, ist bekannt.[33] Ratzinger betrachtete die Offenbarung Gottes, an-

---

29 Vgl. Johannes Paul II., Enzyklika „Ecclesia de Eucharistia" über die Eucharistie in ihrer Beziehung zur Kirche vom 17. April 2003 (Verlautbarungen des Apostolischen Stuhls 159), Bonn ^{2}2003.

30 Vgl. LG 11.

31 Vgl. Joseph Ratzinger, Offenbarung und Heilsgeschichte in der Lehre des heiligen Bonaventura (1955/1959), in: ders., Offenbarungsverständnis und Geschichtstheologie Bonaventuras (JRGS 2), Freiburg-Basel-Wien 2009, 51–659. Siehe dazu Hansjürgen Verweyen, Ein unbekannter Ratzinger. Die Habilitationsschrift von 1955 als Schlüssel zu seiner Theologie, Regensburg 2010.

32 Vgl. Ratzinger, Offenbarung und Heilsgeschichte in der Lehre des heiligen Bonaventura (Anm. 31), 85–130.

33 Vgl. jetzt Joseph Ratzinger, Bemerkungen zum Schema „De fontibus revelationis" (1962), in: ders., Zur Lehre des Zweiten Vatikanischen Konzils (JRGS 7/1), Freiburg-Basel-Wien 2012, 157–174; ders., De voluntate Dei erga hominem/Gottes heilschaffender Wille für den Menschen [Entwurf eines neuen Offenbarungsschemas, Oktober 1962], in: ebd., 177–182; ders., De revelatione Dei et hominis in Jesu Christo facta/Die Offenbarung Gottes und des Menschen in Jesus Christus [Entwurf eines neuen Offenbarungsschemas, zusammen mit Karl Rahner, Oktober/November 1962], in: ebd., 183–209; ders., Die eine Quelle der Offenbarung [Entwurf zur Rede vor der

ders als die Neuscholastik, als ein geschichtliches Ereignis, welches Schrift und Tradition vorausliegt, sich in ihnen niederschlägt, zugleich aber darüber hinaus wirkt.

In Münster hielt Ratzinger seine Antrittsvorlesung zum Thema „Offenbarung und Überlieferung" (1963). Sie war die Grundlage für seinen Beitrag „Ein Versuch zur Frage des Traditionsbegriffs" in der gemeinsam mit Karl Rahner herausgegebenen *Quaestio disputata* „Offenbarung und Überlieferung" (1965).[34] In einem Vortrag vor den deutschen Bischöfen am Vorabend des Zweiten Vatikanischen Konzils nannte Ratzinger die Offenbarung Gottes den *unus fons* (eine Quelle), aus dem die beiden *rivuli* (Flüsse) von Schrift und Tradition hervorgehen.[35] Die Offenbarungskonstitution hat diese Aussage fast textidentisch übernommen: „Die heilige Überlieferung und die Heilige Schrift sind also eng miteinander verbunden und haben aneinander Anteil. Demselben göttlichen Quell entspringend, fließen beide nämlich gewissermaßen in eins zusammen und streben demselben Ziel zu."[36] Unbeschadet der durch das Konzil nicht entschiedenen Frage der Schriftsuffizienz war damit sowohl das protestantische „Sola-scriptura-Prinzip" als auch die neuscholastische Theorie von zwei Quellen der Offenbarung ausgeschlossen.[37]

Die Liturgie der Kirche ist für Ratzinger nicht etwas der *Offenbarung* Äußeres, sondern ihre *Manifestation*. Die Liturgie ist der entscheidende Lebensraum der Offenbarung Gottes in Jesus Christus, in welchem diese für uns gegenwärtig wird. Die Liturgie ist die „in Glaube und Gebet aufgenommene Offenbarung"[38]. Diese Sicht finden wir auch in der Konstitution „Dei Verbum" über die göttliche

---

19. Generalkongregation am 14. November 1962 zum Schema „De fontibus revelationis" (und zum Nachtrag der 21. Generalkongregation am 17. November 1962), in: ebd., 239–243; ders., Zur Konzilsdiskussion über das Verhältnis von Schrift und Überlieferung, in: ebd., 473–478.

34 Vgl. Joseph Ratzinger, Ein Versuch zur Frage des Traditionsbegriffs (1965), in: Karl Rahner / Joseph Ratzinger, Offenbarung und Überlieferung (QD 25), Freiburg 1965, 25–69.

35 Vgl. Ratzinger, Bemerkungen zum Schema „De fontibus revelationis" (Anm. 33), 157.

36 DV 9.

37 Zur Konstitution vgl. Joseph Ratzinger, Zur Dogmatischen Konstitution über die göttliche Offenbarung „Dei Verbum", in: ders, Zur Lehre des Zweiten Vatikanischen Konzils (JRGS 7/2), Freiburg-Basel-Wien 2012, 713–791. Siehe auch Helmut Hoping, Theologischer Kommentar zur Dogmatischen Konstitution über die göttliche Offenbarung *Dei Verbum*, in: Peter Hünermann / Bernd Jochen Hilberath (Hg.), Herders Theologischer Kommentar zum Zweiten Vatikanischen Konzil 3, Freiburg-Basel-Wien 2005, 695–831.

38 Joseph Ratzinger, Théologie de la liturgie (2001), in: ders., Theologie der Liturgie (Anm. 24), 639–656, 656.

Offenbarung des Zweiten Vatikanischen Konzils. So rechnet die Konstitution den öffentlichen Kult *(cultus)* zur *sacra traditio*, zur heiligen Überlieferung der Kirche.[39] Für Joseph Ratzinger beruht die Liturgie der Kirche auf der „durchlittenen Passion eines Menschen", der mit seiner Existenz „in das Mysterium des lebendigen Gottes selbst hineinreicht"[40]. Die Liturgie vermittelt „die irdische Zeit in die Zeit Jesu Christi und ihre Gegenwart hinein"[41]. So ist die Liturgie der Kirche die Liturgie des „Sohnes" bei uns Menschen, und ihr Adressat ist Gott, der Vater im Himmel. Es ist Christus selbst, der vor Gott, seinem Vater, den „Kult" vollzieht, und dieser wird der Kult von Menschen, „indem sie sich mit ihm und um ihn versammeln"[42].

Die Gegenwart der Offenbarung für uns gründet in der Gegenwart des erhöhten Herrn in der Zeit. Auf die schwierigen zeittheologischen Fragen, die mit dem *Christus praesens* verbunden sind, kann ich an dieser Stelle nicht eingehen. Joseph Ratzinger thematisiert den *Christus praesens* im Kontext seiner Überlegungen zum Verhältnis von irdischer und himmlischer Liturgie. Durch das Sterben Christi am Kreuz und seine Auferweckung von den Toten wurde für uns Menschen der Himmel aufgerissen. Kreuz und Auferstehung sind „die Brücke, die Zeit und Ewigkeit ineinander fügt"[43]. Die Liturgie ist ein Zusammenspiel von irdischer und himmlischer Liturgie. Dafür beruft sich Joseph Ratzinger neben dem Hebräerbrief vor allem auf die Geheime Offenbarung des Johannes, die im Zentrum der himmlischen Liturgie das geschlachtete Lamm, den auferweckten Gekreuzigten, sieht.[44] „In der irdischen Liturgie", so drückt es die Konstitution „Sacrosanctum Concilium" aus, nehmen wir vorauskostend an jener himmlischen Liturgie teil"[45], die in der ewigen Stadt Jerusalem gefeiert wird.

Mit seiner Liturgietheologie steht Joseph Ratzinger, entgegen mancher Kritik, nicht im Gegensatz zum Zweiten Vatikanischen Konzil. Vielmehr hat er darin wichtige Impulse der vom Konzil

39 Vgl. DV 8.

40 Ratzinger, Der Geist der Liturgie. Eine Einführung, in: ders., Theologie der Liturgie (Anm. 24), 29–194, 65 (51).

41 Ratzinger, Der Geist der Liturgie (Anm. 40), 68 (54).

42 Ebd., 69 (55).

43 Joseph Ratzinger, 40 Jahre Konstitution über die heilige Liturgie. Rückblick und Vorblick (2003), in: ders., Theologie der Liturgie (Anm. 24), 695–711, 700.

44 Vgl. ebd., 698f.

45 SC 8.

verabschiedeten Liturgiekonstitution aufgenommen.[46] Ohne die grundlegende katabatische Dimension der Liturgie sowie ihre Gemeinschaftsdimension in Frage zu stellen, unterstreicht Ratzinger aber den vielerorts inzwischen verblassten latreutischen Charakter der Liturgie. Hier zeigt sich eine Kontinuität in seinem Denken, die sich von seinem Beitrag „Kirche und Liturgie" von 1958[47] bis zu dem zur zweiten Milleniumswende veröffentlichen Buch „Der Geist der Liturgie" (2000) durchhält.[48] Schon die Dissertation über Augustinus († 430) von 1951 enthält einen bemerkenswerten Abschnitt zum christlichen Kult sowie zum Wesen des Opfers Christi und der Christen, von dem Ratzingers spätere liturgietheologische Reflexionen erkennbar inspiriert sind.[49]

3. Sacramentum caritatis
Das Priestertum Christi und die Gabe der Eucharistie

Wenn Joseph Ratzinger mit dem Zweiten Vatikanischen Konzil vom christlichen Kult spricht, meint er nicht den *cultus debitus*, sondern die Liturgie als Verherrlichung und Anbetung Gottes. In SC 33 heißt es über die Liturgie der Kirche: „sacra liturgia est praecipue cultus divinae maiestatis"[50]. Die Konzilsväter verwenden den Begriff des Kultes nicht nur, um damit den latreutischen Charakter der Liturgie von Seiten der Menschen zu bezeichnen. Denn die Liturgie der Kirche, ihr öffentlicher Kult, ist der „Vollzug des priesterlichen Amtes Jesu; in ihr wird durch sinnenfällige Zeichen die Heiligung des Menschen bezeichnet und in je eigener Weise bewirkt und vom mystischen Leib Jesu Christi, nämlich dem Haupt und seinen Gliedern, der gesamte öffentliche Kult vollzogen"[51]. In ihm „vollzieht

46 Zu einer zusammenfassenden Wesensbestimmung der christlichen Liturgie im Ausgang von „Sacrosanctum Concilium" vgl. Ratzinger, 40 Jahre Konstitution über die heilige Liturgie (Anm. 43), 704–711.

47 Vgl. Joseph Ratzinger, Kirche und Liturgie (1958), in: ders., Kirche – Zeichen unter den Völkern (JRGS 8/1), Freiburg-Basel-Wien 2010, 157–177.

48 Zu Fragen der Liturgietheologie hatte sich Joseph Ratzinger vorab vor allem in „Das Fest des Glaubens. Versuche zur Theologie des Gottesdienstes" (1981; Einsiedeln ²1993) geäußert.

49 Vgl. Joseph Ratzinger, Volk und Haus Gottes in Augustins Lehre von der Kirche (Dissertation), in: ders., Volk und Haus Gottes in Augustins Lehre von der Kirche (JRGS 1), 43–418, 264–297.

50 SC 33.

51 SC 7.

sich das Werk unserer Erlösung"[52], das „Werk Jesu Christi, des Priesters, und seines Leibes, der die Kirche ist"[53]. Die Liturgie ist daher „in vorzüglichem Sinne eine heilige Handlung, deren Wirklichkeit kein anderes Tun der Kirche an Rang und Maß erreicht"[54].

Der christliche Kult ist Teilhabe am *Pascha* Christi, seinem *transitus* vom Tod zum Leben.[55] Besonders gilt dies für das Opfer der Eucharistie. In der Gemeinschaft mit Christus, unserem wahren Priester, und seinem Beten sieht Joseph Ratzinger eines der Hauptmomente der eucharistischen Spiritualität.[56] Mit dem Priestertum Christi ist das bisherige kultische Priestertum an sein Ende gekommen ist. Die Idee von Priestertum und Opfer hat in Christus einen ganz neuen Sinn gewonnen. Denn nun vertritt die Menschen nicht mehr ein materielles Opfer oder das Blut eines Opfertieres, sondern der menschgewordene Sohn Gottes, der sich darbringt in der „Totalität seiner Existenz" – so Joseph Ratzinger in einem Beitrag zum priesterlichen Dienst von 1967.[57] Die Inkarnation des Sohnes ist der Weg der Entäußerung, der Weg der Passion, der an das Kreuz führt. Die Mysterien der Geburt und der Passion Jesu gehören daher untrennbar zusammen.

Das am Kreuz vergossene Blut Christi ist nicht eine dingliche Gabe, sondern Zeichen einer „Liebe bis zum Äußersten" (ἀγάπης εἰς τέλος) (Joh 13,1).[58] Die Gabe der Eucharistie ist die sakramentale Verleiblichung der Liebe Gottes. In der Eucharistie, der zentralen Vollzugsform des christlichen Kultes, schenkt uns Christus nicht *etwas*, sondern *sich selbst*. In einem Aufsatz über den Sinn des Sonntags von 1985 schreibt Ratzinger: „Die Eucharistie ist das Präsens des Auferstandenen, der in den Zeichen der Hingabe immerfort sich selber gibt und so unser Leben ist."[59] Das innerste Wesen des christlichen Kultes besteht also nicht in einer materiellen Gabe, sondern in der Hingabe der Liebe.[60] Thomas von Aquin († 1270)

---

52 SC 2.

53 SC 7.

54 Ebd.

55 Vgl. Ratzinger, Der Geist der Liturgie (Anm. 40), 48 (29).

56 Vgl. Ratzinger, Theologische Prinzipienlehre (Anm. 14), 33.

57 Joseph Ratzinger, Zur Frage nach dem Sinn des priesterlichen Dienstes (1967), in: ders., Künder des Wortes und Diener eurer Freude (JRGS 12), Freiburg-Basel-Wien 2010, 353.

58 Vgl. Ratzinger, Kirche und Liturgie (Anm. 47), 170.

59 Joseph Ratzinger, Von der Bedeutung des Sonntags für Beten und Leben der Christen, in: ders., Theologie der Liturgie (Anm. 24), 235–257, 241.

60 Vgl. Ratzinger, Kirche und Liturgie (Anm. 48), 170.

und andere haben daher die Eucharistie *sacramentum caritatis*, das Sakrament der Liebe, genannt.[61]

Im Neuen Testament ist Liebe der zentrale Name Gottes. Durch ihn hat der gegenüber Mose geoffenbarte Gottesname seine entscheidende geschichtliche Bestimmung erhalten. „Gott ist die Liebe (ὁ Θεὰς ἀγάπη ἐστίν), und wer in der Liebe bleibt, bleibt in Gott, und Gott bleibt in ihm" (1 Joh 4,16). Diese Aussage aus dem ersten Johannesbrief hat Benedikt XVI. an den Anfang seiner Antrittsenzyklika „Deus caritas est" (2005) gestellt. „Wir haben die Liebe, die Gott zu uns hat, erkannt und gläubig angenommen" (1 Joh 4,16). In dieser Aussage aus dem ersten Johannesbrief sieht der Papst den „Grundentscheid"[62] unseres Lebens als Christen ausgedrückt. Die Liebe Gottes „wurde unter uns dadurch offenbart, dass er seinen einzigen Sohn in die Welt gesandt hat, damit wir durch ihn leben" (1 Joh 4,9). „Daran haben wir die Liebe erkannt, dass Er sein Leben für uns hingegeben hat" (1 Joh 3,16). Das Sakrament der Eucharistie manifestiert „die *Wahrheit der Liebe*, die das Wesen Gottes selbst ist"[63] – so fasst Benedikt XVI. das Wesen der Eucharistie in seinem Schreiben „Sacramentum Caritatis" von 2007 zusammen. Der Sinn der Eucharistie ist also nicht eine Gottespräsenz überhaupt, sondern die sakramentale Gegenwart Christi, des menschgewordenen Sohnes Gottes, der für uns sein Leben gegeben hat. Dieser Gedanke begegnet schon in einer Vorlesung Ratzingers bei den Salzburger Hochschulwochen von 1965.[64]

Im Zuge der Liturgiereform[65] kam es nach dem Konzil zu einer Veränderung der Konsekrationsworte: Nach dem Messbuch von 1962 spricht der Priester zur Konsekration des Brotes die Worte *Hoc est enim corpus meum*, nach dem Missale Pauls VI. von 1970 lautet die Form der Konsekration *Hoc est enim corpus meum, quod pro vobis tradetur*. Joseph Ratzinger sieht darin eine Verdeutlichung des

61 Vgl. Thomas von Aquin, STh III, q.73, a.3.

62 Deus caritas est, Nr. 1.

63 Benedikt XVI., Nachsynodales Apostolisches Schreiben „Sacramentum caritatis" vom 22. Februar 2007 (Verlautbarungen des Apostolischen Stuhls 177), Nr. 2.

64 Vgl. Joseph Ratzinger, Die sakramentale Begründung christlicher Existenz (1965), in: ders., Theologie der Liturgie (Anm. 24), 197–214, 213.

65 Zur Diskussion um die Liturgiereform vgl. Helmut Hoping, „Die sichtbarste Frucht des Konzils". Anspruch und Wirklichkeit der erneuerten Liturgie, in: Günter Wassilowsky (Hg.), Zweites Vatikanum – vergessene Anstöße, gegenwärtige Fortschreibungen, Freiburg-Basel-Wien 2004, 90–115; ders., The Constitution Sacrosanctum Concilium and the Liturgical Reform, in: Annuarium Historiae Conciliorum 42 (2010) 297–316.

Charakters der Eucharistie als Gabe.[66] Kürzlich wurde auf einer Tagung zur Theologie Joseph Ratzingers in Freiburg i. Br. die These vertreten, dass wegen des Gabencharakters der Eucharistie die *celebratio versus populum* die allein angemessene Zelebrationsrichtung des Priesters am Altar sei.[67] Dabei wird übersehen, dass die eucharistische Liturgie, in deren Kontext die Konsekrationsworte gesprochen werden, den Charakter einer danksagenden Darbringung hat – vom *Offertorium* bis zur Schlussdoxologie des Eucharistischen Hochgebets. Der Adressat der vom Priester am Altar gesprochenen Gebete ist auch nicht die Gemeinde, sondern Gott, was durch die traditionelle Gebetsausrichtung von Priester und Gemeinde, für deren Wiedergewinnung sich Joseph Ratzinger wiederholt ausgesprochen hat, sinnenfällig zum Ausdruck gebracht wird.[68] Die eucharistische Liturgie ist ein patrozentrischer Gottesdienst. Dies muss in der *ars celebrandi* des Priesters und der Gemeinde deutlich werden, ob der Priester bei der eucharistischen Liturgie am Altar nun *versus populum* oder *versus altare* bzw. *absidem* steht.

Jesus Christus, unser wahrer Priester, hat uns das Sakrament der Eucharistie hinterlassen, damit das Opfer seines Lebens nicht in der Vergangenheit eingeschlossen bleibt, sondern im Gedächtnis seines Todes und seiner Auferstehung fortdauert.[69] Die Eucharistie ist ein Opfer im Zeichen des Sakraments, das in der Darbringung der Eucharistie vollzogen wird. Durch den „Diener der Eucharistie", den geweihten Priester, wird die Darbringung der Kirche mit dem Opfer des einen Mittlers Christus Jesus verbunden.[70] Die Gläubigen beteiligen sich an der Darbringung der Eucharistie auf ihre Weise und sollen so lernen, sich selbst darzubringen.[71] Doch in der Darbringung der Eucharistie bringen wir das Brot des Lebens und den Kelch des Heils als Gabe dar, die wir zuvor empfangen

66 Vgl. Joseph Ratzinger, Eucharistie – Communio – Solidarität: Christus gegenwärtig im Sakrament (2003), in: ders., Theologie der Liturgie (Anm. 24), 425–442, 439f.

67 Vgl. Hansjürgen Verweyen, Liturgie in den frühen Schriften Joseph Ratzingers, in: Hastetter / Hoping (Hg.), Ein hörendes Herz (Anm. 3), 74–89, 85–89.

68 Ratzinger, Der Geist der Liturgie (Anm. 40), 77–85; ders., Zur Frage der Zelebrationsrichtung (1979/2005), in: ders., Theologie der Liturgie (Anm. 24), 463–471. Weiterführend ist hier die wichtige Studie von Uwe Michael Lang, Conversi ad Dominum. Zu Geschichte und Theologie der christlichen Gebetsrichtung. Mit einem Geleitwort von Joseph Ratzinger, Freiburg ^{3}2005.

69 Vgl. SC 47.

70 Vgl. PO 2.

71 Vgl. SC 48.

haben und die wir nur als von Gott empfangene Gabe ihm vor Augen stellen, das heißt darbringen können. Das tragende Element der Eucharistie ist daher die Teilhabe am Dankgebet Christi über die Gaben von Brot und Wein, in denen er sich uns mit seinem Leib und seinem Blut schenkt. Diese Teilhabe macht deutlich, dass in der Eucharistie Gedächtnis, danksagende Darbringung und Mahl untrennbar zusammengehören. Darauf hatte Joseph Ratzinger schon 1965 gegenüber seinem liturgiewissenschaftlichen Lehrer Joseph Pascher († 1979) hingewiesen.[72]

Schluss

In der Eucharistie zieht uns der erhöhte Herr durch unsere danksagende Darbringung in sein Beten und seine Hingabe hinein. Die Liturgie des Sohnes bei uns Menschen zielt darauf, dass unsere leibhaftige irdische Existenz ein lebendiges Opfer wird, geeint mit dem Opfer Christi. Dafür hat sich Joseph Ratzinger neben Röm 12,1 über das geistige Opfer der Christen immer wieder auch auf den heiligen Augustinus berufen. In „De civitate Dei" erklärt der Bischof von Hippo: „Ipse homo Dei nomine consecratus et Deo votus … sacrificium est."[73] Opfer ist der Mensch, der Gott geweiht und hingegeben ist und dadurch eins wird mit Christus. „Hoc est sacrificum christianorum: Multi unum corpus in Christo"[74]. In dem Beitrag „Kirche und Liturgie" von 1958 schreibt Joseph Ratzinger dazu: „Die Eucharistie ist nur scheinbar ein Kult wie die übrigen religionsgeschichtlichen Kulte. In Wahrheit ist sie nicht das Darbringen einer dinglichen Gabe. In Wahrheit ist sie die Negation all dieser Kulte und die stets neue Betonung der Tatsache, dass es vor Gott nur einen Kult gibt: den *transitus caritatis*. Sie stellt allein die *caritas Christi* hin, um uns alle in seinen Leib hineinzuholen und hineinzuholen in seine Liebe, die der allein wahre Kult ist."[75] Nirgendwo zeigt sich die innere Verbindung von Christologie und Liturgie so deutlich wie in der *caritas Christi*, die uns im Sakrament seines Leibes und Blutes geschenkt wird.

---

72 Vgl. Ratzinger, Die sakramentale Begründung christlicher Existenz (Anm. 65), 200.

73 Augustinus, De civitate Dei X, 6.

74 Ebd.

75 Ratzinger, Kirche und Liturgie (Anm. 47), 175.

Ergänzungen aus dem christlichen Osten

Eine Wortmeldung zum Vortrag von Helmut Hoping: Der Zusammenhang von Liturgie und Christologie bei Joseph Ratzinger

Michael Kunzler

„Zwar ist Ratzinger kein Theologe, der sich ausführlich mit der orthodoxen Theologie beschäftigt hat, wohl trifft er sich mit seinen theologischen Anliegen auf vielfache Weise mit Grundaussagen östlicher Theologie. Dass es eine derartige Gemeinsamkeit im Grundanliegen gibt, ist alles andere als selbstverständlich, denn die Wege theologischen und geistlichen Lebens haben sich über die Jahrhunderte in Ost und West immer mehr differenziert."[1] Darum bereitet es schon einige Mühen, über die ökumenische „Tagespolitik" hinaus Beziehungen zwischen der Theologie unseres heutigen Papstes aufzusuchen, seien sie im Sinne der von Michael Schneider beschriebenen Gemeinsamkeit oder auch in der Abgrenzung zwischen östlichen und westlichen theologischen Denkmustern.

1. Von der Oratio Christi zum innertrinitarischen Dialog der Liebe – oder: Vom Herabsenken der himmlischen Liturgie in die auf Erden begangene Feier

Mit Recht verweisen Kardinal Christoph Schönborn und Helmut Hoping in ihren Referaten auf die Bedeutung des Betens Christi für das grundsätzliche Verständnis liturgischen Tuns. In einem ersten

1 Michael Schneider, Ansätze zu einer Integration östlicher Theologie bei Joseph Ratzinger, in: Konstantin Nikolakopoulos (Hg.), Benedikt XVI. und die Orthodoxe Kirche. Bestandsaufnahmen, Erwartungen, Perspektiven, St. Ottilien 2008, 61–93, 65f.

Schritt der Ergänzungen aus der Sicht des christlichen Ostens sei der Versuch gewagt, dieses Beten Christi zum Vater unter einer trinitarischen Perspektive auszuweiten, um das Wesen der christlichen Liturgie noch näher erfassen zu können.

Es ist der immer wieder im ostkirchlichen Denken zu begegnende, auf guter Vätertradition beruhende[2] Topos vom Herabsenken der himmlischen Liturgie in die auf Erden gefeierte, wie ihn auch die Liturgiekonstitution des Zweiten Vatikanums in Artikel 8 aufgreift.

So verbreitet dieser Gedanke im christlichen Osten auch sein mag, er könnte den abendländisch geprägten Theologen vielleicht auch dazu verleiten, etwas verächtlich auf die liturgischen „Mysterienspiele" der Ostchristen herabzublicken, die aufgrund ihrer anscheinend niemals angefochtenen neuplatonischen Weltauffassung meinen, ihr liturgisches Tun – so armselig es auch zuweilen sein mag – sei das Abbild der himmlischen Liturgie, die sich in das Handeln der Menschen herabsenkt. Wer fühlt sich nicht auch ein wenig an Martin Heidegger erinnert, wonach das Christentum so etwas sein soll wie ein „Platonismus fürs Volk"?[3]

---

2 Vgl. Hans-Joachim Schulz, Die byzantinische Liturgie. Vom Werden ihrer Symbolgestalt (Sophia 5), Freiburg i. Br. 1964, 37–39 (Johannes Chrysostomos), 39–50 (Theodor von Mopsuestia), 84–85 (Maximos Confessor). Dazu auch Johannes von Damaskus: „Die göttliche Liturgie ist wahrhaftig das Himmlische auf Erden, weil während ihres Vollzuges Gott selbst in besonderer, naher und engster Weise anwesend ist und unter uns Menschen weilt. […] Es gibt nichts auf Erden, das heiliger, erhabener, großartiger, feierlicher, lebenspendender wäre als die Liturgie! Das Gotteshaus ist während dieser besonderen Zeit der irdische Himmel. […] Die Liturgie – das ist eine fortwährende Wiederholung des Triumphes der göttlichen Liebe zum Menschengeschlecht und ein allmächtiges Wirken für die Rettung der ganzen Welt und eines jeden Gliedes im Besonderen. […] Die Kirche mit ihrem Gotteshaus und Gottesdienst wirkt auf den ganzen Menschen ein und […] auf alle seine Sinne: Sehen, Hören, Riechen, Fühlen, Schmecken, sie beeinflusst seine Vorstellungen und Gefühle, seinen Verstand und Willen durch die Schönheit der Ikonen und des ganzen Gotteshauses." Johannes von Damaskus, Reden gegen die, die die Bilder verwerfen I, 16. – Vgl. dazu Herbert Hunger, Byzantinische Geisteswelt, Baden-Baden 1958, 185.

3 Martin Heidegger, Einführung in die Metaphysik. Tübingen ^{4}1976, 80: „Erst in der Sophistik und bei Platon wird der Schein zum bloßen Schein erklärt und dadurch herabgesetzt. In einem damit wird das Sein als Idea an einen übersinnlichen Ort hinaufgesetzt. Die Kluft, chorismos, wird aufgerissen zwischen dem nur scheinbar Seienden hier unten und dem wirklichen Sein irgendwo oben, jene Kluft, in der dann die Lehre des Christentums unter gleichzeitiger Umdeutung des Unteren zum Geschaffenen und des Oberen zum Schöpfer sich ansiedelt, mit den also umgeschmiedeten Waffen sich gegen die Antike (also gegen das Heidentum) stellt und sie verstellt. Nietzsche sagt daher mit Recht: Christentum ist Platonismus fürs Volk."

Der im Wort „Liturgie" enthaltene Genitiv ist zweifach verstehbar und zweifach ist die Anwendung dieses Begriffes auf die Gestalt der Liturgie: Einmal, und zwar sekundär, ist sie „Werk des Volkes", zunächst aber Heilshandeln Gottes, jedem menschlichen Wirken vorangehendes „Werk für das Volk". „Werk für das Volk" ist die Liturgie als Handeln Gottes für die Vielen, sein Heilshandeln am Bundesvolk des Neuen Bundes. So gesehen ist Gottesdienst zuallererst der Dienst Gottes an den Menschen. „Liturgie" ist aber auch Werk der vielen Gläubigen, Angelegenheit der gesamten Christenheit, und zwar vor allen Unterscheidungen durch Weihen, Ämter und Dienste. Träger und Vollzieher dessen, was im Gottesdienst geschieht, sind beide: Der dreieine Gott und die Gemeinde Christi, die als Glieder unter ihrem Haupt zu einer Einheit verbunden sind und über ihr Haupt die Lebensfülle des Dreifaltigen empfangen. In der Liturgie ereignet sich nichts weniger als eine Leben schaffende Kommunikation zwischen Gott und dem Menschengeschlecht.

Nun ist es aber nicht so, dass ein einsamer, beziehungsloser Gott sich erst mit der Erschaffung der Welt und des Menschen darin gleichsam einen Partner gemacht hätte, mit dem er dann Beziehungen aufnehmen konnte, denn als der Dreieine ist der Gott unseres Glaubens immer schon in sich selbst innigste und lebendigste Beziehung zwischen drei Personen. Personale Beziehungen aber sind die unabdingbaren Voraussetzungen dafür, dass ein Fest gefeiert werden kann.

Jedes Fest feiert das Dasein, es hat immer die Bejahung des Daseins zum Thema.[4] Menschen feiern, um sich ihr eigenes Dasein, das der anderen und der Welt je nach gegebenen Situationen und Anlässen (Geburtstage, alle großen Ereignisse im Leben wie Geburt der Kinder, Eheschließungen, Jubiläen, aber auch der Tod!) immer neu zu bestätigen oder von anderen Menschen bestätigen zu lassen. Sie begehen diese Zusage festlich, d. h. mit außergewöhnlichen Mitteln und in einem den Alltag sprengenden Rahmen, weil die alltäglichen und gewöhnlichen Lebensvollzüge diese grundlegende Bejahung des Daseins eben nicht zum Thema haben.

---

4 Vgl. Josef Pieper, Muße und Kult, in: ders., Werke, Bd. 6: Kulturphilosophische Schriften, hg. v. Berthold Wald, Hamburg 1999, 1–44.37f.; ders., Zustimmung zur Welt. Eine Theorie des Festes. in: ders., Kulturphilosophische Schriften (Anm. 4), 217–285, bes. 236–247.

Wegen dieses grundsätzlichen Charakters der Daseinsbestätigung ist jedes Fest grundsätzlich religiöser Natur, auch wenn dieser Bezug zum Übernatürlichen von vielen anderen Dingen überdeckt sein sollte, denn eine Bestätigung des Daseins ist schlechterdings nicht möglich, wenn sie nur auf eine bestimmte Zeit gegeben wird. Eine volle Bejahung des Daseins ist nur möglich, wenn die Infragestellung durch Vergänglichkeit und Tod als überwunden angenommen wird. Auch dies hebt den außergewöhnlichen Charakter des Festes hervor. Gegenüber der alltäglichen Erfahrung der Vergänglichkeit, der Begrenzung und des Todes feiert das Fest die Befreiung des Daseins aus aller Begrenzung in außergewöhnlicher Weise. Das Außergewöhnliche ist das, was bei aller Wiederholung als das immer Neue und Staunenswerte in die Alltäglichkeit des normalen Lebens einbricht; die Gewöhnlichkeit dieses Lebens aber besteht darin, dass es in den immer wiederkehrenden „normalen" Dingen des Alltags abläuft; die vom Fest aufzubrechende Gewöhnlichkeit des Lebens besteht darin, dass es auf Ende und Tod zuläuft![5]

Gewöhnlich sind Werden und Vergehen. Gewöhnlich sind der Tod und die erbsündliche Versuchung, sich mit dieser Gewöhnlichkeit des Sterbenmüssens abzufinden. Das wahre Fest als das Außergewöhnliche der Lebensbejahung stört diese tödliche Ruhe. Es trifft den Menschen, der sich in seinem Alltag mit der Endlichkeit seines Daseins abgefunden hat und weckt in ihm das Verlangen nach dem unendlichen Mehr, das jeder wirklichen Daseinsbestätigung innewohnt.

Deshalb wird in jedem Fest letztlich immer Gott gefeiert, dem alles Seiende sein Dasein verdankt, der die Schöpfung will und sie unaufhörlich im Dasein erhält, von dem allein die volle und darum einzig wahre Daseinszusage kommen kann. Im Fest, das die Menschen feiern, wird dieser göttliche Wille zum Dasein nachvollzogen. Darum können sich mit der Zeit auch nur solche Feste durchsetzen und zu festem Brauch werden, die diese grundsätzliche Daseinsbestätigung zum Thema haben und damit – unabhängig davon, ob es den Feiernden bewusst ist oder nicht – Gott einbeziehen, von dem jedes Dasein stammt und in dem es zu seiner Vollendung gelangt. Jedes Fest, dem das Thema der Daseinsbestätigung nicht zugrunde liegt, geht nach kurzer Zeit wieder unter oder es wird lediglich als freie Zeit genutzt,

5 Vgl. Manfred Josuttis, Der Weg in das Leben. Eine Einführung in den Gottesdienst auf verhaltenswissenschaftlicher Grundlage, München 1991, 54f.

in der die Menschen das Leben anderweitig suchen. Der Tag der Arbeit und selbst der Tag der Deutschen Einheit bestätigen dies zweifellos. Wenn das Thema eines jeden Festes die Daseinszusage ist, dann feiert der dreifaltige Gott seit aller Ewigkeit ein urewiges Fest – die himmlische Liturgie,[6] einen ewigen Trialog vollkommener Liebe. Denn wo sonst könnte die gegenseitige freudige Zusage des Daseins einer Person durch andere Personen intensiver, inniger und mit der vollen Wahrheit der Ewigkeit, Unvergänglichkeit und Unbegrenztheit versehen sein als unter den drei Personen der heiligsten Dreieinigkeit? Wo anders wäre die vollkommene Bestätigung der Gutheit und Schönheit einer Person durch andere Personen wahrer als in der Dreifaltigkeit? Wo wäre das Gewöhnliche der Vergänglichkeit ferner und undenkbarer als in Gott, der das Leben selbst ist? Gott feiert sich in der gegenseitigen Freude der drei Personen aneinander sozusagen selbst, und in dieser unendlichen gegenseitigen Daseinszusage hat die Daseinsbejahung der Schöpfung erst ihren Platz. Die „Himmlische Liturgie" als Bezeichnung für die überbordend lebendige Liebesbeziehung innerhalb der drei Personen der heiligsten Trinität übersteigt jede menschliche Vorstellung. Und doch darf der darüber nachdenkende Mensch seine Zuflucht zu schwachen Bildern aus seiner eigenen Lebenswirklichkeit nehmen, wenn Klaus Hemmerle die innertrinitarische Beziehung von Vater, Sohn und Heiligem Geist als „Spiel vollendeter Liebe", gar als „Liebesspiel" bezeichnet. Das von Nützlichkeitsüberlegungen und Gewinnstreben freie Spiel um seiner selbst willen und die Liebe um ihrer selbst willen gehören zusammen. „Nirgendwo ist mehr Spiel, reiner Spiel, ursprünglicher Spiel als im Urspiel dreifaltigen Lebens."[7] Was so vom innertrinitarischen Leben gesagt wird, kann auch auf das Verhältnis zwischen dem Schöpfer und seiner Schöpfung bezogen werden: Nichts in Gott ist notwendig, nichts unfrei; in ihm gibt es kein Müssen, sondern allein ein Wollen. Der Dreifaltige ist sich in seiner innergöttlichen Liebesbeziehung genug; er muss nichts und niemanden erschaffen, um über eine Schöpfung Gott sein zu können.[8]

---

6 Der Dreipersonale ist das erste Subjekt dieses Festes, wie der Katechismus auf die Frage „Wer feiert die himmlische Liturgie?" unter Bezugnahme auf die Anaphora der Chrysostomos-Liturgie antwortet. Vgl. KKK Nr. 1137, 322f.

7 Klaus Hemmerle, Vorspiel zur Theologie. Einübungen. Freiburg-Basel-Wien 1976, 146.

8 Deshalb nennt Hugo Rahner das die Welt schaffende und erhaltende Tun Gottes ein „königliches und zugleich kindliches Spiel", „königlich", weil höchst sinnvoll, und zugleich „kindlich", weil ohne jeden Zwang und in vollkommener Freiheit der Liebe:

Das ewige Liebesspiel des dreifaltigen Gottes, in dem nichts unfrei, nichts notwendig ist, in dem es nichts anderes gibt als die bedingungslose, freudige Bestätigung einer Person durch die andere und die bestätigende Bezeugung der Beziehung durch die dritte Person, in dem sich – ohne Analogie in der Schöpfung – völliges Einswerden ereignet unter Wahrung personaler Verschiedenheit (Perichorese); dieses Liebesspiel ist die Kernhandlung der himmlischen Liturgie. Oder auf eine Kurzformel gebracht: Die himmlische Liturgie ist die Lebensfülle des dreifaltigen Gottes selbst, in der die drei Personen miteinander in vollkommener Weise kommunizieren und zu einer vollendeten Einheit finden.

Als das vollkommen zustimmende Ja des einen zum anderen, dem jede irdische Gewöhnlichkeit des Werdens und Vergehens fremd ist, das jeder durch Zeit und Vergänglichkeit bedingten Wiederholung enthoben ist, ist die vollendete Daseinszusage der drei göttlichen Personen in sich immer schon ein ewiges Fest. Es ist das einzige Fest, das in sich Bestand hat, weil es nicht den Begrenzungen der Zeit, der Vergänglichkeit und des Todes unterliegt. Nur vom immerwährenden Fest Gottes her sind die Feste der Menschen erst möglich, wie sie sich im Wandel der Zeit und in der erbsündlichen Verfasstheit dieses Lebens als außergewöhnliche Vorkommnisse ereignen und allein von Gott her den Namen des Festes auch verdienen. Dann aber ist jede irdische Feier der Liturgie Teilhabe am urewigen Fest der himmlischen Liturgie in der Lebensfülle des Dreieinen.

2. Kosmische und mysterienhafte Liturgie: ein wichtiger Berührungspunkt Ratzingers zur östlichen Liturgietheologie

Direkte Bezugnahmen Ratzingers auf die Liturgien des Orients sind zwar sehr selten, doch gibt es keine geringen Übereinstimmungen zwischen den Aussagen des heutigen Papstes zur Liturgie mit der Liturgietheologie des christlichen Orients. Da ist vor allem die Sorge Ratzingers, im Gefolge eines falschen Liturgieverständ-

„In eben dieser dialektischen Aporie ‚König und Kind' liegt das metaphysische Wesen der Schöpfung, die uns erlaubt, von einem spielenden Gott zu sprechen." Vgl. Hugo Rahner, Der spielende Mensch, Einsiedeln [9]1983, 17f.

nisses könne der objektive, ja kosmische Charakter der liturgischen Feier verkannt werden.

Auf diese Gefahr hat auch Alois Müller mit allem Nachdruck hingewiesen. Er sieht gerade nach dem Fortfall einer weitestgehend kultischen Begründung den Weiterbestand der Liturgie durch folgende Denkmuster in Frage gestellt: 1. Die Liturgie besteht aus äußeren Akten, die keinen anderen Zweck besitzen, als die Verehrung Gottes durch den Menschen auszudrücken. Haben diese Akte aber überhaupt einen eigenen Wert angesichts einer „transzendentalen Gottesverehrung", die sich in einem dem Willen Gottes folgenden Christenleben ereignet? Ist der wahre Gottesdienst dann nicht die praktizierte Nächstenliebe, und dient eine gottesdienstliche Feier nicht vor allem der Motivation und der Bestärkung? Ist die Liturgie vielleicht nur eine aus pädagogischen Gründen notwendige Veranstaltung, die nicht auf Gott, sondern auf den Menschen zielt? 2. Damit hängt zusammen, dass es dem modernen Menschen „magisch anmutet", in sinnenfälligen Zeichen und Zeichenhandlungen eine göttliche geistige Wirklichkeit am Werk zu sehen. Dem werden Denken, Argumentieren und Bewusstseinsbildung entgegengehalten. Gottesdienst wird als (sozial-)pädagogische Maßnahme und multimediale katechetische Lektion verstanden, die gesellschaftspolitische Veränderungsprozesse initiieren oder wachhalten soll. 3. Müller befürchtet, dass solche Denkmuster auf eine von Augustinus über Martin Luther bis hin zu Karl Rahner reichende Tradition verweisen können: Sakramente – und mit ihnen die ganze Liturgie als solche – sind durch äußere Zeichenhandlungen verstärkte Wortproklamationen, in denen die ein für alle Mal ergangene Heilstat und Heilszusage Gottes in Christus in eine konkrete Lebenssituation eines Menschen hinein zugesagt wird. Die äußeren Handlungen zielen auf den aufnehmenden Glauben; die Frage, inwiefern sie das Heil vermitteln, bleibt weitgehend unbeantwortet.[9] Wenn der kosmische und objektive Charakter christlicher Liturgie verloren geht, dann mutiert sie zum reinen Menschendienst. Mehr noch: „Ich bin überzeugt, dass die Kirchenkrise, die wir heute erleben, weitgehend auf dem Zerfall der Liturgie beruht, die mitunter sogar so konzipiert wird, ‚etsi Deus non daretur', dass es in ihr gar nicht mehr darauf ankommt, ob es Gott gibt und

9 Alois Müller, Bleibt die Liturgie? Überlegungen zu einem tragfähigen Liturgieverständnis angesichts heutiger Infragestellungen, in: LJ 39 (1989) 155–167.

ob er uns anredet und anhört."[10] „Rechte Liturgie erkennt man daran, dass sie kosmisch ist, nicht gruppenmäßig."[11] Christliche Liturgie kann nicht etwas sein, das sich „im Innern" der Teilnehmer einer versammelten Gruppe ereignet aufgrund einer „potenzierten Wortverkündigung", ein Glaubensakt etwa oder eine Entscheidung zu einem Leben gemäß der Forderungen des christlichen Glaubens. Christliche Liturgie ist zuallererst ein „extra nos", etwas, das sich außerhalb des Innenlebens der versammelten Gläubigen ereignet und sie dort ansprechen will. Im christlichen Gottesdienst ereignet sich die Ankunft, die Konfrontation eines von außen Kommenden, das Ankommen Gottes, das immer über die engen Grenzen der feiernden Gemeinde hinaus das Heil der ganzen Welt betrifft, Liturgie ist darum „nicht ein privater Freizeitsport irgendeiner Gruppe, in ihr geht es um das, was Himmel und Erde zusammenhält, um die Menschheit und um die ganze Schöpfung."[12] „Christliche Liturgie ist kosmische Liturgie – sie umfasst die ganze Schöpfung, die ‚auf das Erscheinen der Söhne Gottes wartet' (Röm 8,19)."[13] Dies trifft sogar auf die Verkündigung des Gotteswortes zu, mit der die gegenteilige Auffassung von Liturgie am wenigsten Schwierigkeiten hat. Auch die Verkündigung ist ein Geschehen, das als Handeln Gottes von außen auf die Versammelten zukommt: „Und deshalb ist auch ‚Verkündigung' von Christi Tod mehr als bloßes Wort; es ist Proklamation, die Wirklichkeit in sich trägt."[14] Weil die christliche Liturgie als kosmisches Geschehen die Alltäglichkeit des Menschenlebens sprengt, ist ihr ein Mysteriencharakter eigen, der die normale Alltagswelt notwendigerweise sprengen muss.[15] „Umgekehrt können wir von da aus sagen, dass eine Sichtweise der Liturgie, die ihren Mysteriencharakter und ihre kosmische Dimension aus den Augen verliert, nicht Reform, sondern Deformierung der Liturgie bewirken muss." Und: „Wer den Mysteriencharakter und den kosmischen Charakter der Aufforderung zum Einstimmen

10 Joseph Ratzinger, Aus meinem Leben, Stuttgart ^{3}1998, 173.

11 Joseph Ratzinger, Das Welt- und Menschenbild der Liturgie und sein Ausdruck in der Kirchenmusik, in: JRGS 11, 547.

12 Joseph Ratzinger, Die Feier der Eucharistie – Quelle und Höhepunkt christlichen Lebens. Predigten, in: JRGS 11, 473–497. 495.

13 Joseph Ratzinger, Weiterführende Perspektiven. Die Diskussion um „Der Geist der Liturgie", in: JRGS 11, 639–656. 655.

14 Joseph Ratzinger: Eucharistie und Mission, in: JRGS 11, 397–423, 413.

15 Ratzinger, Theologie der Kirchenmusik (Anm. 11), 549–570, 559.

in den Lobpreis der himmlischen Chöre nicht beachtet, hat den Sinn des Ganzen bereits verfehlt."[16] Die kosmische Dimension und der Mysteriencharakter der Liturgie gehören stets zusammen und sind mit einer Entsakralisierung der Liturgie, wie sie in den Folgejahren der 68er immer wieder vertreten und auch zum großen Schaden von Glaube und kirchlichem Leben in die Praxis umgesetzt worden ist, völlig unvereinbar.[17] Die Forderungen nach einer „profanen" Liturgie zerstören ihr Wesen.[18]

Darin trifft Ratzinger den Kern östlicher Liturgietheologie, denn gerade die orientalischen Liturgien werden gerne dahingehend charakterisiert, dass man ihnen einen „Mysteriencharakter" zuerkennt. Es ist das gemeint, was Hans Bernhard Meyer vor allem im Hinblick auf die östlichen Riten als „‚präsentische' (vertikale) Eschatologie" kennzeichnet: „In der Feier selbst ‚öffnet' sich der Himmel."[19]

3. Das Deinige von dem Deinen – die Eucharistiefeier als Opferhandlung

Orthodoxe und ostkirchliche Katholiken feiern die „Göttliche Liturgie". Sie verstehen „Liturgie" als Wirken des lebendigen Gottes an den Menschen zu deren Heil, Opus Dei, Werk Gottes für die

16 Ebd., 565.

17 Wie sehr dies am Ende der 60er Jahre en vogue gewesen ist, zeigt die Fülle von literarischen Äußerungen zum Thema; eine Auswahl: Eduard Syndicus, Entsakralisierung. Ein Literaturbericht, in: ThPh 42 (1967) 577–590; Emil J. Lengeling, Sakral-profan. Bericht über die gegenwärtige Diskussion, in: LJ 18 (1968) 164–188; Gustave Thils, Christentum ohne Religion?, Salzburg 1969; Heribert Mühlen, Entsakralisierung. Ein epochales Schlagwort in seiner Bedeutung für die Zukunft der Kirchen, Paderborn ²1970. Einen guten Überblick über die Entsakralisierungsdebatte jener Zeit mit umfangreichen Literaturangaben bietet Heinz Schürmann, Neutestamentliche Marginalien zur Frage der „Entsakralisierung", in: Der Seelsorger 38 (1968) 38–48, 89–104, bes. 38–42. Als erschreckendes Beispiel sei genannt: Luis Maldonado, Vers une liturgie sécularisée. Traduit de l'espagnol par Lucien Nève, Paris 1971. Auch Papst Johannes Paul II. spricht diese „wenig günstigen Zeitumstände an", vgl. das Apostolische Schreiben zum XXV. Jahrestag der Konzilskonstitution Sacrosanctum Concilium über die heilige Liturgie vom 4. Dezember 1988, Nr. 11, Verlautbarungen des Apostolischen Stuhls Nr. 89, 15.

18 Vgl. Joseph Ratzinger, Theologische Probleme der Kirchenmusik, in: JRGS 11, 571–585, 577f.

19 Hans Bernhard Meyer, Eucharistie. Geschichte, Theologie, Pastoral: Gottesdienst der Kirche. Handbuch der Liturgiewissenschaft Bd. 4, Regensburg 1989, 148f.

20 Vgl. Paul Evdokimov, L'Orthodoxie, Paris 1979, 206–208.

unübersehbare Schar derer, die Christen sind. Sie kommen zusammen, um in der liturgischen Feier ihre weltliche Welt zu verlassen und einzutauchen in die „liturgische Zeit“. Diese ist bestimmt vom „Jetzt“ des göttlichen Heils, von der jetzt in heiligen Zeichen geschehenden göttlichen Heilsgegenwart. Die liturgische Zeit ist „existentielle Zeit“: Die Zeitlosigkeit Gottes steht jenseits der ablaufenden Zeit der Schöpfung und bricht in der „heiligen“ oder „liturgischen Zeit“ in diese ein, wenn sich Gott in die Zeit hinein äußert. Gottes „Ewigkeit“ ist weder vor noch nach der Zeit, sondern der Einbruch des göttlichen Jetzt in den Lauf der geschaffenen Zeit. So bezieht die Liturgie ihre Heilsmacht von dem sich von Gott her ereignenden Jetzt seiner rettenden Gegenwart. Das „in illo tempore“ in der Verkündigung des Evangeliums ist keine historische Erinnerung an ein Vergangenes, es hat die Macht, „die Zeit zu öffnen und sich in jedem Augenblick als der wahre Inhalt aller Augenblicke gegenwärtig zu setzen.“ Nicht die Heilszeit eines bestimmten historischen Augenblicks – etwa die Situation des Abendmahles! – wiederholt sich, sondern es ist der in den Gesetzen der Raumzeitlichkeit lebende Mensch, der sich wiederholt, indem er immer wieder in Kommunikation tritt mit dem, was hinter der ablaufenden Zeit bleibende Gegenwart bleibt: Gottes Einladung zum Heil.[20]

Christus ist derjenige, der opfert, der geopfert wird und der empfängt, wie es in der Anamnese der byzantinischen Liturgie[21] heißt: Nichts opfert der Mensch, was Gott nicht immer schon gehört; ein „Kultopfer“ im Sinne des „do ut des“ ist hier ausgeschlossen.[22] Die Eucharistie ist daher keineswegs eine Aneinanderreihung von Opfern, keine Wiederholungen der Opferhandlung Christi durch Menschen noch deren Abbild, sondern sie ist die Gegenwart dieser Opfertat Christi selbst, die nicht auf das Geschehen vom Abend des Gründonnerstags bis zum Ostermorgen beschränkt ist: Der Herabstieg vom Himmel, die Annahme unserer Menschennatur, sein ganzes irdisches Leben, Lehren und Leiden, dann seine Passion und schließlich sein Sieg und die Heimkehr in die Herrlichkeit, die er beim Vater hatte, „bevor die Welt war“ (Joh 17,5), all dies geschah um unseres Heiles willen als Opferbewegung, die den

---

21 Anastasios Kallis, Die Göttliche Liturgie der Orthodoxen Kirche. Deutsch-Griechisch-Kirchenslawisch, Mainz 1989, 131ff.

22 Vgl. Jean Meyendorff, Le Christ dans la théologie byzantine, Paris 1969, 275: „La notion d'échange est dépassée […]“.

Menschen in den Himmel heimholen sollte. Darum nennen die orientalischen Hochgebete ja immer alle Heilstaten Gottes, und die „Präfation" der byzantinischen Chrysostomosanaphora sagt es mit sehr schönen Worten: „Du hast uns aus dem Nichts ins Sein gerufen und nach dem Fall wieder aufgerichtet; du hast nicht nachgelassen, alles zu tun, bis du uns in den Himmel erhoben und dein künftiges Reich geschenkt hast. Für dies alles danken wir Dir und Deinem einziggeborenen Sohn und Deinem Heiligen Geist, für alle uns erwiesenen Wohltaten, die wir kennen und die wir nicht kennen."[23] Gerade im eucharistischen Opfer ist die Kreuzeshingabe Christi zwar Gipfel und Zusammenfassung der gesamten Heilsökonomie als Opferbewegung durch den Sohn auf den Vater hin, steht aber nicht als Einzeldatum exklusiv im Mittelpunkt. Die Eucharistiefeier ist die raumzeitlich-ereignishafte Zusammenfassung der gesamten Heilsereignisse und umfasst somit auch die endzeitliche Vollendung im Jetzt der Gegenwart.[24] Die kosmische und mysterienhafte Dimension der Liturgie konkretisiert sich für Ratzinger in der Gebetsostung. Nicht zuletzt der Opfercharakter der Eucharistiefeier als Vergegenwärtigung des kosmischen Ereignisses „Erlösung" kommt hier zum Ausdruck. Martin Luthers vehemente Ablehnung des Opfercharakters zeigt sich auch in seiner Stellung zur Position des Priesters am Altar. So müsse „der Priester sich immer zum Volk kehren, wie es ohne Zweifel Christus beim Abendmahl getan habe."[25] Originalton Martin Luther: „Aber ynn der rechten Messe unter eyttel Christen, muste der altar nicht so bleyben und der priester sich ymer zum volck kere, wie on zweyffel Christus ym abendmal gethan hat. Nu das erharre seine zeyt."[26] Aus dem gleichen Grund, den Opfercharakter der Eucharistiefeier zu leugnen, verbot das anglikanische „Book of Common Prayer"

23 Kallis, Die Göttliche Liturgie (Anm. 21), 124ff.

24 Meyendorff, Le Christ dans la théologie byzantine (Anm. 22), 275f. Die Eucharistie „est la réalisation, au moment ou nous y participons, de l'économie du salut dans son ensemble et avec tous ses éléments rendus réellement présents: Incarnation du Logos, sa Mort, sa Résurrection et sa Seconde Venue. Il est celui qui offre, mais, aussi, il 'se sanctifie soi-même' (Jean 17,19), dans son humanité, dans notre humanité réunie autour de la Table eucharistique: c'est là le mystère de l'Église."

25 Uwe Michael Lang, Conversi ad Dominum. Zu Geschichte und Theologie der christlichen Gebetsrichtung (Neue Kriterien 5), Einsiedeln-Freiburg 2003, 102. Vgl. zum Ganzen der Zelebrationsrichtung auch Michael Kunzler, Liturge sein. Entwurf einer Ars celebrandi, Paderborn [2]2009, 325–332.

26 WA 19, 80; Otto Clemen (Hg.), Luthers Werke in Auswahl III, Berlin 1934, 301.

von 1552 und 1661/2 die Position des Priesters in gemeinsamer Ausrichtung mit der Gemeinde vor dem Altar und verpflanzte ihn sonderbarerweise an dessen linke, in einer geosteten Kirche also Nordseite, so dass er „im Profil" zur Versammlung der Feier vorstand. Die Oxford-Bewegung, „deren Ziel die Wiedergewinnung des katholischen Erbes in der Church of England war", forderte zusammen mit der Rückgewinnung des Opfercharakters der Messe auch die „eastward position" des Zelebranten vor dem Altar.[27] Die Liturgiewissenschaft hat es mit der Gestalt des Gottesdienstes zu tun, die dem geistlichen Inhalt des Geschehens sichtbaren Ausdruck verleiht.[28] Seit der liturgischen Erneuerung durch das 2. Vatikanum ist die Zelebration zur Gemeinde hin („versus populum") geradezu ein Markenzeichen dieser Reform geworden: „Zwei Dinge erscheinen für den normalen Kirchenbesucher als die greifbarsten Ergebnisse der Liturgiereform des II. Vatikanischen Konzils: das Verschwinden der lateinischen Sprache und die Wendung der Altäre zum Volk hin. Wer die Texte des Konzils selber liest, wird mit Erstaunen feststellen, das weder das eine noch das andere in dieser Form in den Konzilsbeschlüssen zu finden ist."[29] Das hat zur Folge, dass jemand, der sich für die Wahrung bzw. Rückgewinnung der Gebetsrichtung versus orientem, also für die gemeinsame Ausrichtung von Priester und Gemeinde auf den Osten als kosmisches Symbol für den wiederkommenden Herrn hin einsetzt, leicht in die traditionalistische Ecke gestellt wird und sich ebenso leicht den Vorwurf einhandelt, er stehe nicht zur liturgischen Erneuerung durch das 2. Vatikanum. Nicht selten wird die Diskussion um die rechte Gebetsrichtung ideologisch geführt, von den „Traditionalisten" gegen die „Erneuerer" ebenso gut wie in der umgekehrten

---

27 Vgl. Lang, Conversi (Anm. 25), 121–126.

28 Vgl. Joseph Ratzinger, Gestalt und Gehalt der eucharistischen Feier, in: JRGS 11, 359–382, 359f. In der Zwischenkriegszeit wurde die gottesdienstliche Gestalt „als eine theologische und geistliche Größe eigenen Gewichts entdeckt. Was vordem das Spielfeld der Rubrizisten gewesen war und als bloße zeremonielle Form außerhalb der dogmatischen Betrachtung blieb, das erschien nun als ein Teil der Sache selbst, als ihre Manifestation, in der allein sie wahrhaft ansichtig werden kann. […] Mit dem Begriff ‚Gestalt' war so eine bisher unbekannte Kategorie ins theologische Gespräch eingetreten, deren reformerische Dynamik unverkennbar war. Ja, man darf sagen, dass mit dem Aufdecken dieser Kategorie Liturgiewissenschaft im modernen Sinn geboren war." Ebd., 359f.

29 Joseph Ratzinger, Zur Frage der Zelebrationsrichtung. Geleitwort zu U. M. Lang, Conversi ad Dominum, 2003, in: ders., Theologie der Liturgie (Anm. 11), 463–471, 469.

Richtung. Dies gilt umso mehr, wenn in diesem Diskurs eine Sympathie für die Liturgie vor der Erneuerung offen zugegeben wird.[30] Gerade die Frage nach der Zelebrationsrichtung wird von dem orthodoxen Theologen Vladimir Ivanov aufgegriffen in seiner Wertung des Ratzinger Buches „Der Geist der Liturgie" aus orthodoxer Sicht.[31] In der Tat ist die Zelebrationsrichtung „versus populum" eine rein abendländische Sache, die unter Verkennung der antiken Tischsitten Luther zum ersten Mal ins Gespräch gebracht hat. Nirgendwo im christlichen Osten gibt es etwas Vergleichbares, es sei denn, im Zuge einer ungesunden „Globalisierung" des liturgischen Lebens nach westlichem Vorbild kommt es auch bei ostkirchlichen Priestern missbräuchlich zu solchen Verletzungen nicht nur der eigenen liturgischen Tradition, sondern über diese auch zur Verkennung der eigenen liturgietheologischen Grundlagen.[32] Die Frage der Zelebrationsrichtung ist keine Nebensächlichkeit: Darin offenbaren sich mehr als in anderen Zusammenhängen grundsätzliche theologische Positionen der Liturgietheologie, insbesondere einer gesunden Messopferlehre. Ist die Eucharistiefeier nur ein Mahl, dann ist es nur natürlich, dass sich der Zelebrant seiner Gemeinde zuwendet. Ist sie aber auch ein Opfer, das aktuell gegenwärtige Opfer Christi, in dem er sich dem Vater darbringt und so Erlösung bewirkt, dem sich die Kirche anschließt, um „durch Christus, unseren Herrn", zum Vater zu gelangen, dann ist das am meisten ins Auge fallende Marken-

30 So auch Joseph Ratzinger, Bilanz und Perspektiven, in: JRGS 11, 678: „Ich kenne das Empfinden der Gläubigen sehr gut, die diese Liturgie lieben – es ist auch ein wenig mein Empfinden." Dass dies kein Novum darstellt, ist allseits bekannt; schon Ostern 1990 besuchte Kardinal Ratzinger die Petrusbruderschaft im allgäuischen Wigratzbad und feierte dort ein Pontifikalamt im „alten" Ritus, wovon das „Informationsblatt der Priesterbruderschaft St. Petrus" (Nr. 2 (1990) Nr. 7, 1–9) berichtete.

31 Vgl. Vladimir Ivanov, „Der Geist der Liturgie" von Joseph Ratzinger im Lichte der orthodoxen Theologie, in: Nikolakopoulos, Benedikt XVI. und die Orthodoxe Kirche (Anm. 1), 214–233, 222f.

32 So beschreibt Robert Taft, allseits anerkannter Fachmann der Liturgiegeschichte des Ostens wie des Westens, eine „globalisierte" Liturgiefeier in einer griechisch-orthodoxen Kirche. Vor den Königlichen Türen der Ikonostase hat man einen Tisch aufgestellt, an dem der Priester der Gemeinde zugewandt zelebrierte. Man tat dies mit der Begründung, die Liturgie „nach der alten Weise" feiern zu wollen und beging die gleichen historischen Denkfehler wie das Abendland, nur eben um Jahre später – Globalisierung der Liturgie und liturgiewissenschaftlichen Irrwege? Vgl. dazu Robert Taft, Vierzig Jahre nach Sacrosanctum Concilium. Die Liturgiereform und der christliche Osten vor, während und nach dem 2. Vatikanischen Konzil, in: ContaCOr 5 (2003) 140–149, 140.

zeichen der erneuerten Liturgie eine modische Fehlentwicklung gewesen, von der das Konzil selbst kein einziges Wort gesprochen hat. Hier besteht also Korrekturbedarf, der aber mit Sicherheit auch eines langen Atems und großer Geduld bedarf. Denn nicht zuletzt über die äußere Form liturgischen Tuns muss der Blick für eine Glaubenswahrheit geschärft werden, die in Vergessenheit zu geraten droht. Wo anders könnte aber diese Korrektur – fern aller Ideologie und jeder fundamentalistischen/traditionalistischen Verfälschung – eher gelingen als in einer Abtei, deren Mönche derart in einem geistlichen Austausch stehen sollten, dass sie verstehen, was sie selber tun und es auf diese Weise auch anderen mitteilen können?

4. Eucharistische Ekklesiologie

„Die Kirche lebt von der Eucharistie", so lässt Papst Johannes Paul II. seine Eucharistie-Enzyklika „Ecclesia de Eucharistia" vom 17. April 2003 schon im ersten Satz beginnen.[33] Die Feier der Eucharistie und das Kirchesein stehen in engstem Zusammenhang, der gerade von der orthodoxen Theologie vielfach durchdacht worden ist. Nach Michael Schneider ist die Eucharistische Ekklesiologie besonders von der russisch-orthodoxen Exilstheologie des 20. Jahrhunderts geprägt worden; genannt werden besonders Nikolaj Afanasjev, John Meyendorff und Alexander Schmemann.[34]

Auch in der griechischen Theologie gibt es starke Argumente für eine Eucharistische Ekklesiologie. So versteht der orthodoxe Theologe und Bischof Johannes Zizioulas die Kirche als durch die Gegenwart des Himmels bestimmte Gemeinschaft und spricht von einer „eucharistischen Schau von Welt und Geschichte."[35] In jeder Eucharistiefeier bricht der Himmel immer wieder in die Erde ein und lässt die Wirklichkeit der Welt in einem neuen, im endgültigen

33 Johannes Paul II., Ecclesia de Eucharistia. Enzyklika an die Bischöfe, an die Priester und Diakone, an die gottgeweihten Personen und an alle Christgläubigen über die Eucharistie in ihrer Beziehung zur Kirche vom 17. April 2003. Verlautbarungen des Apostolischen Stuhls, hg. vom Sekretariat der Deutschen Bischofskonferenz, Heft 159, Bonn 2003, Nr. 1.

34 Michael Schneider, Eucharistische Ekklesiologie (Edition Cardo, Studien des Patristischen Zentrums Koinonia-Oriens Bd. 169), Köln 2010, 99.

35 Vgl. Johannes Zizioulas, Die Welt in eucharistischer Schau und der Mensch von heute, in: US 25 (1970) 342–349; 627–634, 342.

Licht der Erlösung erscheinen. Danach kommt das Wesen der Kirche, wie sie Christus gewollt und gegründet hat, in der Eucharistiefeier einer jeden Teilkirche vollendet zur Erscheinung, denn mehr als das Mysterium der Erlösung in der liturgischen Feier gegenwärtig zu haben, kann die Kirche nicht bewirken. In der Eucharistiefeier einer Teilkirche verwirklicht sich das Mysterium der Kirche an sich wesenhaft als Sakramentsgemeinschaft.[36] Als Gemeinschaft der vielen Glieder unter dem einen Haupt Christus, der für die Seinen die Quelle ist, aus der ihnen das göttliche Leben strömt, gibt es den Zugang zum göttlichen Leben nur „in der Kirche über den Weg der Sakramente; die Kirche ist die sakramentale Union des Leibes und Blutes Christi."[37] Die Kirche ist ein „Sakrament", ein sichtbares Zeichen, das unsichtbares, göttliches Heil enthält, weil die Menschennatur Christi selbst „Sakrament" ist, weil sie als sichtbares, dieser Welt zugehörendes Element der Schöpfung in Christus unvermischt und ungetrennt mit der Gottheit geeint ist. „In der Eucharistie hören Gebet, Glaube, Liebe, Caritas (d.h. alles, was die Gläubigen individuell praktizieren) auf, ‚mein' zu sein, sie werden zur Beziehung zwischen Gott und seinem Volk, zwischen Gott und seiner Kirche. Die Eucharistie ist nicht nur die Kommunion jedes einzelnen mit Christus, sondern sie verbindet auch die Gläubigen untereinander und eint sie im Leib Christi [...] Damit hört der Mensch auf, Individuum zu sein. Er wird Person, d.h. eine Wirklichkeit, die kein Fragment mehr darstellt, Teilstück einer Maschine oder einer Organisation, die zu ihrem eigenen Zweck eingerichtet wurde. [...] Er ist nicht mehr Mittel zum Zweck, sondern Selbstzweck, Abbild und Ähnlichkeit Gottes und findet nur so seine Vollendung in der Vereinigung mit Gott und den anderen."[38] All dies sind Gedanken, die auch unserem heutigen Papst nicht fremd sind. So erhält die Gemeinschaft der Menschen in der Kirche erst von der Eucharistie her ihr eigentliches Wesen. Schon die liturgische Gemeinschaft der die Eucharistie feiernden Menschen zeigt, dass die Erlösung niemals nur einzelne Personen betrifft, sondern immer nur den einzelnen Menschen in der geschwisterlichen Gemeinschaft seiner Brüder und Schwestern, wie

36 Vgl. Anton Thaler, Gemeinde und Eucharistie. Grundlegung einer eucharistischen Ekklesiologie (Praktische Theologie im Dialog 2), Fribourg 1988.

37 Vgl. Christos Yannaras, De l'absence et de l'inconnaissance de Dieu d'après les écrits aréopa-gitiques et Martin Heidegger, Paris 1971, 111f. 119.

38 Zizioulas, Die Welt in eucharistischer Schau (Anm. 35), 346f.

auch schon der dreifaltige Gott selbst innigste Gemeinschaft ist, und die Gemeinschaft der in Liebe verbundenen Menschen ein Abbild dieser vollkommenen Liebesgemeinschaft Gottes sein soll. Mehr noch: Erst in der Gemeinschaft mit dem dreifaltigen Gott und durch ihn mit den anderen Menschen kommt die Einzelpersönlichkeit zu ihrer Entfaltung. Die liturgische Gemeinschaft heilt die Erfahrung „der Isolation, der wesentlichen Einsamkeit des Menschen und der Inkommunikabilität der getrennten Iche."[39] Besteht über die „eucharistische Qualität" von Kirchesein keinerlei Zweifel, so stellt sich doch die Frage nach dem Verhältnis der von einem Bischof geleiteten Teilkirche und der Universalkirche. Besteht die Gesamtkirche darum aus einem brüderlichen Band von lauter Teilkirchen, die über die gültig gefeierte Eucharistie – die darum auch das gültige Bischofsamt voraussetzt – miteinander verbunden sind? So lehrt Afanasjev, dass nicht nur der Universalprimat der katholischen Kirche, sondern auch die Entwicklungen innerhalb der Ostkirchen, die zur Ausbildung autokephaler Patriarchate geführt haben, Fehlentwicklungen seien, die mit der rein eucharistisch zentrierten Ekklesiologie der Frühzeit nichts mehr zu tun haben. Wie Afanasjev darlegt, ist allein „die Einheit der Kirche in der Kommuniongemeinschaft der Ortskirchen [bestimmend], in der es wohl ein Zentrum gegenseitiger Übereinstimmung geben kann, aber keine Spitze der Gewalten- bzw. Vollmachtsausübung über die Kirche. Denn die Kirche ist Leib Christi, und über den Leib Christi kann keine menschliche Herrschaft ausgeübt werden."[40] „Aufgrund eines solchen Ansatzes eucharistischer Ekklesiologie wird in der orthodoxen Theologie die einzigartige Stellung des Papstes negiert."[41] Noch deutlicher wird Raymund Erni, auf den sich Schneider bezieht: Danach kann es vorkommen, dass das Zeugnis und damit auch das geistliche Leben einer Teilkirche überzeugender und kräftiger ist als das anderer Teilkirchen. So kann sich eine gewisse Autoritätsabstufung ergeben, die auch den bischöflichen Leiter dieser Teilkirche betrifft. Dieses Zeugnis „soll vor allem Zeugnis der Liebe und Zeugnis aus Liebe sein. In diesem Sinn ist diese Kirche ‚Vorsteherin des Liebesbundes', wie es Ignatius von Antiochien von der Kirche von Rom sagt. Eine solche

39 Joseph Ratzinger, Zur Frage nach der Struktur der liturgischen Feier, in: ders., Theologie der Liturgie (Anm. 11), 383–395, 390.

40 Schneider, Eucharistische Ekklesiologie (Anm. 34), 99.

41 Ebd., 101.

Kirche, der eine Priorität zukommt aufgrund ihres stärkeren Zeugnisses, hat keine Gewalt über die anderen Kirchen, denn das würde heißen, Gewalt haben über den Leib Christi."[42] Auch Ratzinger hat sich mehrfach mit den Fragen um die Eucharistische Ekklesiologie beschäftigt[43], dabei aber stets die Priorität der Universalkirche vor den Teilkirchen betont, wonach die Universalkirche ontologisch wie zeitlich den Teilkirchen eine vorausliegende Wirklichkeit sei. „Ratzinger sieht die Universalkirche begründet an Pfingsten, wie es von der Apostelgeschichte überliefert ist: ‚Die Kirchenväter haben diese Erzählung vom Sprachwunder mit Recht als eine Vorwegnahme der Catholica gedeutet – die Kirche ist vom ersten Augenblick an kat'holon – das ganze All umfassend. Dem entspricht es, dass Lukas die Schar der Zuhörer als Pilger auf der ganzen Erde aufgrund einer Zwölf-Völkertafel beschreibt, deren Sinn es ist, das Allumfassende der Hörerschaft anzudeuten; Lukas hat diese hellenistische Völkertafel um den 13. Namen bereichert, die Römer, womit er zweifellos noch einmal die Idee des Orbis unterstreichen wollte."[44] Die Universalkirche liegt der Teilkirche so voraus, wie Christus der Kirche vorausliegt: „Ehe wir waren, war Christus schon mit uns. Ehe wir waren, trug Christus schon in sich das Wir unserer Gemeinschaft. [...] Der Leib Christi, des historischen Christus, ist hier also in einem realen Sinn bereits die Gemeinschaft der Kirche, letztere ist wiederum nichts anderes als die zeithafte Auseinanderfaltung des in ihm Einbeschlossenen."[45] Eine Teilkirche ist darum nicht die örtliche Filiale eines weltumspannenden Unternehmens, sondern wirklich die Kirche Christi, wie sie Christus gewollt und bewirkt hat, aber immer bezogen auf die ihr voraus liegende Universalkirche. Darum ist die Teilkirche als unter dem Bischof geeintes Volk Gottes – wie es auch die Liturgiekonstitution des 2. Vatikanums sagt[46] – keine in sich geschlossene Einheit neben weiteren Einheiten, sondern immer in Gemeinschaft mit diesen in der Universalkirche. Gerade über ihren Bischof, der in der Gemeinschaft der Bischöfe unter dem Primat des Petrusamtes, des

42 Raymund Erni, Die Kirche in orthodoxer Schau. Ein Beitrag zum ökumenischen Gespräch, Fribourg 1980, 14f.

43 Zur Bibliographie vgl. Schneider, Eucharistische Ekklesiologie (Anm. 34), 106f.

44 Ebd., 129.

45 Joseph Ratzinger, Volk und Haus Gottes in Augustins Lehre von der Kirche, in: JRGS 1, 167.

46 Vgl. die Liturgiekonstitution SC Art. 26 und 41.

römischen Papstes, geeint ist, steht sie in lebendiger Verbindung zu anderen Ortskirchen. Sie alle bilden unter dem Petrusamt die eine, heilige, katholische und apostolische Kirche. Dennoch ereignet sich gerade in der Eucharistiegemeinde am Ort das, was die eine Kirche insgesamt ausmacht. In ihr erscheint, was Kirche an sich ist: Herabkunft der himmlischen Liturgie, Eintritt des Menschen und mit ihm der Welt in dieselbe, Leben schaffende Kommunikation mit Gott durch Christus, dessen Menschennatur hier und jetzt im Ereignis der Liturgie die Quelle der Vergöttlichung für den Menschen und die Welt eröffnet.[47] Darum schließen sich eine eucharistisch bestimmte Ekklesiologie und eine „universalistische" Ekklesiologie, also die vollkommene Erscheinung des Wesens der Kirche in der Eucharistiefeier einer Teilkirche einerseits und die Gesamtkirche unter der Leitung des römischen Papstes andererseits nicht gegenseitig aus, denn auch die letztere gründet in der Feier der Eucharistie, ist es doch vielleicht die wesentlichste Seite des Petrusdienstes, in der Kirche für eine Einheit zu sorgen, welche die eucharistische Gemeinschaft garantiert und diese nicht schismatisch zerstört, indem ein Altar gegen den anderen errichtet wird, wie Ratzinger am Beispiel der Auseinandersetzung des Optatus von Mileve mit den Donatisten aufzeigt.[48] Dass dieser – nie anders denn aus Liebe – vollzogene Dienst mehr sein muss als ein unverbindlich bleibendes „Vorstehen eines Liebesbundes" liegt auf der Hand; er muss ein mit jurisdiktionellen Möglichkeiten ausgestatteter Dienst sein, welcher nicht über die Kirche herrscht, sondern mit den ihm zur Verfügung stehenden Mitteln die Einheit zu wahren vermag und damit diesem Liebesbund erst Bestand gibt.

Zusammenfassung

Die direkten Bezugnahmen des Theologen Joseph Ratzinger und späteren Papstes Benedikt XVI. zu Theologie und Liturgie des christlichen Ostens sind nicht häufig. Große Berührungspunkte

47 Vgl. Zizioulas, Being as Communion. Studies in Personhood and the Church, with a foreword by John Meyendorff. Crestwood-New York 1985 (Contemporary Greek Theologians 4), 148; Damaskenos Papandreou, Die ökumenische und pneumatologische Dimension der orthodoxen Liturgie, in: Karl Schlemmer (Hg.), Gemeinsame Liturgie in getrennten Kirchen? (QD 132), Freiburg-Basel-Wien 1991, 35–52, 43–45.

48 Ratzinger, Volk und Haus Gottes (Anm. 45), 185f.

zwischen Papst Benedikt und dem ostkirchlichen Denken gibt es aber auf dem Gebiet der Liturgietheologie, deren Bedeutung für das Leben der Kirche nicht hoch genug einzuschätzen ist. Hier geht es vor allem darum, den Realitätsgehalt liturgischen Tuns als wirkliche, Heil schaffende Begegnung zwischen Gott und Mensch, zwischen himmlischer und auf Erden gefeierter Liturgie wieder zu Bewusstsein zu bringen und damit einer kosmisch-mysterienhaften Dimension des von Menschen gefeierten Gottesdienstes zum Durchbruch zu verhelfen, die sie davor bewahrt, auf das Niveau eines rein psychologischen Ereignisses in den Seelen der Menschen herabzusinken. Hier kann der christliche Osten für fehlgeleitete westliche Theologien und Liturgien ein willkommener Nachhilfelehrer sein.

Pneumatologische Ergänzung zum Zusammenhang von Liturgie und Christologie bei Joseph Ratzinger

Michaela Christine Hastetter

Zu Recht wird bei der Theologie der Liturgie von Joseph Ratzinger immer wieder die innere Verwobenheit von Liturgie und Christologie betont, hatte dieser doch selbst einmal gesagt: „Das Entscheidende [sc. bei der Liturgie] ist […] der Primat der Christologie."[1] In diesem kleinen Beitrag soll ergänzend zum christologischen Primat auf die pneumatologische Verankerung der Liturgie bei Ratzinger eingegangen werden, um auf diese Weise nicht zuletzt seine Nähe zur liturgischen Theologie der Ostkirche aufzuzeigen. Gehen wir dazu in drei Schritten vor.

1. Geistbestimmter Gottesdienst statt Menschenwerk

„Das Entscheidende [sc. bei der Liturgie] ist der Primat der Christologie." Diese Aussage hat aber noch einen Nachsatz: „Liturgie", so Ratzinger, „ist Werk Gottes oder sie ist nicht"[2] – sie geht vom „Zuerst Gottes und seines Handelns"[3] aus. Damit ist liturgisches Handeln immer und an erster Stelle actio Dei, das „Handeln Gottes selbst"[4]. Liturgie, die vom Primat des Handelns Gottes gekenn-

1 Joseph Ratzinger, „Im Angesicht der Engel will ich dir singen". Regensburger Tradition und Liturgiereform, in: JRGS 11, 549–570, 555; zur Verwobenheit von Liturgie und Christologie bei Ratzinger vgl. Helmut Hoping, Gemeinschaft mit Christus. Christologie und Liturgie bei Joseph Ratzinger, in: IKaZ 35 (2006) 558–572.

2 Ratzinger, Im Angesicht (Anm. 1), 555.

3 Ebd.

4 Joseph Ratzinger, Geist der Liturgie. Eine Einführung, in: JRGS 11, 29–194, 149.

zeichnet ist, setzt für Ratzinger die Kirche voraus, „jenes neue Wir [...], in dem das Ich erst seinen Grund und seine Bleibe gewinnen kann."[5] Dem Verständnis der Liturgie als actio Dei stellt Ratzinger ein anderes liturgisches Konzept gegenüber, dem auch eine andere Vorstellung von Kirche zugrunde liegt: das der selbstagierenden Gruppenliturgic,[6] in der alle handeln, alle Subjekt werden wollen, aber dabei das Wesentliche verlieren. Denn mit dem Verschwinden des gemeinsamen Subjekts der Kirche verschwinde auch der eigentlich Handelnde der Liturgie. „Die Gruppe feiert sich selbst, und gerade so feiert sie gar nichts. Denn sie ist kein Grund zum Feiern. Deswegen wird die allgemeine Aktivität zur Langweile."[7] Selbstgemachte Liturgie ist für Ratzinger Menschenwort, auf Sand gebaut, geistlose Kreativität, womit erst auf dieser Negativfolie die verborgene pneumatologische Dimension in seinem Liturgieverständnis aufscheint, das beim Handeln Gottes ansetzt.[8] Nach Ratzinger ist nun gerade dieser Primat des Handelns Gottes in den liturgischen Reformbewegungen außer Blick geraten, was für ihn ein Paradox darstellt: Gott, der eigentlich Handelnde in der Liturgie, entschwindet.[9] Diese Spannung zwischen dem Handeln Gottes und dem rein menschlichen Tun zieht sich wie ein roter Faden durch seine liturgischen Überlegungen.

Somit stellt sich die Frage, ob dann in der Liturgie überhaupt eine, um es einmal modern auszudrücken, ‚Kooperation' zwischen Gott und Mensch stattfinden könne. Ratzinger löst dieses Problem theologisch über die Inkarnation unter Bezugnahme auf ein Wort des heiligen Irenäus. Der Sinn der Inkarnation sei es gewesen, dass sich der Geist in Jesus an das Fleisch gewöhnt habe; umgekehrt müsse

---

5 Joseph Ratzinger, Das Welt- und Menschenbild der Liturgie und sein Ausdruck in der Kirchenmusik, in: JRGS 11, 527–547, 534.

6 Vgl. ebd., 531–534.

7 Ebd., 534.

8 Vgl. ebd. Nur der vom Geist-Handeln Gottes bestimmte Gottesdienst ist geistbestimmter Gottesdienst, mit Paulus gesprochen logike latreia (Röm 12,1); von Johannes her gedacht wäre das Anbetung in Geist und Wahrheit (vgl. Joh 4,23); logike latreia könnte aber auch wiedergegeben werden mit „vom Wort geprägte Gottesverehrung", von einem Wort, das biblisch gesprochen „mehr ist als Sprache und Rede, nämlich schöpferische Wirklichkeit. Es ist allerdings auch mehr als bloßer Gedanke und bloßer Geist: Es ist sich auslegender, sich mitteilender Geist" (ebd., 538), was dann in seinen Überlegungen zur liturgischen Musik bedeutsam wird, wie wir noch sehen werden.

9 Vgl. ebd., 534.

sich das Fleisch an den Geist gewöhnen, an Gott, um gottfähig zu werden.[10] Wo aber nimmt die Teilhabe des Menschen am Handeln Gottes in der Liturgie konkrete Gestalt an? Für Ratzinger geschieht diese participatio am Handeln Gottes in erster Linie durch die Annahmebitte bei der oratio.[11] Das Opfer sei zwar schon angenommen, aber in der Liturgie müssten wir darum bitten, dass es unser Opfer werde, „dass wir selbst […] ‚logisiert', logos-gemäß und so wahrer Leib Christi werden […]. Diese Bitte selbst ist ein Weg, ein Unterwegssein unserer Existenz in die Inkarnation und die Auferstehung hinein."[12] In dieser eigentlichen Aktion fallen für Ratzinger die Grenzen zwischen Priestern und Laien, da die „Teilhabe an dem, was kein Mensch tut, sondern der Herr selber, und was nur er selber tun kann, […] für alle gleich"[13] ist. Für alle gelte nach 1 Kor 6,17 das Gleiche, „dem Herrn anzuhangen und eine einzige pneumatologische Existenz mit ihm zu werden"[14]. Nach Ratzinger geht es in dieser pneumatologischen Kooperation darum, „dass letztlich der Unterschied zwischen der actio Christi und der unseren aufgehoben werde. Dass es nur noch *eine* actio gebe, die zugleich die seinige und die unsrige ist – die unsrige dadurch, dass wir mit ihm ‚ein Leib und ein Geist' geworden sind. Die Einzigartigkeit der eucharistischen Liturgie besteht eben darin", so seine Zusammenfassung, „dass Gott handelt und dass wir in dieses Handeln Gottes hineingezogen werden. Alles andere ist demgegenüber sekundär."[15] Auch wenn das Sekundäre einen eigenen Stellenwert in der Liturgie habe (Vorlesen, Singen, Herbeitragen der Gaben), müsse das Agieren aufhören, wenn das Eigentliche komme, nämlich die oratio. Nur diese kann der actio Gottes genügend Raum geben. Damit wird für ihn das äußere Handeln in der Liturgie sekundär und muss vor allem jeder Theatralik entbehren, worin er das große Defizit der liturgischen Erziehung sieht.[16] Die oratio wiederum, in der der Mensch in der Liturgie handelnd hinzutritt, darf aber nicht als geistlicher Aktivismus verstanden werden. Denn der innerste Anspruch der

---

10 Vgl. Joseph Ratzinger, „Auferbaut aus lebendigen Steinen". Das Gotteshaus und die christliche Weise der Gottesverehrung, in: JRGS 11, 443–461, 460.

11 Vgl. Ratzinger, Geist der Liturgie (Anm. 4), 149.

12 Ebd.

13 Ebd.

14 Ebd.

15 Ebd.

16 Vgl. ebd., 150.

Liturgie versteht sich nach Ratzinger in Rückbezug auf Guardini als ein Lernprozess im Heiligen Geist: Es geht darum, Liturgie verstehen zu lernen „als das vom Heiligen Geist selbst gewirkte und gelenkte Beten der Kirche, in dem Christus immerfort neu gleichzeitig wird mit uns, in unser Leben hineintritt“[17].

Ratzinger denkt nicht nur Liturgie an sich vom Handeln Gottes aus als ein geisterfülltes und geistgewirktes Geschehen. Auch die liturgischen Riten, die sich ohne Hast und gewaltsames Machen entwickelt haben, sieht er als etwas unter der Führung des Heiligen Geistes Gewachsenes.[18] Ja sogar die Liturgische Bewegung im 19. und 20. Jahrhundert mit ihrem Anliegen, Liturgie zu bewahren und zu erneuern, bezeichnet er mit Verweis auf SC 43 als ein pneumatologisches Ereignis, ein neues Hindurchziehen *(transitus)* des Heiligen Geistes durch seine Kirche, das vom Konzil seine Bestätigung erfahren habe.[19]

Neben dem grundsätzlichen pneumatologischen Verstehen der Liturgie, das mit dem Primat des Christologischen eine untrennbare Einheit bildet, hat Joseph Ratzinger eine Reihe von liturgischen Einzelfragen stärker pneumatologisch akzentuiert – besonders solche, die in den Bereich des Künstlerischen hineinragen, wie die Kirchenmusik, den Kirchenbau und die Kunst der Ikonen.

2. Die pneumatologische Akzentuierung liturgischer Einzelfragen

Am ausführlichsten beruft sich Ratzinger bei der Kirchenmusik, insbesondere beim Singen, auf das Wirken des Heiligen Geistes. Der Gesang in der Liturgie ist für ihn das Geist-Ereignis schlecht-

17 Ebd., 30. An anderer Stelle schreibt er: „Gebete, die aus dem Herzen gläubiger Menschen unter der Führung des Heiligen Geistes aufgestiegen sind, sind uns eine vom Heiligen Geist angebotene Schule, die langsam unseren stummen Mund öffnet und uns hilft, beten zu lernen“ (ebd., 180–181).

18 Vgl. ebd., 144–145; vgl. hierzu auch: Kurt Koch, Die Konstitution über die Heilige Liturgie und die nachkonziliare Liturgiereform. Innovation und Kontinuität im Licht der Hermeneutik der Reform, in: Papst Benedikt XVI. und sein Schülerkreis / Kurt Koch (Hg.), Das Zweite Vatikanische Konzil. Eine Bilanz: Die Hermeneutik der Reform. Herausgegeben im Auftrag des Schülerkreises von Papst Benedikt XVI. von Stephan Otto Horn und Siegfried Wiedenhofer, Augsburg 2012, 70–98, 76–80.

19 Vgl. Joseph Ratzinger, 40 Jahre Konstitution über die heilige Liturgie. Rückblick und Vorblick, in: JRGS 11, 695–711, 695.

hin.[20] Vom geistinspirierten Gesang Davids und seinen Psalmen schließt Ratzinger auf das Singen in der Liturgie: „Der Heilige Geist ist es, der zuerst David und dann durch ihn Israel und die Kirche singen lehrt, ja das Singen ist als Übersteigen des gewöhnlichen Redens als solches ein pneumatologisches Ereignis."[21] Das heilige Pneuma spricht, seufzt und dankt in uns, wenn wir singen und spielen vor dem Herrn.[22] Daher entsteht für ihn „Kirchenmusik […] als ‚Charisma', als Geistgabe: Sie ist die wahre ‚Glossolalie', die neue, vom Geist kommende ‚Zunge'. In ihr vor allem ereignet sich die ‚nüchterne Trunkenheit' des Glaubens – Trunkenheit, weil alle Möglichkeiten der bloßen Rationalität überschritten werden […], nüchtern […], weil Christus und der Geist zusammengehören, weil diese trunkene Sprache doch ganz in der Zucht des Logos bleibt."[23] Während geistliche Kirchenmusik den Menschen reinige und verwandle, verführe und betäube die ekstatische heidnische Musik der Völker den Menschen. Ratzinger negiert hier nicht das Sinnenhafte der Musik, sondern sieht es im größeren Zusammenhang mit der „Bewegung der Vergeistigung in der Schöpfung, im Aufnehmen der Schöpfung in die Seinsart des Heiligen Geistes und im Verwandeln der Schöpfung durch die Aufnahme des Geistes", so „wie es im gekreuzigten und auferstandenen Christus vorvollzogen ist" [24]. Die Aufnahme der Musik in die Liturgie bedeutet für ihn daher die Aufnahme in den Geist, Verwandlung und Auferstehung.[25] Durch die Musik geschehe „eine neue Einheit aller Wirklichkeit"[26]: Sie erwirkt die Fleischwerdung des Wortes und die Geistwerdung des Fleisches. Verleiblichung und Vergeistigung gehen in ihr ineinander.[27]

20 Ratzinger bezeichnet die das Wort überschreitende Gabe des Singens und Spielens vor Gott als Geschenk des Geistes, vgl. Ratzinger, Geist der Liturgie (Anm. 4), 132.

21 Ebd., 125.

22 Vgl. Joseph Ratzinger, Zur theologischen Grundlegung der Kirchenmusik, in: JRGS 11, 501–526, 517.

23 Ratzinger, Geist der Liturgie (Anm. 4), 125; vgl. hierzu: Michaela C. Hastetter, Liturgie – Brücke zum Mysterium. Grundlinien des Liturgieverständnisses Benedikts XVI., in: dies. / Christoph Ohly / Georgios Vlachonis (Hg.), Symphonie des Glaubens. Junge Münchener Theologen im Dialog mit der Theologie Benedikts XVI., St. Ottilien 2007, 131–150, 140–142.

24 Ratzinger, Theologische Grundlegung (Anm. 22), 519–520.

25 Vgl. ebd., 520.

26 Ratzinger, Welt- und Menschenbild (Anm. 5), 540.

27 Vgl. ebd., 540, hier wörtlich: „Es spielt sich Verleiblichung ab, die Vergeistigung ist, und Vergeistigung, die Verleiblichung ist. Die christliche Verleiblichung ist immer

Ähnliches gilt für das Zueinander von steinernem (Kirchen-)Bau und dem Bau aus lebendigen Steinen: Der Geist ist es, der die Steine aufbaut; wo er nicht baut, bleiben nach Ratzinger die Steine stumm.[28] Und umgekehrt, wo kein Geist am Werk ist, werden die Dome zu Museen, denn nur der Glaube kann die Dome lebendig halten.[29] „Die Größe unserer Geschichte und die finanzielle Potenz", so Ratzingers Warnung, „retten uns nicht. Wenn der Geist nicht baut, baut das Geld vergebens"[30]. Die enge Verwobenheit von Vergeistigung und Inkarnation, die Ratzinger hier wieder betont, da der Geist sich im Kirchenbau einen Leib schafft, ein Haus aus den Steinen der Schöpfung,[31] hat auch konkrete Folgen für die Kirchenarchitektur und die sakrale Raumgestaltung. Ratzinger warnt vor sich von der Schöpfung abschließenden Betonbauten[32]. Der Kirchenraum ist in die Weite der Schöpfung hineingestellt, er tritt in Berührung mit ihr und soll „so zugleich das hoffende Unterwegssein auf den kommenden Herrn hin in Bewegung bringen"[33].

Auch bei den Ikonen tritt eine pneumatologische Akzentuierung hervor. Sie sind für Ratzinger übereinstimmend mit der Ostkirche keine Wiedergaben eines empirischen Geschehens; vielmehr öffnet sich die Ikone hin auf die Transparenz des Geistes, weil sie mehr schauen lässt als die materielle Oberfläche, als das Messbare und das Wägbare.[34] In ihrem Sehen werde das Empirische überstiegen und Christus sozusagen im Taborlicht erblickt. Mit dieser von der Lichtmetaphorik durchdrungenen Ikonentheologie sieht Ratzinger in der Ikone selbst die Bewegung der gesamten Liturgie eingefangen, den „Weg dem ‚Osten', dem wiederkommenden Christus entgegen."[35] Die Christologie der Ikone trage, so Ratzinger, trinitari-

---

zugleich Vergeistigung, und die christliche Vergeistigung ist Verleiblichung in den Leib des menschgewordenen Logos hinein." Ähnlich schon an anderer Stelle: „Die Vergeistigung der Sinne ist die wahre Vergeistigung des Geistes" (Ratzinger, Theologische Grundlegung (Anm. 22), 520).

28 Vgl. Ratzinger, Auferbaut (Anm. 10), 456.

29 Vgl. ebd.

30 Ebd., 456–457. Für Ratzinger heißt das aber auch, dass dort, wo der Geist baut, steinerne Kirchenbauten letztlich ersetzbar und gleichwertig werden. So ergeben sich für ihn erst auf der zweiten Ebene die Rangunterschiede von Kathedralkirchen (als Bischofskirchen) und kleinen Dorfkirchen.

31 Vgl. ebd., 458–459.

32 Vgl. Ratzinger, 40 Jahre Konstitution (Anm. 19), 703.

33 Ebd.

34 Vgl. hierzu und im Folgenden: Ratzinger, Geist der Liturgie (Anm. 4), 110–113.

35 Ebd., 111.

schen Charakter: „Es ist der Heilige Geist, der uns sehend macht, dessen Wirken immer eine Bewegung auf Christus zu auslöst. Jenes Schauen […] schenkt uns zugleich den Blick auf den Vater.“[36]

3. Liturgie in West und Ost – christologisch-pneumatologische Synthese

Wenn wir von diesen skizzenhaft gebliebenen Anmerkungen zum Stellenwert des Heiligen Geistes in Ratzingers Liturgieverständnis nun den Bogen zur Ostkirche schlagen wollen, so lässt sich im historischen Rückblick Folgendes konstatieren: Seit dem Mittelalter wurde im Liturgieverständnis des lateinischen Westens ein christologisch-inkarnatorischer Schwerpunkt gesetzt mit der Betonung des Leidens Christi, der Vergegenwärtigung seines Opfers, der theologia crucis. Der byzantinische Osten hingegen hat in seinem Liturgieverständnis das Erbe der Alten Kirche bewahrt: Die gloria Dei, der im Lichtglanz strahlende Gottessohn, die Verklärung des Auferstandenen, die geistgewirkte Einheit alles Geschaffenen in Gott.[37] Liturgie wurde und wird in der Ostkirche als innere Einigung in diesem Leben mit dem in ewiger Majestät fortlebenden und triumphierenden Christus verstanden und hat daher vor allem eine verklärende Wirkung.

Wie lässt sich Ratzinger abschließend in diese beiden großen liturgischen Strömungen einordnen? Zum einen denkt er in guter abendländischer Tradition Liturgie ganz christologisch, als Vergegenwärtigung des Kreuzesgeschehens. Zum anderen aber tritt bei ihm immer wieder die pneumatologische Komponente hervor, die Präsenz des Heiligen Geistes, die überhaupt sein ganzes Liturgieverständnis durchdringt. Muss dies überhaupt ein Gegensatz sein? Nein, denn Liturgie ist für Joseph Ratzinger Auftun der Tore dieser Welt, damit Gott einziehen kann. Liturgie besteht für ihn aus zwei Bewegungen, dem Aufbrechen des Menschen, um dem Herrn entgegenzugehen und dem Kommen des Herrn.[38] Das geschichtlich Gewordene und Gewachsene, welches die Liturgiekonzeption des Westens bestimmt, ist für ihn nicht unvereinbar mit dem östlichen Verständnis: Liturgie,

---

36 Ebd.

37 Vgl. hierzu: Ildefons Herwegen, Der heilige Benedikt – ein Charakterbild, Düsseldorf 1951, 128–129.

38 Vgl. Joseph Ratzinger, „Wecke Deine Macht auf und komm“. Adventspredigt im Hohen Dom zu Trier, in: JRGS 11, 719–723, 722.

die sich als Abglanz der ewigen Liturgie, als das Hineintreten des göttlichen Lichtes durch das heilige Geschehen in unsere Zeit versteht.[39] „Beide Konzeptionen haben ihr Recht“[40], so Ratzinger wörtlich, denn „im Werdenden und Gewordenen“ wird der „unantastbare […] Abglanz der ewigen Liturgie“[41] sichtbar. Diese Synthese ließe sich in einer Theologie der gloria crucis gedanklich fassen. Damit ist es Ratzinger gelungen, trotz des Primats der Christologie das christologisch-inkarnatorische Liturgieverständnis des Westens mit dem pneumatologisch-eschatologischen des Ostens zu einer echten Synthese zu verbinden, was auch auf orthodoxer Seite anerkannt wurde, die in Benedikt XVI. „den am meisten orthodox denkenden Papst des letzten Jahrhunderts“[42] sieht.

Ich komme zum Schluss: Wir sind in diesem kurzen Beitrag der pneumatologischen Dimension in Ratzingers Liturgieverständnis nachgegangen, die den christologischen Primat ergänzt. Das Gesagte wirft nun auch ein neues Licht auf den Titel seines liturgischen Hauptwerkes, „Der Geist der Liturgie“, der mehr als eine Anspielung auf Guardinis Schrift „Vom Geist der Liturgie“ ist.[43] Der Geist der Liturgie ist bei Ratzinger wesentlich der Heilige Geist in der Liturgie, der uns zu Christus führt, zur Mitte seiner Theologie.[44]

39 Vgl. Joseph Ratzinger, Zum Gedenken an Klaus Gamber, in: JRGS 11, 634–635.

40 Ebd., 635.

41 Ebd.

42 Vladimir Ivanov, „Der Geist der Liturgie“ von Joseph Ratzinger im Lichte der orthodoxen Theologie, in: OFo 21 (2007) 141–152, 152. Diese Übereinstimmung in liturgiewissenschaftlichen Fragen bezieht sich nicht nur auf den „vollen Einklang mit der orthodoxen Ikonentheologie“, sondern überhaupt auf Ratzingers Buch „Der Geist der Liturgie“, der „auf ein überaus großes Interesse bei heutigen orthodoxen Theologen stößt“ (ebd.). Ivanov fährt fort (wo sich dann am Schluss auch die zitierte Spitzenaussage findet): „Man kann sich nur wundern, wie langsam der Prozess seiner Rezeption nicht allein bei orthodoxen, sondern auch bei katholischen Theologien verläuft, während es als Ausgangspunkt für einen produktiven Dialog dienen könnte. Leider sind Themen wie diese gegenwärtig von kirchenpolitischen Fragen (vor allem vom Uniatismus) verdrängt worden, die das Interesse von den wirklich ernsten und perspektivischen Problemen abgelenkt haben. Von ihrer Bewältigung hängt in nicht geringem Maße das Schicksal der europäischen Christenheit ab. Die Geschichte bietet diese wohl einmalige Chance gerade jetzt, wo die römisch-katholische Kirche von Benedikt XVI. geleitet wird, dem am meisten orthodox denkenden Papst des letzten Jahrhunderts“ (ebd.).

43 Hier wörtlich: „In seinen wesentlichen Intentionen deckt es sich durchaus mit dem, was seinerzeit Guardinis Schrift gewollt hatte; deswegen habe ich mit Absicht einen Titel gewählt, der sofort an den Klassiker liturgischer Theologie denken lässt“ (Ratzinger, Geist der Liturgie (Anm. 4), 31).

44 Ebd., 153.

Joseph Ratzinger im Gespräch mit der evangelischen Theologie

Die Kirche als *locus theologicus*

Juan Antonio Martínez Camino SJ

Bei einer Tagung zur „Mitte der Theologie im Werk von Joseph Ratzinger" dürfte das zunächst mir vorgeschlagene Thema – „Die Theologie Joseph Ratzingers und die evangelische Theologie" – eher einen untergeordneten Platzt finden. Die Mitte der Theologie liegt ohne Zweifel für Ratzinger anderswo: etwa in der Theologie der Liturgie und damit in der Frage der rechten Gottesbegegnung in einer säkularisierten, ja gottlos gewordenen Kultur.[1] Und doch ist die ganze theologische Arbeit Ratzingers im Horizont eines durchgehenden Gespräches mit der evangelischen Theologie betrieben worden, auch gerade dann, wenn es um die Mitte seiner eigenen Theologie geht. Und so lautet die hier vorgeschlagene Auslegungshypothese des Werkes unseres Autors folgendermaßen: Bei der fundamentaltheologischen Ausrichtung dieses Werkes wird die grundlegende Frage der Vermittlung der Offenbarung Gottes in Jesus Christus ständig in Beziehung zur Rolle der Kirche als Ort der geoffenbarten Gotteserkenntnis, wie es nicht zuletzt im Gottesdienst als vorzügliche Verwirklichung der kirchlichen Überlieferung zum Tragen kommt, gesetzt. Dass aber gerade die Kirche als *locus theologicus* zu verstehen sei, ist nach der Reformation zur höchst umstrittenen Frage geworden. Ratzinger hat diesen Streit nicht vermieden, sondern mit bewundernswerter Konsequenz

1 Vgl. Papst Benedikt XVI., Zum Eröffnungsband meiner Schriften, in: JRGS 11, 5–8. „Die Liturgie der Kirche [...] ist in der theologischen Schule von Lehrern wie Schmaus, Söhngen, Pascher, Guardini [...] auch Zentrum meines theologischen Mühens geworden." Ebd., 6.

ausgetragen; nicht aber als billige Polemik, sondern in der Hoffnung, dass hier ein gemeinsamer Weg wiederzufinden sei, um das Evangelium der wahren Gotteserkenntnis unseren Zeitgenossen tatkräftiger vermitteln zu können. Die Entwicklung der Theologie nach dem II. Vatikanum im katholischen Raum legt diese Auseinandersetzung noch näher. Denn auch hier ist das Verständnis von Offenbarung und ihrer Vermittlung durch die Kirche ins Zwielicht geraten.

Es ist schon ein ökumenisches Ereignis, dass 2006 der heutige Patriarch der russischen orthodoxen Kirche, Kyrill – damals Metropolit von Smolensk –, das Vorwort zur russischen Übersetzung von Ratzingers *Einführung in das Christentum* geschrieben hat. Darin empfiehlt er eindringlich die Lektüre dieses Buches nicht gerade deshalb, weil sein Autor Papst geworden sei, sondern weil Ratzinger ein „herausragender Liebhaber und Kenner der kirchlichen Überlieferung"[2] ist. Und es sei genau dies, was gefragt und unersetzlich ist, wenn man dem heutigen verwundeten und vom Glauben entfernten Menschen den wirklichen Zugang zum Christsein anbieten möchte.

Diese treffende Beschreibung Ratzingers als Liebhaber und Kenner der kirchlichen Überlieferung entspricht in der Tat der Grundabsicht des Buches: *Einführung in das Christentum*. Das erfolgsreichste Buch unseres Autors gibt m. E. in Aufbau und Durchführung vielleicht am besten die Struktur seines Denkens wieder. Die Ansicht nämlich, dass an der kirchlichen Lehre vorbei keine wahre christliche Gotteserkenntnis möglich ist. Kirche ist kein „Platonismus für das Volk". Auch für den Weisen, für den Gebildeten ist die Kirche ein unumgänglicher Weg zur Gotteserkenntnis. Der Eintritt in die Kirche des Philosophen Marius Victorinus, der zu eben dieser Einsicht gekommen war, ist mitentscheidend für die Bekehrung des hl. Augustinus gewesen.[3] Diese schöne Geschichte wird in der *Einführung* erzählt und ist – so dürfen wir vermuten – auch entscheidend

2 Eine deutsche Übersetzung des Vorworts von Kyrill von Smolensk in: Spuren. Litterae Communionis. Internationale Zeitschrift von Comunione e Liberazione, www.cl-deutschland.de.

3 Vgl. Joseph Ratzinger, Einführung in das Christentum, München ^{5}2005, 90, mit Verweis auf Augustinus' Confessiones VIII, 2,3–5. Vor seiner echten Bekehrung, auf die Einladung von Simplizianus, in die Kirche zu gehen und um die Taufe zu bitten, habe der berühmten Philosoph immer wieder spöttisch geantwortet: „Noveris iam me esse christianus […] Ergo parietes faciunt christianos?" (VIII, 4). Ebd., 68.

gewesen für Ratzingers gewählten Aufbau seines Buches: Es sollte keine bloß philosophische oder nicht einmal biblische Theologie sein, sondern Verstehenshilfe und Darlegung des im sakramentalen Leben der Kirche entstandenen Glaubensbekenntnisses.

Es gilt zu begreifen, dass das „Christentum nicht ein System von Erkenntnissen ist, sondern ein Weg. Das Wir der Glaubenden ist nicht eine sekundäre Zutat für kleine Geister, es ist in gewissem Sinn die Sache selbst. [...] Wenn Platonismus eine *Idee* von Wahrheit gibt, so gibt christlicher Glaube die Wahrheit als *Weg*, und erst indem sie zum Weg wird, ist sie des *Menschen* Wahrheit geworden [...]. So gehört zum Glauben wesentlich das Bekennen, das Wort und die Einheit, die es wirkt; es gehört zu ihm das Eintreten in den Gottesdienst der Gemeinde und so letztlich jenes Mitsein, das wir Kirche nennen."[4]

Der Glaube gehört zur Kirche und umgekehrt, die Kirche gehört zum Glauben in einem grundlegenden Sinne. Deshalb soll – nach Ratzinger – das Gespräch mit der evangelischen Theologie nicht so sehr um Organisation, sondern eher um den Organismus der Kirche als Weg für die Wahrheit des Evangeliums gehen. „Denn Kirche ist am meisten nicht dort, wo organisiert, reformiert, regiert wird, sondern in denen, die einfach glauben und in ihr das Geschenk des Glaubens empfangen, das ihnen zum Leben wird."[5]

Unsere Überlegungen zur Kirche als Ort für die theologische Erkenntnis im Gespräch Joseph Ratzingers mit der evangelischen Theologie folgen demnach der Themenaufteilung, die Papst Benedikt XVI. bei der ökumenischen Begegnung, die im Rahmen des Weltjugendtages 2005 in Köln stattfand, selbst vorgeschlagen hat. Ich zitiere:

---

4 Ratzinger, Einführung (Anm. 3), 90–91; vgl. auch Paolo Sottopietra, Wissen aus der Taufe. Die Aporien der neuzeitlichen Vernunft und der christliche Weg im Werk von Joseph Ratzinger, Regensburg 2003.

5 Ratzinger, Einführung (Anm. 3), 326. Hier heißt es weiter: „Nur wer erfahren hat, wie über den Wechsel ihrer Diener und ihrer Formen hinweg Kirche die Menschen aufrichtet, ihnen Heimat und Hoffnung gibt, eine Heimat, die Hoffnung ist: Weg zum ewigen Leben – nur wer dies erfahren hat, weiß, was Kirche ist, damals und heute." Als Ratzinger 1967 diese Sätze schrieb, war seine Mutter in Traunstein vor vier Jahren gestorben. In seinen Erinnerungen sagt er zu diesem „tiefen Einschnitt" in seinem Leben: „Ich wüsste keinen überzeugenderen Glaubensbeweis als eben die reine und lautere Menschlichkeit, in die der Glaube meine Eltern und so viele andere Menschen, denen ich begegnen durfte, hat reifen lassen" (Joseph Ratzinger, Aus meinem Leben. Erinnerungen (1927–1977), München 1997, 133).

„Man sagt, wir sind jetzt, nachdem die Rechtfertigungslehre geklärt ist, dabei angelangt, die ekklesiologischen Fragen, die Amtsfrage, als das noch bleibende Haupthindernis zu bearbeiten. Das ist natürlich im Letzten wahr, aber ich muss auch sagen, dass ich diese Terminologie und in gewisser Hinsicht diese Einengung des Problems nicht liebe, denn es sieht so aus, als ob wir nun um die Institutionen streiten müssen und nicht mehr eigentlich um das Wort Gottes. [...] Die eigentliche Frage ist doch die der Weise der Gegenwart des Wortes Gottes in der Welt.
Die alte Kirche hat etwa im 2. Jahrhundert einen dreifachen Entscheid gefällt: den Kanon festzulegen und damit die Souveränität des Wortes Gottes herauszustellen; klarzustellen, dass nicht nur das Alte Testament *‚hai graphai'* ist, sondern dass das Neue Testament mit ihm die eine Schrift bildet und so als unser wahrer Souverän für uns steht. Gleichzeitig aber hat sie die apostolische Sukzession, das Bischofsamt, formuliert in dem Wissen darüber, dass Wort und Zeuge zueinander gehören, dass also das Wort nur durch den Zeugen lebendig gegenwärtig ist und auch sozusagen seine Auslegung empfängt, dass aber wiederum der Zeuge nur Zeuge ist, wenn er Zeuge für das Wort ist. Und als drittes hat sie dem schließlich als Auslegungsschlüssel die *‚regula fidei'* hinzugefügt.
Ich glaube, dieses Ineinander ist zwischen uns – so sehr wir vielleicht über Grundlegendes einig sind – strittig. Wenn wir also von Ekklesiologie und Amt sprechen, sollten wir – denke ich – lieber über diese Verflechtung von Wort und Zeuge und Glaubensregel sprechen und sie als die ekklesiologische Frage und damit zugleich als die Frage des Gotteswortes, seiner Souveränität und seiner Demut ansehen, in der der Herr es auch den Zeugen anvertraut und Auslegung gewährt, die sich freilich immer an der ‚regula fidei' und am Ernst des Wortes selbst zu messen hat. Entschuldigen Sie, wenn ich da ein bisschen eine private Idee ausdrücke, aber mir schien, es sei doch recht, das zu tun."[6]

Dieser hier vom Papst als „private Idee" gekennzeichneter Themenvorschlag für das ökumenische Gespräch hatte in der Tat die theologische Agenda Joseph Ratzingers von Anfang an mitbestimmt. Das wollen wir etwas näher veranschaulichen.

6 Insegnamenti di Benedetto XVI, I (2005), 441f.

1. Wort Gottes, Offenbarung und Schrift

In seinen *Erinnerungen* erzählt Ratzinger, dass er 1956 den Tübinger Dogmatiker Joseph R. Geiselmann (1890–1970) bei einer Dogmatiker-Tagung in Königstein kennengelernt hatte. Dabei trug dieser zum ersten Mal vor, dass nach seinen Forschungen zum Trienter Dekret *Sacrosancta* die Heilige Schrift in Bezug auf die Überlieferung eine „inhaltliche Vollständigkeit“, was die geoffenbarten Wahrheiten betrifft, besitze.[7] Ratzinger gibt zu, dass er zunächst von diesen Darlegungen „fasziniert“ war. Er prüfte aber selber die Akten des Konzils und merkte, dass die Auslegung Geiselmanns nicht treffend war. Die Väter von Trient hatten diese Problemstellung gar nicht vor Augen gehabt; ihnen ging es vielmehr um eine tiefer gehende Frage; und zwar um dieselbe grundlegende Frage, auf die der junge Theologe Ratzinger bei seinen eigenen Forschungen zu Bonaventuras Offenbarungsverständnis (1953–1956) gestoßen war: „Offenbarung ist nicht einfach gleich Schrift, so dass man schlechtweg sagen könne ‚in der Offenbarung steht geschrieben‘. Sondern Schrift ist das Materialprinzip der Offenbarung, die als solche hinter der Schrift bleibt und sich nicht in der Schrift restlos objektiviert, weswegen die Schrift, um Offenbarung zu sein, der offenbarungsmäßigen Interpretation bedarf. […] Auf dieser falschen Objektivierung des Offenbarungsbegriffes [merkte Ratzinger schon damals, MC] ruht […] der altprotestantische Biblizismus“[8].

---

7 Vgl. Ratzinger, Aus meinem Leben (Anm. 5), 107 und 128–130. Die Auseinandersetzung um Geiselmann ist präzis zusammengefasst in der Innsbrucker Dissertation: Antonio Vargas-Machuca, Escritura, Tradición e Iglesia como reglas de fe según Francisco Suárez, Granada 1967, 15–65. Geiselmann veröffentlichte 1956 in Una Sancta (11. Jg.), schon im selben Jahr der Königsteiner Tagung, seine umstrittene Arbeit „Das Konzil von Trient über das Verhältnis der Heiligen Schrift und der nichtgeschriebenen Traditionen. Sein Missverständnis in der nachtridentinischen Theologie und die Überwindung dieses Missverständnisses.“ Was heißt aber eigentlich „inhaltliche Vollständigkeit“? Vielleicht etwa – wie manche interessierte Interpreten dieser vermeintlich neuen katholischen sola scriptura meinten –, dass nichts von der Kirche gelehrt werden könne, was nicht ausdrücklich in der Schrift zu finden sei? Das ginge über das reformatorische Prinzip der sola scriptura hinaus und bedeutete praktisch die Verneinung fast aller kirchlichen Dogmen.

8 Joseph Ratzinger, Offenbarung – Schrift – Überlieferung. Ein Text des hl. Bonaventura und seine Bedeutung für die gegenwärtige Theologie (1958), in: JRGS 2, 693–711, 711. Auch die katholische „nachtridentinische materiale Auslegung des Traditionsbegriffes“ wird von Ratzinger desselben Fehlers beschuldigt, auch wenn diese „in ihrer ungelenken Art die Erkenntnis bewahrt, dass ‚Offenbarung‘ niemals restlos in

Von dieser *Entdeckung* her wird dann Ratzinger das Gespräch mit der reformatorischen Theologie führen in den drei, später von ihm als Papst in Köln angedeuteten Schritten bzw. Themen: Offenbarung (Wort), Überlieferung (Zeuge) und Glaubensregel.

Nach Ratzinger liegt „das Dilemma der abendländischen Christenheit"[9] heute noch, wie zur Zeit der Reformation, in der damals geschehenen Verselbständigung des Wortes als vermutlich in sich stehender Größe in der Kirche. Von diesem grundlegenden Problem her stammt im Grunde das in katholischen Kreisen bestehende „Drama der nachkonziliaren Epoche"[10].

Eine solche Verselbständigung des Wortes als einzige, letzte, richtende Instanz in der Kirche „bedeutet folgerichtig die Reduktion des Wortes auf die sich selbst auslegende Schrift, die nun als die einzig authentische Gestalt des Wortes übrig bleibt."[11] Dagegen ist, mit Bonaventura und der ganzen auch in Trient weiterwirkenden Patristik, zu bemerken, dass das lebendige Wort Gottes der Offenbarung sich nicht auf Schrift beschränken lässt. „Offenbarung ist ein dynamischer Vorgang zwischen Gott und Mensch, der immer wieder nur in der Begegnung Wirklichkeit wird. Das biblische Wort bezeugt Offenbarung, fasst sie aber nicht so, dass sie darin aufginge und nun wie ein Ding in die Tasche gesteckt werden könnte."[12] „Man kann Offenbarung nicht in die Tasche stecken, wie man ein Buch mit sich tragen kann. Sie ist eine lebendige Wirklichkeit, die den lebendigen Menschen als Ort ihrer Anwesenheit verlangt. [...] Offenbarung überschreitet das Faktum Schrift in einer doppelten Richtung: a) Nach oben hin reicht sie als Wirklichkeit von Gott her immer ins Tun Gottes hinein. b) Als Wirklichkeit, die sich auf Menschen hin im Glauben zuträgt, reicht sie gleichsam auch nach der anderen Seite hin über das vermittelnde Faktum der Schrift hinaus. Aus dieser Inkongruenz von Schrift und Offenbarung wird deutlich, dass [...] es im Christlichen niemals ein eigentliches *sola scriptura* geben kann."[13]

‚Schrift' aufgelöst werden darf" (ebd., 711). Dieselben Gedanken werden später fast wörtlich in seinem Beitrag: Ein Versuch zur Frage des Traditionsbegriffs (1963), in: Joseph Ratzinger / Benedikt XVI., Wort Gottes. Schrift – Tradition – Amt, Freiburg 2005, 37–81 aufgenommen und weiterentwickelt.

9 Ratzinger, Frage des Traditionsbegriffs (Anm. 8), 41.

10 Ratzinger, Aus meinem Leben (Anm. 5), 128.

11 Ratzinger, Frage des Traditionsbegriffs (Anm. 8), 40.

12 Joseph Ratzinger, Schriftauslegung im Widerstreit (1988), in: Joseph Ratzinger / Benedikt XVI., Wort Gottes. Schrift – Tradition – Amt, Freiburg 2005, 83–116, 113.

13 Ratzinger, Frage des Traditionsbegriffs (Anm. 8), 48.

Diese Grundeinsichten leiten das Gespräch Ratzingers mit der reformatorischen Vision, die die Schrift als oberste Instanz des christlichen Lebens setzen will in der doppelten Absicht, die Reinheit des Evangeliums in Gegensatz zu den menschlichen Setzungen oder Traditionen zu gewinnen, einerseits, und die Freiheit des Christenmenschen von der Obrigkeit in der Kirche zu fördern, andererseits. Luther selbst war sich dessen wohl bewusst, dass das Prinzip *sola scriptura* zusammen mit den Symbolen des Glaubens zusammenzuhalten war. Ratzinger findet hier einen wichtigen Ansatzpunkt für den notwendigen Dialog. Die gesetzte Verselbstständigung des Wortes als Schrift führte aber mit der Zeit auf die bekannte Zuspitzung des Gegensatzes zwischen Schrift und Kirche, wie sie zuletzt in der liberalen protestantischen Theologie anzutreffen war. Ratzinger zitiert hier Harnack: „Dass das sog. ‚Formalprinzip' des Altprotestantismus eine kritische Unmöglichkeit und ihm gegenüber das katholische formal das bessere ist, ist ein truism; aber material verwüstet das katholische Traditionsprinzip die Geschichte doch viel stärker (sowohl als wildes Gewächs, wie unter der Gartenschere des Lehramtes), weil zum Glück das Neue Testament wirklich die besten Quellen umfasst."[14]

Also noch einmal „Quellen", und zwar schriftliche Quellen, die selbstverständlich „zum Glück" die besten sind. Die katholische Gegenfrage wird aber lauten müssen: „Kann man das Wort so selbständig setzen, ohne es damit der Willkür der Exegeten, der Entleerung im Streit der Historiker und so der völligen Unverbindlichkeit zu überantworten"?[15]

Nach Jahrzehnten der strengen Allianz des altprotestantischen Prinzips *sola scriptura* mit der modernen historisch-kritischen Erforschung der Heiligen Schrift, besonders in der Frage nach dem sogenannten historischen Jesus, haben sich auch in der evangelischen Theologie bedeutende Stimmen erhoben, die mit Recht in Zweifel gezogen haben, ob die wissenschaftliche Handhabung der besten „Quellen" zur Auferbauung der Kirche und des Glaubens auf dem Wort Gottes genügend sei. Ratzinger meint, dass in diesem Sinne Barth, Brunner, Bultmann oder Käsemann Recht zu geben ist. Er meint aber auch, dass ihre jeweiligen Vorschläge in Richtung einer aktualistischen Hermeneutik des Wortereignisses,

14 Ebd., 42.
15 Ebd., 42.

sicher auf die vernachlässigte Seite des empfangenden Subjektes mehr achten, aber um den zu hohen Preis der Verflüchtigung des im Wort bezeugten Ereignisses und seiner Folgen.[16]

Auf dieser Ebene einer schlüssigen Hermeneutik des Glaubens sollte nach Ratzinger das Gespräch heute besonders weitergeführt werden. Es handelt sich im Grunde um die Erschließung der historischen Bedingungen des Verstehens überhaupt, die weder zur Zeit Luthers noch in der Zeit des Historismus in ihrer vollen Tragweite vor Augen standen. Darin besteht m. E. die wichtige ökumenische und fundamental-theologische Rolle der Freilegung des Begriffes von Überlieferung, die Joseph Ratzinger geleistet hat.

2. Überlieferung und Amt

Auf die reformatorische Frage über das Recht, das Wort an die Kirche zu überliefern, wird katholischerseits zunächst einfach geantwortet: Der Herr selbst hat es getan.[17] Der Wille des Herrn, sich in der Kirche und durch die Kirche hören und mitteilen zu lassen, wird aber näher verständlich, wenn man an die „Wurzeln" der kirchlichen Überlieferung denkt, die von Ratzinger folgendermaßen beschrieben werden.[18]

Zunächst – wie schon angedeutet – muss man mit so etwas wie Überlieferung rechnen, wenn man bedenkt, dass die Wirklichkeit der Offenbarung in der Schrift bezeugt, aber nicht eingeschlossen ist. In diesem Überhang der Offenbarung gegenüber der Schrift ist die erste Wurzel für die Überlieferung zu sehen. Ihre zweite Wurzel liegt in dem spezifischen Charakter des Christusereignisses als geistbewirkte Erfüllung der alttestamentlichen Verheißungen. Dies bedeutet, dass „die Sache" der Offenbarung kein auf Buchstaben reduzierbares Objekt sein kann, sondern eher im Glauben der Kirche ihren adäquaten Erschließungsort finden wird. Und drittens, der Gegenwartscharakter des Christusereignisses drängt auch nach einer in seinem Geist vollmächtigen Auslegung des

16 Vgl. Ratzinger, Frage des Traditionsbegriffs (Anm. 8), 47; Ratzinger, Schriftauslegung im Widerstreit (Anm. 12), 94–96 und Ratzinger, Einführung in das Christentum (Anm. 3), 187–189.

17 Vgl. Ratzinger, Frage des Traditionsbegriffs (Anm. 8), 42.

18 Zum Folgenden vgl. Ratzinger, Frage des Traditionsbegriffs (Anm. 8), 54–59.

Christus gestern auf den Christus heute hin. Der Ursprung solcher „amtlichen" Auslegung findet sich in der Umdeutung der Reichsbotschaft Jesu durch die Apostel auf Christus selbst.[19]

Demgegenüber wird schon in der *Confessio Augustana* das Wesen der Kirche ohne jede Beziehung auf das apostolische Amt beschrieben. Immerhin wird die Kirche als die Versammlung bestimmt, in der das Evangelium rein verkündet wird und die Sakramente auf rechte Weise verwaltet werden.[20] Wer bürgt aber dafür, dass dies *pure* et *recte* geschieht? Etwa eine vermutlich sich selbst auslegende Schrift? Dass so etwas im christlichen Begriff von Offenbarung kaum möglich ist, wird von Ratzinger immer wieder unterstrichen, wie wir es hier schon gezeigt haben. Im Christusgeschehen sind eher die Wurzeln für die kirchliche Überlieferung mitgesetzt; denn „die Kirche ist die lebendige Gegenwart des göttlichen Wortes; diese Gegenwart ist konkretisiert in jenen Personen – den Bischöfen –, […] die also die personale Gestalt der Überlieferung (parádosis) und insofern ‚Nachfolge' (diadoché) der Apostel sind."[21]

In der Auseinandersetzung mit evangelischen Theologen wie O. Cullmann und J. K. Reid vertritt Ratzinger mit dem II. Vatikanum ein pneumatologisches Verständnis der Überlieferung, das sowohl eine innovative Mehrung dessen, was ein für alle Mal in Christus geoffenbart wurde, wie auch eine starre Fixierung auf vermutlich in Sätzen festgelegte Traditionen ausschließt. „Überlieferung gründet letztlich darauf, dass das Christusgeschehen […] sich fortsetzt in der Anwesenheit des Pneuma, durch das der am Kreuz ‚fortgegangene' Herr ‚wiedergekommen ist' und durch das er seine Kirche ‚erinnert' an das Gewesene"[22].

---

19 Vgl. Joseph Ratzinger, Eschatologie – Tod und ewiges Leben (1977), in: JRGS 10, Freiburg 2012, 51–91.

20 Vgl. CA, art. 7, 1: „Congregatio sanctorum, in qua evangelium pure docetur et recte administratur sacramenta." Zitiert nach: Ratzinger, Ein Versuch zur Frage des Traditionsbegriffs (Anm. 8), 39.

21 Joseph Ratzinger, Primat, Episkopat und Successio apostolica (1959), in: JRGS 12, 212–232, 229.

22 Joseph Ratzinger, Einleitung und Kommentar zum Prooemium, zu Kapitel I, II und VI der Offenbarungskonstitution ‚Dei Verbum' (1967), in: JRGS 7/2, 769 „Sosehr wir materialiter weithin Jeremias und Cullmann gegen Käsemann und Bultmann zustimmen werden, hinsichtlich des grundlegenden Formalproblems haben die letzteren deutlicher gesehen. Es gibt keinen Rekurs an die Historie gegen das Kerygma, und (so müssen wir hinzufügen) das Kerygma gibt es nicht anders denn als kirchliches Kerygma."

Indem die Kirche vom Geist an Christus erinnert wird, wird sie als Ort der Zeugen des Wortes pneumatisch mitkonstituiert. „Gründung“ der Kirche geschieht sicherlich schon durch Jesus selbst in der Erwählung und Sendung der Zwölf. Kirche wird aber auch ständig durch das Wirken des Heiligen Geistes in ihrem Wesen und Auftrag gegründet, indem der Geist sie in der Wahrheit hält und weiterführt. So kann Ratzinger prägnant schreiben: „Die Nachfolge ist die Gestalt der Überlieferung, die Überlieferung ist der Gehalt der Nachfolge.“[23] Überlieferung und Nachfolge sind keine adäquat voneinander unterscheidbaren Größen. Sie sind eher die zwei Seiten einer einzigen Wirklichkeit. Überlieferung erscheint so – im Gegensatz zum gnostischen, aber auch zur einen nachtridentinischen Scholastik – „nicht so sehr als ein materiales denn als ein formales Prinzip; sie bedeutet im letzten eine hermeneutische Grundentscheidung, derart, dass Glaube nicht anders als in der geschichtlichen Kontinuität der Glaubenden anwesend ist“[24].

Diese Sicht der Dinge bedeutet in Bezug auf das kirchliche Amt, dass die succesio nicht primär von der Wirklichkeit der communio her, „sondern im Ringen um das ‚Wort‘ geprägt worden ist“[25]. „‚Überlieferung‘ ist eben gar nie einfaches, anonymes Weitergeben von Lehre, sondern ist persongebunden, ist lebendiges Wort, das im Glauben seine konkrete Wirklichkeit hat. Und umgekehrt: Nachfolge ist nicht ein Übernehmen von Amtsgewalten, die ihrem Träger dann zur Verfügung stehen, sondern sie ist Indienstnahme für das Wort, Zeugenamt am anvertrauten Gut, das über seinem Träger steht“[26].

Jedes Gegen-einander-Ausspielen von Wort und Amt oder von Wort und Institution, wie es exemplarisch jeweils im Fall von O. Cullmann oder R. Bultmann geschieht, bleibt in dieser Perspektive grundsätzlich unbegründet.

Schon bei P. Melanchthon erscheint das Wort als das gegen das Amt übergeordnete Kriterium. So schreibt O. Cullmann: „In dem einzigen neutestamentlichen Text, der ausdrücklich von der Beziehung der Apostel zu der auf sie folgenden Kirche spricht […],

23 Ratzinger, Primat (Anm. 21), 223; auch wieder in Ratzinger, Kommentar Offenbarungskonstitution (Anm. 22), 753.
24 Ratzinger, Kommentar Offenbarungskonstitution (Anm. 22), 753.
25 Ratzinger, Primat (Anm. 21), 219.
26 Ebd., 219–220.

Joh 17,20, ist das Weiterwirken der Apostel gerade nicht an das Sukzessionsprinzip, sondern an das *Wort* der Apostel gebunden: ‚die, welche glauben durch ihr Wort'"[27]. Kann man – merkt Ratzinger fragend dazu an – die Sukzession und das Wort als Gegensätze behandeln? Und antwortet: „Zweifellos nur dann, wenn man mit dem Wort ausschließlich das geschriebene Wort, das Buch, meint."[28]

Im zweiten Band von seinem *Jesus von Nazareth* kommentiert Joseph Ratzinger / Benedikt XVI. dieselbe Johannesstelle (Joh 17,20) in Auseinandersetzung mit R. Bultmann. Dieser hatte dazu in seinem Buch „Das Evangelium des Johannes" Folgendes geschrieben: Die Einheit, um die Jesus für seine Jünger bittet, „gründet also nicht in natürlichen oder weltgeschichtlichen Gegebenheiten, und sie kann auch nicht durch Organisation, durch Institutionen oder Dogmen hergestellt werden [...]. Geschaffen werden kann die Einheit nur durch das Wort der Verkündigung, in der der Offenbarer – in seiner Einheit mit dem Vater – jeweils gegenwärtig ist [...]. Andererseits braucht durch die faktische Zersplitterung der Kirche, die übrigens gerade die Folge ihrer Institutionen und Dogmen ist, die Einheit der Verkündigung nicht vereitelt zu werden. Überall kann das Wort echt erklingen, wo die Tradition festgehalten wird."[29]

„Welche Tradition?"[30] – fragt wiederum Ratzinger. „Wo kommt sie her, worin besteht sie? Nicht jede Verkündigung also ist ‚echt', aber wie erkennen wir sie? [...] Das sagt der Herr ganz deutlich: Die Einheit kommt nicht aus dieser Welt [...]. Aber die Kraft Gottes wirkt mitten in die Welt hinein, in der die Jünger leben. [...] Die Zielsetzung der Einheitsbitte Jesu ist gerade, dass durch die Einheit der Jünger für die Menschen die Wahrheit seiner Sendung sichtbar wird. [...] Die unsichtbare Einheit der ‚Gemeinde' [wie es Bultmann will, MC] genügt nicht."[31] Ratzinger beschreibt die sichtbare Einheit der Kirche als das „Fleisch", zu dem die Jünger werden im Glauben an Jesus – dem vom Vater Gesandten –, der sie zu einem „Leib" zusammenfügt. Die Jünger werden selbst so wesentlich

27 Oskar Cullmann, Petrus – Jünger, Apostel, Märtyrer. Das historische und das theologische Petrusproblem, Zürich 1952, 248f.; zitiert nach: Ratzinger, Primat (Anm. 21), 224.

28 Ratzinger, Primat (Anm. 21), 224.

29 Rudolf Bultmann, Das Evangelium des Johannes (KEK 2), Göttingen [14]1956, 393f., zitiert nach Joseph Ratzinger / Benedikt XVI., Jesus von Nazareth. Zweiter Teil: Vom Einzug in Jerusalem bis zur Auferstehung, Freiburg 2011, 112.

30 Ratzinger / Benedikt XVI., Jesus 2 (Anm. 29), 112.

31 Ebd., 112–114.

auch Gesandte. „Das Weitergehen der Sendung [die apostolische Nachfolge] ist ‚Sakrament', das heißt nicht selbstverfügtes Können und auch nicht von Menschen gemachte Institution, sondern Hineingebundenwerden in das ‚Wort vom Anfang her' (1 Joh 1,1) in die geistgewirkte Gemeinschaft der Zeugen. Das griechische Wort für Nachfolge – *diadoché* – hat strukturellen und inhaltlichen Sinn zugleich: Es bedeutet das Weitergehen der Sendung in den Zeugen. Es bedeutet aber auch den Inhalt: das überlieferte Wort, an das der Zeuge durch das Sakrament gebunden wird. Zusammen mit der ‚apostolischen Nachfolge' hat die Alte Kirche zwei weitere Grundelemente ihrer Einheit gefunden (nicht *er*funden!): den Kanon der Schrift und die sogenannte Glaubensregel [...]. Die Einheit dieser drei Aufbauelemente der Kirche – Sakrament der Nachfolge, Schrift, Glaubensregel (Bekenntnis) – ist die wirkliche Bürgnis dafür, dass ‚das Wort echt erklingen kann', dass ‚die Tradition festgehalten wird' (vgl. Bultmann)."[32]

3. Wort und Sakrament

Gerade auch im Gespräch mit dem evangelischen Theologen Eberhard Jüngel klärt Ratzinger grundsätzlich und meisterhaft auf, wieso in der Kirche die Tradition und der Zeuge an das überlieferte Wort durch das Sakrament gebunden sind.[33] „Wort und Sakrament sind nicht Gegensätze, sondern bedingen und geben einander. Und

32 Ebd., 116–117. Zum langen Weg, den der bultmannkritische evangelische Theologe Wolfhart Pannenberg in dieser Frage gegangen ist, vgl. Juan Antonio Martínez Camino, Recibir la libertad. Dos propuestas de fundamentación de la teología en la Modernidad: W. Pannenberg y E. Jüngel, Madrid 1992, bes. 119–122 („Evolución en la concepción pannenbergiana de dogma"). 1983 schreibt Pannenberg: „Wir sollten uns als evangelische Christen nicht darauf zurückziehen, dass wir im Glauben den Aposteln nachfolgen, obwohl die Amtssukzession abgebrochen ist. Denn wenn die Kette der Amtsübertragung abgebrochen ist, wer garantiert dann dafür, das wir dasselbe Glaubensverständnis haben, dass wir im Lebensvollzug in einer ununterbrochen Einheit mit dem apostolischen Ursprung stehen?" (Wolfhart Pannenberg, Sakramente und kirchliches Amt, in: Heinrich Fries (Hg.), Das Ringen um die Einheit der Christen. Zum Stand des evangelisch-katholischen Dialogs, Düsseldorf 1983, 73–88, 84–85).

33 Wenn nicht anders vermerkt, wird im Folgenden aus dem aufschlussreichen Aufsatz zitiert: Joseph Ratzinger, Zum Begriff des Sakraments (1979), in: JRGS 11, 215–232, wo auf die Beiträge Jüngels (in: Eberhard Jüngel / Karl Rahner, Was ist ein Sakrament?, Freiburg 1971) reagiert wird.

beide sind keine Gegensätze zur Schöpfung und zum Menschheitlichen, sondern dessen Vereinigung, Reinigung und Erfüllung."[34]

Der nun emeritierte Tübinger Systematiker lehnt den herkömmlichen Begriff von Sakrament aus einem doppelten Grund ab. Erstens, weil unter diesem Begriff sich ein Beispiel der sogenannten Hellenisierung und damit der Verfremdung des ursprünglich Christlichen verberge. Und zweitens, weil ein solcher Begriff nicht im Neuen Testament zu finden sei. Es wäre also eine von der Schrift her nicht erlaubte Handlung der Kirche denjenigen gegenüber gewesen, die einen heidnischen Begriff von „Mysterien" in kultischer Verbindung mit der Erlösungshandlung Gottes in Jesus Christus gesetzt hätten. Damit werden gleichzeitig die katholische Überlieferung als Auslegung der Schrift und das sakramentale Verständnis der Kirche und des christlichen Gottesdienstes grundsätzlich in Frage gestellt. Eine nähere Betrachtung dieser Sachverhalte erlaubt es Ratzinger, sie unter einem neuen Licht erscheinen zu lassen, so dass sich „der doppelte Knoten des Einwands von Jüngel"[35] auflöst.

Es mag stimmen, dass die Vokabel „mysterion", sowohl im Alten wie im Neuen Testament, nicht in Verbindung mit dem Kult vorkommt. Der kirchliche Begriff vom „sacramentum" ist aber sicherlich „ein reines Produkt des neutestamentlichen Denkens"[36]. In ihm fließen einerseits die paulinische Vorstellung von „mysterion" (vgl. 1 Kor 2,1.7 mit 1,23 und Kol 2,2 mit 1,27; 4,3) und andererseits die Idee des „typos", die auch vom Apostel verwendet wird, zusammen. Als Rabbi kennt Paulus wohl die Frage nach den Geheimnissen der Tora, die er dann in seiner Auseinandersetzung mit der gnostischen Besserwisserei der Korinther und anderer verwendet. Dabei verkehrt er die Begrifflichkeit der Mysterienreligionen geradezu ins Gegenteil, um zu behaupten, im Kreuze Christi liege die eigentliche Weisheit Gottes. „In ihm [Christus, MC] hat Gott sich selbst ausgelegt und die authentische Hermeneutik der Schrift, den authentischen Einstieg in sie gegeben. [...] Insofern [...] – ein wichtiges Ergebnis! – [ist, MC] der Begriff Mysterion [...] ein hermeneutischer Begriff."[37]. Wenn aber die Schrift als Ganzes auf Christus hinweist und auf Ihn hin auszulegen ist, werden auch einzelne

34 Ebd., 231.
35 Ebd., 225.
36 Ebd., 224.
37 Ebd., 221.

Worte und die dahinterstehenden Wirklichkeiten als Zeichen, die für Christus sprechen, verständlich, das heißt als „typoi", wie es im Fall von Eph 5,32 vorkommt. Also keine schriftwidrige Aufnahme von hellenistischen Begriffen!

Es bleibt nun die Frage nach dem Kultischen. Im angedeuteten Rahmen einer sakramentalen Hermeneutik der Schrift werden „auch die gottesdienstlichen Handlungen des Alten Bundes Verweisungen auf Christus"[38], sie werden auch sacramenta. Nun entsteht hier eine „Brechung" im Begriff von sacramentum. Denn das Sakrament des Neuen Bundes ist nicht nur „sacramentum futuri", sondern Darstellung des schon in Christo Gegebenen. „Mit diesem Gedanken, dass der Sakramentsbegriff gebrochen ist durch die Differenz von Verheißung und Erfüllung, verband sich ganz logisch und sehr früh das Motiv der Befreiung. Befreiung heißt zugleich Vereinfachung, Reinigung und Vertiefung. An die Stelle der komplizierten kultischen Gefüge von ehedem tritt die reine Einfachheit der Eucharistia des Auferstandenen."[39] Die undurchschaubaren, noch nicht ans Ziel gekommenen Riten sind nun mit der Offenbarung des Mysterions, „rationabilia", logisch geworden. Nur so wird die ganze Schrift in ihrer Einheit von Altem und Neuem Testament heute befreiend haltbar.

Ratzinger schließt sein Gespräch mit E. Jüngel und der bei ihm vorkommenden „evangelischen Auffassung von Sakrament als Grundfrage nach der Überlieferung und ihrer Auslegung der Schrift"[40] mit dieser Behauptung: „Das Wort verweist von seiner eigenen inneren Bauart her auf das sacramentum. Es weist in die lebendige Gemeinschaft derer hinein, die es leben."[41]

In diesem Zusammenhang wird der sakramentale Charakter der successio apostolica ersichtlich. Er gründet in der „Grundstruktur der reziproken Bindung des Zeugen an das Wort und des Wortes an den Zeugen"[42]. Im Sacramentum „drückt sich nämlich aus, dass die Kirche nicht wie weltliche Institutionen kraft eigenen Rechts Vollmachten verleiht, sondern dass sie Geschöpf des Heiligen Geistes ist, von dessen Gabe sie immerfort lebt: Von ihm muss sie

38 Ebd., 226–227.
39 Ebd., 227–228.
40 Ebd., 219.
41 Ebd., 231.
42 Joseph Ratzinger, Das geistliche Amt und die Einheit der Kirche (1963), in: JRGS 12, 51–69, 67.

erbitten, dass er selbst Menschen zu seinem Dienst ermächtigt, denn nur er kann dies tun"[43].

Zusammenfassung

Auf die grundlegende Frage der Art und Weise der lebendigen Gegenwart des Wortes Gottes für die Menschen von heute, antwortet Joseph Ratzinger im Gespräch mit der evangelischen Theologie mit einem Wort: durch die Kirche. So wird die Kirche als herausragender *locus theologicus* verstanden. Die angeführte theologische Begründung dieser These könnte folgendermaßen zusammengefasst werden.[44]

1. Das Verständnis der Kirche als unerlässlicher Weg zur Gotteserkenntnis setzt ein bestimmtes Verhältnis zur Schrift voraus. Es setzt voraus, dass wir wieder lernen, die Schrift nach einer sakramentalen Hermeneutik zu lesen. Die Schrift ist eben „heilig", sie darf nicht bloß als historische „Quelle" gebraucht werden. Die Frage nach dem literalen Sinn der Schrift ist sicherlich wichtig. Der literale Sinn aber bleibt von sich aus auf ein Mehr offen. Theologische Exegese darf nicht als bloße Lektüre der Schrift nach rückwärts auf der Suche nach ihrem jeweils ältesten Stadium betrieben werden; sie soll die Schrift auch „nach vorwärts [...] lesen, von der Dimension der Zukunft her auf ihre Ganzheit und Einheit hin, in der Differenz und Einheit von Verheißung und Erfüllung."[45] In diese Richtung ging schon Luther mit seiner Dialektik von Gesetz und Evangelium und gehen auch die neueren evangelischen Stimmen, die mit und nach Bultmann nach einer kerygmatischen Hermeneutik fragen, die über den aufklärerischen Historismus hinausgeht.

2. Von einer sakramentalen Hermeneutik der Schrift her wird es verständlich, dass „das biblische Wort [...] nur dann tragen und Gegenwart geben [kann], wenn es nicht nur Wort ist, sondern ein lebendiges Subjekt hat; wenn es einem Lebenszusammenhang zugehört, der von ihm bestimmt wird und den es selbst wiederum

43 Joseph Ratzinger, Die kirchliche Lehre vom sacramentum ordinis (1976), in: JRGS 12, 70–84, 73.

44 Vgl. Ratzinger, Sakrament (Anm. 33), 231–232.

45 Ebd., 231.

trägt."[46] Dieses historische Subjekt ist die lebendige Gemeinschaft der Kirche, die als Zeichen für das Wort des Evangeliums unter den Völkern vom Heiligen Geist gesetzt wird.

3. Lebendige Gemeinschaft der Kirche bedeutet lebendige heilige Überlieferung, denn das Wort kommt erst dann als Wort Gottes zum Ziel, wenn es im Glauben angenommen wird; Glaube aber ist nicht anders anwesend als in der geschichtlichen Kontinuität der Glaubenden.

4. Solche Überlieferung wird im ganzen Lebensvollzug der Kirche bezeugt. Das kirchliche sakramentale Amt aber, in Gestalt der Successio apostolica, bürgt in besonderer Weise für dieses Zeugnis. Denn kirchliches Amt ist keine bloße Funktion in der Kirche, sondern Sakrament, das heißt, auch eine Gabe für die Kirche: Im Sakrament nämlich handelt die Kirche nicht nur als Verein, sondern sie wird so tätig „auf Grund dessen, was sie nicht selbst gemacht hat und worin sie mehr gibt, als sie selber geben kann: Einbeziehung des Menschen in die Gabe, die sie selber empfängt."[47] Das reformatorische Prinzip der Souveränität des Wortes Gottes wird so nicht an die Meinungen der Menschen preisgegeben; es wird vielmehr geschützt von dem, der es als Einziger vermag.

46 Ebd., 231–232.
47 Ebd., 232.

Rezeption und Hermeneutik des Zweiten Vatikanischen Konzils

Streiflichter auf die Theologie Joseph Ratzingers

Maximilian Heim OCist

1. Hinführung

1.1 Struktur

In seiner programmatischen Predigt am Tag nach seiner Wahl sagte Papst Benedikt XVI. in der Sixtinischen Kapelle, dass er sich wie seine Vorgänger verpflichtet weiß, das Zweite Vatikanische Konzil ins Leben der Kirche umzusetzen „in treuer Kontinuität mit der zweitausendjährigen Tradition der Kirche."[1]

Es scheint mir notwendig, diese klare Absicht von Papst Benedikt XVI. im Rückblick auf seine bisherige Amtszeit und mit Blick auf das 50-jährige Konzilsjubiläum des Zweiten Vatikanischen Konzils unter vier Aspekten zu untersuchen: Nach einer Hinführung zum Thema werde ich mich in einem zweiten Punkt dem allgemeinen Begriff der Rezeption des Konzils widmen, der im dritten Kapitel in einer entscheidenden Frage vertieft wird, nämlich: Was verstehe ich unter Hermeneutik des Konzils? Dabei werden folgende Stichworte näherhin untersucht: Hermeneutik des Bruchs, Kontinuität und Diskontinuität auf verschiedenen Ebenen und Hermeneutik der Reform. Im abschließenden Kapitel werde ich schließlich Streiflichter auf einzelne Konzilsdokumente werfen, in denen ich als Lichtquelle die Theologie Ratzingers verwende und damit

1 Benedikt XVI., Missa pro ecclesia. Eucharistiefeier mit den wahlberechtigten Kardinälen in der Sixtinischen Kapelle. Erste Botschaft Seiner Heiligkeit Benedikt XVI. am 20.04.2005, in: Sekretariat der Deutschen Bischofskonferenz (Hg.), Verlautbarungen des Apostolischen Stuhls Nr. 168, Bonn 2005, 23.

darstelle, dass Papst Benedikt XVI. seinem Grundsatz treu bleibt, sich um die Verwirklichung der Aussagen des Zweiten Vatikanischen Konzils zu bemühen, das tatsächlich eine Ghettoisierung der Kirche, wie sie zum Teil im 19. Jahrhundert geschehen ist, zu überwinden trachtet, um den Dialog mit der Moderne anzustoßen.

1.2 Geschichtliche Verortung

Im Blick auf den 40. Jahrestag des Konzilsendes (8. Dezember 2005) hielt Papst Benedikt XVI. im ersten Jahr seines Pontifikates kurz vor Weihnachten eine bedeutungsvolle Rede zur Hermeneutik des Konzils vor dem Kardinalskollegium und den Mitgliedern der Römischen Kurie. Wie er wenige Wochen vor seiner Wahl zum Petrusnachfolger schrieb, ist die Auseinandersetzung um das II. Vatikanische Konzil heute „kein Streit, der im Raum gelehrter Theologie bleibt"; vielmehr stehe „das Geschick der lebendigen Kirche" auf dem Spiel.[2]

Um diesen Ernst der Lage bewusst zu machen, verwendete Papst Benedikt XVI. bei seiner oben erwähnten Ansprache am 22. Dezember 2005 ein Bild von Basilius dem Großen. Dieser vergleicht die Lage der Kirche nach dem Konzil von Nizäa mit einer nächtlichen Seeschlacht im aufgepeitschten Meer, wenn er schreibt: „Das heisere Geschrei derer, die sich im Streit gegeneinander erheben, das unverständliche Geschwätz, die verworrenen Geräusche des pausenlosen Lärms, all das hat fast schon die ganze Kirche erfüllt und so durch Hinzufügungen oder Auslassungen die rechte Lehre der Kirche verfälscht"[3]. Papst Benedikt XVI. kommentiert diese dramatische Szene, indem er sagt, er wolle sie „nicht direkt auf die nachkonziliare Situation übertragen, aber etwas von dem, was geschehen ist"[4], werde darin ausgedrückt.

Vielleicht ist ein Grund für die Spannung in der nachkonziliaren Rezeptionsgeschichte darin zu finden, dass in der wissenschaftlichen Lehre der Theologie die Letztentscheidungskompetenz des kirchlichen Lehramtes des Papstes in Communio mit den Bischö-

---

2 Joseph Ratzinger, Kirche – Zeichen unter den Völkern. Schriften zur Ekklesiologie und Ökumene (JRGS 8/2), Freiburg i. Br. 2010, 1315.

3 Benedikt XVI., Ansprache an das Kardinalskollegium und die Mitglieder der Römischen Kurie beim Weihnachtsempfang (22.12.2005), in: Sekretariat der Deutschen Bischofskonferenz, Verlautbarungen des Apostolischen Stuhls Nr. 172, Bonn 2006, 10.

4 Ebd.

fen als Ort der theologischen Erkenntnislehre immer mehr in Frage gestellt wurde. Zwar stellt auch ein Theologe einen locus theologicus nach Melchior Cano dar[5], aber er hat sich in die gesamte Kirche einzugliedern. Diese Demut der Übereignung an die Kirche ist sogar Voraussetzung, dass der Theologe selbst zum locus theologicus werden kann.

In seinem Buch „Das Konzil – ein Sprung vorwärts“ gibt der Wiener Weihbischof und Zeitzeuge des Konzils, Helmut Krätzl[6], die Ansicht des Münsteraner Fundamentaltheologen Jürgen Werbick von zwei Lehrämtern wieder, nämlich das der Bischöfe und das der Theologen. Gegenseitig solle man darauf achten, ob man noch auf dem Boden des Credo bzw. des Wortes Gottes sei. Eine solche Parallelität bzw. Parallelschaltung der Lehrämter scheint mir eher problematisch. Denn sie könnte leicht dazu führen, das eine Lehramt gegen das andere zu wenden. Sicherlich hat jeder Getaufte die Pflicht, seine prophetische Stimme zu erheben, wenn der Glaube der Kirche, dessen höchste Norm das „Wort Gottes“ ist, in Frage gestellt wird; denn die Martyria ist einer der Grundvollzüge der Kirche. Das Bekenntnis des Glaubens ist aber immer an die *communio sanctorum* gebunden, die der tiefste Grund für die Einheit in der Kirche ist.

Als Abt unseres Klosters und Letztverantwortlicher für unsere Ordenshochschule gehöre ich weder dem universitären noch dem episkopalen Lehramt an. Ich glaube aber, dass ich dem einen wie dem anderen verpflichtet bin, soweit sie in Communio mit dem Lehramt des Papstes stehen, dem der besondere Beistand des Heiligen Geistes zugesagt ist, um die Kirche in der Einheit zu bewahren. In dieser unmittelbaren Verwiesenheit auf den Petrusnachfolger haben die Orden in der verfassten Struktur der Kirche eine prophetische Funktion, den universalen Primat in den Ortskirchen lebendig zu halten. Diese Verpflichtung zur Einheit ist aber kein Privileg der Orden. Sie ist auch ein Wesensmerkmal, das die theologische Arbeit von Joseph Ratzinger als Erzbischof und Kardinal prägte. Ihm geht es – wie ich es bereits an anderer Stelle formulierte – „um eine Theologie, die nicht aus einem privaten Sein, son-

5 Vgl. Bernhard Körner, Melchior Cano. De locis theologicis. Ein Beitrag zur theologischen Erkenntnislehre, Würzburg 1994, 240–243.

6 Vgl. Helmut Krätzl, Das Konzil – ein Sprung vorwärts. Ein Zeitzeuge zieht Bilanz, Innsbruck-Wien 2012, 142–146.

dern aus einer Existenz hervorgeht, die sich selbst der Kirche überantwortet hat."[7] Es geht ihm – wie er es in seiner theologischen Prinzipienlehre formulierte – um „eine Theologie des ex-sistere", um jenen „Exodus des Menschen von sich selber fort, durch den allein er zu sich selber finden kann"[8].

Eine fast unübersehbare Reihe von Artikeln und Büchern zur Konzilsrezeption sind im Laufe von fünf Jahrzehnten erschienen und weitere folgen in diesem Jubiläumsjahr.[9] Ursprünglich wollte ich mich in meinem Thema vor allem auf die vier Konzilskonstitutionen konzentrieren, die von ihrem Rang her die wichtigsten Dokumente dieser Kirchenversammlung darstellen. In der Frage nach der rechten Auslegung der Konstitutionen ist immer zu beachten, dass sie komplementär zu verstehen sind und nicht gegeneinander ausgelegt werden dürfen. In ihnen finden wir, wie es Kardinal Ratzinger einmal formulierte, „das wesentliche Erbe des Konzils"[10] dargestellt. Von den 16 Dokumenten, die das Konzil veröffentlicht hat, gibt es neben diesen vier Konstitutionen noch neun Dekrete und drei Deklarationes. Auf drei Dokumente möchte ich in dieser Abhandlung speziell eingehen, weil sie in besonderer Weise den Dialog mit der Moderne gefördert haben: das Ökumenismusdekret *Unitatis redintegratio,* die Erklärung über die Religionsfreiheit *Dignitatis humanae* und schließlich die Erklärung *Nostra aetate*. Sie sind vor allem von der traditionalistischen Ecke heftig umkämpft und werden gerade von Joseph Ratzinger / Papst Benedikt XVI. verteidigt, da sie in ihrer konstitutionellen Verflochtenheit mit den anderen Dokumenten die Öffnung der Kirche zur Welt von heute herausstellen.

An dieser Stelle sei es mir erlaubt, auf das vom französischen Maler Philippe Lejeune entworfene und von Weihbischof Andreas

---

7 Maximilian H. Heim, Joseph Ratzinger / Papst Benedikt als Theologe, in: ders. (Hg.), Tu es Pastor Ovium. Eine Nachlese zum Besuch von Papst Benedikt XVI. am 9. September 2007 im Stift Heiligenkreuz, Heiligenkreuz 2009, 62–82, 63.

8 Joseph Ratzinger, Theologische Prinzipienlehre. Bausteine zur Fundamentaltheologie, München 1982, 199.

9 Vgl. z.B. Stephan Otto Horn / Siegfried Wiedenhofer / Kurt Kardinal Koch (Hg.) im Auftrag des Schülerkreises von Papst Benedikt XVI., Das Zweite Vatikanische Konzil. Die Hermeneutik der Reform, Augsburg 2012. Jan-Heiner Tück (Hg.), Erinnerung an die Zukunft. Das Zweite Vatikanische Konzil, Freiburg i. Br. 2012. Krätzl, Das Konzil – ein Sprung vorwärts (Anm. 6), 2012.

10 Zitiert nach: Maximilian Heinrich Heim, Joseph Ratzinger – Kirchliche Existenz und existentielle Theologie. Ekklesiologische Grundlagen unter dem Anspruch von *Lumen gentium*, Frankfurt am Main ^{2}2005, 7.

Laun initiierte neue Denkmal zur Religions- und Gewissensfreiheit in Heiligenkreuz am Badener Tor hinzuweisen. Ich freue mich, dass durch die Zustimmung von Abt Gregor Henckel Donnersmarck dieses Denkmal in Heiligenkreuz seinen Platz finden konnte. Es wurde am 9. September 2012 zum fünften Jahrestag des Besuchs von Papst Benedikt in Heiligenkreuz von Weihbischof Andreas Laun gesegnet[11]. Es ist ein die Jahrzehnte überdauerndes äußeres „Zeichen der Zeit" im wahrsten Sinn des Wortes, da es als Sonnenuhr zugleich als Zeitmesser dient. Für uns ist es auch ein Symbol unserer Treue zum Lehramt der Kirche, speziell zum Zweiten Vatikanischen Konzil.

In der oben erwähnten Ansprache von Papst Benedikt vor nunmehr sieben Jahren im Dezember 2005 in Rom stellte er die Grundfragen, die auch Leitschnur für meine Erörterung sind: „Welches Ergebnis hatte das Konzil? Ist es richtig rezipiert worden? Was war an der Rezeption des Konzils gut, was unzulänglich oder falsch? Was muss noch getan werden?"[12]

Bevor ich mich den Fragen der Rezeption und der Hermeneutik zuwende, weise ich noch auf den bewusst gewählten marianischen Rahmen des Konzils hin. Es war sicher kein Zufall, dass Papst Johannes XXIII. die Konzilseröffnung auf den 11. Oktober 1962 legte. An diesem Tag feierte die Kirche damals das Fest der Gottesmutterschaft Mariens als Erinnerung an das Konzil von Ephesus, auf dem dieses marianische Dogma feierlich verkündet wurde. Papst Paul VI. wählte 1965 für das Ende des Konzils den 8. Dezember, das Hochfest der Immaculata, und gab bei dieser Feier Maria den neuen Ehrentitel: „Mutter der Kirche". Papst Benedikt hat auf diesen Rahmen des Konzils hingewiesen, um den Vorrang der Gnade vor dem menschlichen Tun zu unterstreichen, wodurch der Konzilsverlauf seine Orientierung bekommen habe[13]:

„Ebenso wie seinerzeit die Konzilsväter verweist es auch uns auf das Bild der Jungfrau, die zuhört, die im Wort Gottes lebt, die die Worte, die von Gott zu ihr gelangen, in ihrem Herzen bewahrt und die sie begreifen lernt, indem sie sie gleichsam zu einem Mosaik

---

11 Vgl. Hans-Bernhard Wuermeling, Ein Denkmal im Wienerwald. Silvesterbetrachtung 2012 für Radio Vatikan, auf: http://www.stift-heiligenkreuz.org/fileadmin/bilder/TEXTE_DOWNLOAD/Wuermeling-Denkmal_Badenertor-Sonnenreflexionsuhr-RadioVatikan_2012.pdf (08.04.2013).

12 Benedikt XVI., Weihnachtsempfang (Anm. 3), 10.

13 Vgl. ebd.

zusammenfügt (vgl. Lk 2,19.51); es verweist uns auf die große Glaubende, die sich demütig und vertrauensvoll in die Hände Gottes übergibt, indem sie sich seinem Willen überlässt; es verweist uns auf die demütige Mutter, die, wenn es die Sendung des Sohnes verlangt, in den Hintergrund tritt, und zugleich auf die mutige Frau, die unter dem Kreuz steht, während die Jünger die Flucht ergreifen."[14]

Wenn von Rezeption des Konzils gesprochen wird, dann wird nur selten dieser marianische Rahmen berücksichtigt. Als wichtigstes Wort hingegen wird das von Johannes XXIII. geprägte „aggiornamento" aber nicht selten missverstanden. Der Papst, der das Konzil einberufen hatte, wollte mit diesem Begriff tragfähige Antworten des christlichen Glaubens auf die Frage einer modernen Gesellschaft initiieren, damit auch heute das Christentum „Salz der Erde und Licht der Welt sei", oder wie es Papst Benedikt 2012 in seinem Vorwort zum 7. Band der Gesammelten Schriften schreibt: „Das Empfinden für diesen Gegenwartsverlust des Christentums und für die Aufgabe, die daraus folgte, war sehr genau zusammengefasst in dem Wort ‚aggiornamento'. Das Christentum muss im Heute stehen, um Zukunft formen zu können."[15]

Es ist ein Irrtum zu behaupten, dass das Konzil gleichsam einen Neustart der Kirche darstelle. Als ungeheuren Vorgang bezeichnete bereits 1922 Romano Guardini das „Erwachen der Kirche in der Seele"[16]. Liturgische Erneuerung, ökumenische Bewegung wie auch Bibelbewegung und nicht zuletzt die Wiederentdeckung der Kirchenvätertheologie bereiteten den Boden für das Konzil, das den Mut hatte, die 2000-jährige Tradition der Kirche in Beziehung zur modernen Welt zu bringen. Jan-Heiner Tück, der Wiener Dogmatiker, weist auf die Schere hin „zwischen der öffentlichen Erwartungshaltung, die durch einschlägige theologische Publikationen, aber durch die wachsende Aufmerksamkeit der Medien erzeugt wurde, und jenen 72 vorbereiteten Schemata"[17]. Letztere waren

14 Predigt von Benedikt XVI., Hochfest der Unbefleckten Empfängnis der Jungfrau und Gottesmutter Maria, Donnerstag, 8. Dezember 2005, auf: http://www.vatican.va/holy_father/benedict_xvi/homilies/2005/documents/hf_ben-xvi_hom_20051208_anniv-vat-council_ge.html (08.04.2013).

15 JRGS 7/1, 5f. Das Schreiben von Papst Benedikt XVI. zum 50. Jahrestag des Beginns des Zweiten Vatikanischen Konzils ist identisch mit dem Vorwort zu Band 7 der JRGS.

16 Romano Guardini, Vom Sinn der Kirche, Mainz-München 1990, 1. Als Textauszug veröffentlicht in: tzt D5/II, 153–155.

17 Tück, Erinnerung an die Zukunft (Anm. 9), 14.

ganz von der neuscholastischen Theologie beseelt und wirkten stark und schulmäßig geprägt von einer Art hierarchologischen Verengung.[18] In einem Aufbruch von großer Offenheit und Weite, die für Joseph Ratzinger vor allem auch in der Gestalt von Josef Kardinal Frings sichtbar wurde, der sich auf den jungen Professor als theologischen Berater während des Konzils stützte,[19] war Ratzinger sowohl Peritus als auch Kommentator des Konzils.[20] Damit sind wir beim großen Thema der Konzilsrezeption angelangt, das in diesem Beitrag nur streiflichtartig beleuchtet werden kann.

2. Zum Begriff der Rezeption des Konzils

Bereits als Konzilsperitus, der die vier Sitzungsperioden der damaligen Kirchenversammlung an der Seite von Josef Kardinal Frings miterlebte und mitprägte, wies Ratzinger darauf hin, dass für die Nachhaltigkeit eines Konzils seine Rezeption entscheidend ist. In diesem Prozess muss sich das geschriebene Wort der Konzilsakten im Leben bewähren und ihm „in einem sehr mühseligen Ringen die Eindeutigkeit" geben, „die es als bloßes Wort gar nicht haben kann"[21]. Denn der Glaube der Kirche muss immer in seiner diachronen und synchronen Gestalt erkannt werden, d.h. das geschriebene Wort kann nie aus seinem geschichtlichen Kontext gelöst werden, zu dem einerseits die 2000-jährige Tradition der Kirche gehört wie auch sein Gegenwartsbezug. Es geht im Letzten um die Erneuerung der Kirche, die als *„Ecclesia semper reformanda"* immer auch ihre eigene Erneuerungsbedürftigkeit erkennt. Kennzeichen dafür sind Heilige, die in jeder Epoche die Kirche stützen, indem Glaube, Hoffnung und Liebe aus ihren Leben leuchten und so das Wort Gottes bzw. das Evangelium Jesu Christi lebendige Gestalt annimmt. Dieses Rezipieren ist für Ratzinger eine Form, „in der die Gläubigen auf eine durchaus aktive Weise an der Glaubensgesetzgebung mitwirkten, die nicht einseitig in hierarchischen Beschlüssen gesetzt wurde, sondern in einer inneren Durchdringung von

18 Vgl. Heim, Kirchliche Existenz (Anm. 10), 43.

19 Vgl. JRGS 7/1, 9.

20 Vgl. Teil C Berichterstattung/Begleitung, in: JRGS 7/1, 293–573; Teil D Zusammenarbeit mit Josef Kardinal Frings, in: JRGS 7/1, 579–638.

21 JRGS 7/2, 1076.

handelnder Aktivität der Bischöfe und rezeptiver Aktivität der Kirche"[22] wächst.

Wenn wir heute von Rezeption sprechen, dann meinen wir die Umsetzung von Beschlüssen in der Kirche als Volk Gottes. In der alten Kirche hingegen verstand man unter dem gleichen Begriff vor allem die Bestätigung durch den Bischof von Rom. Bis heute muss ein Konzil, damit es gesamtkirchliche Verbindlichkeit erhält, durch den Papst bestätigt werden, dessen Teilnahme für die Gültigkeit der Beschlüsse jedoch nicht unbedingt erforderlich ist.[23]

Nach diesen grundsätzlichen Erwägungen zur Rezeption wenden wir uns wieder dem II. Vatikanischen Konzil zu. Schon 1975, zehn Jahre nach dem Konzil, zog Joseph Ratzinger eine ernüchternde Bilanz durch die Feststellung, „dass die wirkliche Rezeption des Konzils noch gar nicht begonnen hat. Was die Kirche des letzten Jahrzehnts verwüstete, war nicht das Konzil, sondern die Verweigerung seiner Aufnahme: Das wird gerade durch die Analyse der Wirkungsgeschichte von ‚Gaudium et spes' deutlich. Was als Konzil ausgegeben wurde, war weithin Ausdruck einer Attitüde, die auch mit den Aussagen dieses Textes nicht zu decken ist, aber in seinem Werden und auch in einzelnen Formulierungen als Tendenz in der Tat erkennbar ist."[24]

Bevor wir uns dieser spannenden Geschichte zuwenden, bleibt festzustellen, dass Joseph Ratzinger immer für die Rezeption des „wirklichen Konzils" plädierte. Dabei tritt er ausdrücklich nicht für eine Rückkehr des Syllabus Errorum Pius' IX. von 1864 ein, der nur „eine erste Markierung in der Auseinandersetzung mit dem Liberalismus und dem heraufsteigenden Marxismus sein

---

22 JRGS 7/1, 451. Vgl. JRGS 7/2, 1074: Das Konzil verabschiedet seine Beschlüsse, aber diese erhalten ihre historische Bedeutung erst „durch den Prozess der Klärung und Ausscheidung, der sich im Leben der Kirche anschließend vollzieht: Auf diese Weise hat die ganze Kirche am Konzil teil; es kann gar nicht in der Versammlung der Bischöfe allein zu Ende gebracht werden."

23 Wie z. B. das Erste Konzil von Konstantinopel (381), das ohne Vertreter der westlichen Kirchen stattfand, dessen Beschlüsse zum Trinitätsglauben und zur dritten göttlichen Person, dem Heiligen Geist, von der Gesamtkirche rezipiert wurden, wodurch es nach Nizäa als zweites ökumenisches Konzil anerkannt wurde. Vgl. JRGS 7/1, 451. Auch das Konzil von Trient kannte die reinigende Kraft der gesamtkirchlichen Rezeption, die sich zugleich auch scheidend und unterscheidend auswirkte, indem es z. B. nur solche liturgischen Traditionen anerkannte, die ihre zeitliche Bewährung in der Geschichte aufzeigen konnten. Vgl. dazu JRGS 7/2, 758.

24 JRGS 7/2, 1056.

mochte, aber kein letztes Wort sein kann. Weder Umarmung noch Ghetto können auf die Dauer das Problem der Neuzeit für den Christen lösen."[25] Eine Abschottung der Kirche von der Welt konnte nicht die Lösung sein, weshalb Hans Urs von Balthasar schon 1952 die „Schleifung der Bastionen" verlangt hatte. Für Papst Benedikt bedeutet dies aber keine Verweltlichung der Kirche, sondern „sich allein dem Schild des Glaubens anvertrauen, der Kraft des Wortes, das ihre einzige wahre und bleibende Macht ist"[26]. Denn es gilt für die Kirche, die aus dem durchbohrten Herzen des Herrn geboren wird, die Zusage Jesu: „In der Welt werdet ihr Drangsal haben, aber seid getrost: Ich habe die Welt überwunden" (Joh 16,33).

Mit Kurt Kardinal Koch können wir bisher vier Phasen der Konzilsrezeption unterscheiden: Eine erste Phase des „Aufbruchs und Überschwangs", die von einer zweiten Phase „von enttäuschten Hoffnungen und Erwartungen, und zwar sowohl auf traditionalistischer wie auf progressistischer Seite"[27] abgelöst wurde. Zwanzig Jahre nach Ende des Konzils sei mit der außerordentlichen Bischofssynode die dritte Phase eingeleitet worden, die vor allem durch die Communio-Ekklesiologie einen neuen Aufbruch erlebte. Mittlerweile sind wir in einer vierten Phase, in der das Konzil von vielen schon als geschichtliche Vergangenheit empfunden wird und deshalb durch eine „relecture" der Texte wieder neu entdeckt werden muss. Außerdem gibt es auch eine Reihe von meist älteren Zeitgenossen, die auf der progressistischen Seite einem imaginären „Geist" des Konzils anhangen, während gleichzeitig auf traditionalistischer Seite die Verweigerung der Konzilsrezeption aus Prinzip stattfindet bzw. die Texte nur im engen Rahmen der Tradition – ohne innovativen Anstoß – verstanden werden. Den Grund für die schwierige Rezeption des Konzils sieht Papst Benedikt in der gegensätzlichen Auslegung begründet durch eine Hermeneutik der Kontinuität bzw. eine Hermeneutik des Bruches.

---

25 Ebd.

26 JRGS 7/2, 1057.

27 Kurt Cardinal Koch, Das Zweite Vatikanische Konzil zwischen Innovation und Tradition. Die Hermeneutik der Reform zwischen der Hermeneutik bruchhafter Diskontinuität und der Hermeneutik ungeschichtlicher Kontinuität, in: Horn / Wiedenhofer / Koch, Das Zweite Vatikanische Konzil (Anm. 9), 21–50, 23.

Weihbischof Helmut Krätzl meinte vor dem Forum „Wir sind Kirche", dass „Rom [...] der ersten Form zuneige"[28]. Falls mit „Rom" Papst Benedikt gemeint ist, so wäre es nötig, hier stärker zu differenzieren, wie dies Jan-Heiner Tück in seinem Communio-Artikel „Zur Verbindlichkeit des Vatikanum II"[29] unternimmt. Nicht nur gegen die Traditionalisten, vielmehr auch gegen die sogenannten Progressisten kann man das Argument Tücks bekräftigen, dass die „Hermeneutik der Reform" nach Papst Benedikt „einen Schlüssel zur Interpretation des Konzils" bietet, „der die konstitutive Traditionsverpflichtung mit der erforderlichen Erneuerung der kirchlichen Lehre im Blick auf die gewandelten Gegebenheiten der Zeit zusammenbringt"[30]. Somit bewahrheitet sich auch hier – ähnlich wie in der Frage des Ungehorsams – die französische Redensart, die sich schon bei altklassischen Philosophen findet: „Les extrêmes se touchent", d. h. die Extreme berühren sich. Damit meine ich hier die mangelnde Bereitschaft der Extrempositionen der Kirche, die Konzilstexte in ihrer Spannungseinheit ernst zu nehmen und zu rezipieren. Damit kommen wir zum Zentrum unserer Fragestellung: einer authentischen Auslegung des Konzils, d. h. seiner „korrekten Hermeneutik"[31].

3. Zum Begriff der Hermeneutik des Konzils

In der schon mehrfach zitierten Ansprache zum Konzilsjubiläum spricht Papst Benedikt zunächst von zwei „gegensätzlichen Hermeneutiken", die miteinander konkurrieren; und er fügt lapidar hinzu: „Die eine hat Verwirrung gestiftet, die andere hat Früchte getragen, was in der Stille geschah, aber immer deutlicher sichtbar wurde, und sie trägt auch weiterhin Früchte."[32] Durch diese grundsätzliche

28 Helmut Krätzl, 50 Jahre nach dem Konzil – (m)eine Bilanz, auf: http://www.wir-sind-kirche.at/content/index.php?option=com_content&task=view&id=1324&Itemid=27 (08.04.2013).

29 Vgl. Jan-Heiner Tück, Ein „reines Pastoralkonzil?" Zur Verbindlichkeit des Vatikanum II, in: IKaZ 41 (2012) 441–457. Nochmals erschienen unter dem veränderten Titel „Die Verbindlichkeit des Konzils. Die Hermeneutik der Reform als Interpretationsschlüssel", in: Tück, Erinnerung an die Zukunft (Anm. 9), 85–104.

30 Ebd., 444.

31 Benedikt XVI., Weihnachtsempfang (Anm. 3), 10.

32 Ebd., 11.

Unterscheidung finden wir bei Papst Benedikt eine weitere Differenzierung, die aufhorchen lässt. Denn neben der „Hermeneutik der Diskontinuität und des Bruches", die sich „nicht selten das Wohlwollen der Massenmedien und auch eines Teiles der modernen Theologie zunutze machen" konnte, und der „Hermeneutik der Reform", der Papst Benedikt eindeutig den Vorrang gibt, da sie die Texte des Konzils im Sinne einer Erneuerung der Kirche auslegt, modifiziert Papst Benedikt gerade diesen letztgenannten Ansatz, indem er sein *sed contra* formuliert. Er spricht nämlich bei der „Hermeneutik der Reform" von einem „Zusammenspiel von Kontinuität und Diskontinuität auf verschiedenen Ebenen", worin eigentlich „die Natur der wahren Reform"[33] liege. Dabei fügt er hinzu, dass es um die „Erneuerung des einen Subjekts Kirche, die der Herr uns geschenkt hat, unter Wahrung der Kontinuität" gehe. Die Kirche aber macht Veränderungsprozesse durch, da sie sich selbst in ihrem Wachstum weiterentwickelt und dennoch „immer sie selbst bleibt, das Gottesvolk als das eine Subjekt auf seinem Weg"[34].

Analog zur Dogmenentwicklung können wir also auch von einer Unabgeschlossenheit des Konzils sprechen, wodurch „vergangene Texte erst in anstrengender Denkbemühung in ihrer Gegenwärtigkeit sichtbar zu machen sind"[35]. Wer jedoch den Filter der Hermeneutik falsch wählt und vor allem der Grundannahme nicht treu bleibt, dass die Kirche in all ihrer Veränderungsbereitschaft stets identisch mit sich selbst bleibt, wird zu Ergebnissen kommen, die der Identität der Kirche als gottmenschliche Stiftung nicht gerecht werden. Die Wurzel einer derartigen Interpretation, die die Konzilsbeschlüsse zu wenig in ihrer kontextuellen Verflechtung und inneren Einheit mit dem *depositum fidei* der Kirche betrachtet und demzufolge isoliert davon auf eine offene Zukunft hin interpretiert, vernachlässigt die übernatürliche Ebene: Es ist die Verheißung Jesu, dass der Geist Gottes die Kirche immer tiefer in die Wahrheit hineinführen wird. Durch dieses übernatürliche Licht der Offenbarung unterscheidet sich die Kirche von allen anderen Organisationen, da ihr Wesen sich nicht einfach aus geschichtlich gewachsenen Gewohnheiten zusammensetzt, sondern konstituiert wird in der Kraft des Heiligen Geistes.

33 Ebd., 16.
34 Ebd., 11.
35 JRGS 7/1, 587.

Die Aussagen des Lehramtes müssen wie die Schrift in ihrer inneren Einheit verstanden werden; verfällt sie – wie es Joseph Ratzinger sagt – „vollends der Vieldeutigkeit, ja, der Beliebigkeit", dann gerät sie „in die abenteuerlichsten Modernisierungen hinein, die mit dem Vorwand der Hermeneutik gerechtfertigt werden sollen."[36] Es kann so weit kommen, dass die sogenannte „Orthodoxie", d. h. der rechte Glaube, von einer puren „Orthopraxie" abgelöst wird, da der innere Zusammenhang des sich durch die Jahrhunderte hindurch entfaltenden *depositum fidei* verloren gegangen ist.

Diese kurzen Anmerkungen zu einer fehlgeleiteten Hermeneutik sollen genügen, um zu verdeutlichen, dass die Auslegung von Glaubenswahrheiten stets ihrem Charakter als von Gott geoffenbarte Wahrheiten entsprechen muss, die der Herr seiner Kirche anvertraut hat. Sie ist das pilgernde Gottesvolk, das seine Kontinuität vom Anfang bis zu seiner Vollendung bewahrt und so als konkretes Subjekt trotz aller Veränderlichkeit in seinem Wesen identisch bleibt als Braut Christi, die Christus mit seinem kostbaren Blut am Kreuz erworben hat. Diese „Verantwortlichkeit"[37] vor Gott und den Menschen zu betonen, wurde das Konzil nicht müde.

Unter dieser Prämisse werde ich näherhin in drei Unterpunkten auf die schon erwähnten Begriffe – Hermeneutik des Bruchs, Hermeneutik der Kontinuität bei gleichzeitiger Diskontinuität auf verschiedenen Ebenen und schließlich Hermeneutik der Reform – eingehen.

3.1 Hermeneutik des Bruchs

Wie oben erwähnt, kommen extrem entgegengesetzte Positionen nicht selten zu einem ähnlichen Resultat. Dies gilt auch für die Hermeneutik des Bruchs, den die sogenannten Progressisten wie auch die Traditionalisten konstatieren. Zeitlich jedoch ist der Bruch mit dem Konzil und seinen Texten bei den beiden Gruppen unterschiedlich anzusetzen.

---

36 Ebd., 588.

37 Vgl. JRGS 7/2, 871: „Das Wort responsabilitas (= Verantwortlichkeit) stellt eine lateinische Neubildung des Konzils dar. Weder die heidnische Antike noch das christliche Latein kennen ein genaues Äquivalent für »Verantwortlichkeit«. So hat man zunächst einfach aus dem französischen responsabilité das neue Wort responsabilitas gebildet und in Klammern die französische Form beigegeben. Gegen Ende des Konzils wurde »responsabilitas« eines seiner weitaus häufigsten Worte, das fortwährend – vielleicht sogar zu oft – in den verschiedensten Dokumenten wiederkehrt."

Die „Fortschrittlichen" sehen in den Konzilsbeschlüssen nur einen Ausgangspunkt für eine offene Bewegung, die nicht mehr gebunden ist an den Wortlaut der Konzilsbeschlüsse, denn diese seien ja nur sogenannte Kompromisstexte, die die eigentliche Dynamik des Konzils wieder aufhielten, um die konservative Seite zu beruhigen. Deshalb vertritt jene Gruppe eine – wie es Kardinal Koch bezeichnet – „emphatische Hermeneutik der Diskontinuität"[38]. „Ihre Vertreter behaupten", so Papst Benedikt, „dass die Konzilstexte als solche noch nicht wirklich den Konzilsgeist ausdrückten. Nicht in diesen Kompromissen komme jedoch der wahre Geist des Konzils zum Vorschein, sondern im Elan auf das Neue hin, das den Texten zugrunde liege: nur in diesem Elan liege der wahre Konzilsgeist, und hier müsse man ansetzen und dementsprechend fortfahren."[39] Papst Benedikt äußert die Befürchtung, dass ein solcher imaginärer Geist nur das Spiegelbild der eigenen, selbstgemachten Vorstellungen ist, die einen weiten „Raum für Spekulationen"[40] schaffen. Dahinter stehe nicht selten eine grundsätzliche Kritik, die auf dem Missverständnis beruhe, das Konzil sei „eine Art verfassunggebende Versammlung", „die eine alte Verfassung außer Kraft setzt und eine neue schafft."[41] Dazu hatten aber die Konzilsväter weder den Auftrag noch die Kompetenz, zumal die Kirche nicht eine rein weltliche Institution ist, und daher – wie es Papst Benedikt ausdrückt – ihre „eigentliche Kirchenverfassung vom Herrn kommt"[42]. Wie er auch an anderer Stelle betont, ist nicht das Volk der Souverän der Kirche und entsprechend sind die Konzilsväter keine Abgeordneten, sondern „Treuhänder der Gabe des Herrn". Deshalb spricht Papst Benedikt hier von einer „Dynamik der Treue", „die im Dienst des Herrn wichtig ist". Im Konzil müssen „Dynamik und Treue eins werden"[43].

Im Vorwort zu Band 7 seiner Gesammelten Schriften „Zur Lehre des Zweiten Vatikanischen Konzils" präzisiert Papst Benedikt den gleichen Gedanken, indem er aus der Retrospektive resümiert: „Die Konzilsväter konnten und wollten nicht eine neue, eine andere Kirche schaffen. Dafür hatten sie weder Vollmacht noch Auftrag.

38 Koch, Innovation und Tradition (Anm. 27), 31.
39 Benedikt XVI., Weihnachtsempfang (Anm. 3), 11.
40 Ebd., 12.
41 Ebd.; vgl. dazu: Tück, Erinnerung an die Zukunft (Anm. 9), 20–22.
42 Ebd.
43 Ebd.

Väter des Konzils mit Stimme und Entscheidungsrecht waren sie nur als Bischöfe, das heißt auf dem Grund des Sakraments und in der Kirche des Sakraments. Sie konnten und wollten deshalb nicht einen anderen Glauben oder eine neue Kirche schaffen, sondern nur beides tiefer verstehen und so wahrhaft ‚erneuern'. Deshalb ist eine Hermeneutik des Bruchs absurd, gegen den Geist und gegen den Willen der Konzilsväter."[44]

Auch die zweite Gruppe, die Traditionalisten, spricht von einem Bruch, indem sie die Kategorien vor- und nachkonziliare Kirche einführt. Im Jahr 1988 hat Erzbischof Marcel Lefebvre in einem offenen Brief an ratlose Katholiken kurz vor den unerlaubten Bischofsweihen, die das Schisma begründeten, das Konzil als Ursache für die Zerstörung in der Kirche bezeichnet.[45] Der Vorwurf lautete, dass einzelne Konzilsdokumente nicht nur etwas „auf neue Weise ausdrücken, sondern Neues sagen, und zwar mit Blick auf die ständige Tradition der Kirche."[46] In seinem Brief an die vier schismatischen Bischöfe unterstrich Papst Benedikt zwei Argumente: dass man „die Lehrautorität der Kirche nicht im Jahre 1962 einfrieren" könne und dass das II. Vatikanum von den lehramtlichen Aussagen einer 2000-jährigen Geschichte der Kirche lebe. Wörtlich sagte er, wer dem Konzil gehorchen will, „muss den Glauben der Jahrhunderte annehmen und darf nicht die Wurzeln abschneiden, von denen der Baum lebt."[47] Die Kirche aber muss im Sinne des „aggiornamento" eine Ghettoisierung durch den Dialog mit der Moderne überwinden, damit sie ihrem missionarischen Auftrag in der Welt von heute gerecht werde. Es gibt – und das ist das Erstaunliche – eine Kontinuität in den wesentlichen Fragen des *depositum fidei* und zugleich eine Diskontinuität auf einer Ebene, die durch ihre zeitliche Prägung immer auch Veränderlichkeit miteinschließt. Was das bedeutet, untersuchen wir im folgenden Unterpunkt.

---

44 JRGS 7/1, 8f.

45 Vgl. Marcel Lefèbvre, Offener Brief an die ratlosen Katholiken, Wien 1996, 196. Siehe auch Tück, Ein „reines Pastoralkonzil?" (Anm. 29), 444 und 454.

46 Heinz-Lothar Barth, Hermeneutik der Kontinuität oder des Bruchs? Aspekte der Theologie Papst Benedikts XVI., Stuttgart 2012, 137. Barth zitiert an dieser Stelle das Geleitwort von Bischof Mario Oliveri, in: Brunero Gheradini, Das Zweite Vatikanische Konzil. Ein ausstehender Diskurs, übersetzt von Claudia Barthold, Mülheim/Mosel 2010, 7–10.

47 Zitiert nach: Koch, Innovation und Tradition (Anm. 27), 33.

3.2 Kontinuität und Diskontinuität auf verschiedenen Ebenen

Lange Zeit wurde gemutmaßt, dass Papst Benedikt hinter das Konzil zurückgehe. Diese Meinung wurde damit begründet, dass er die außerordentliche Form der Messliturgie wieder ohne Einschränkungen zuließ und die Exkommunikation der Piusbruderschaft aufhob. Man wollte ihn gerne als rückschrittlichen Papst etikettieren, der zudem infolge der Reform der Karfreitagsfürbitte in der außerordentlichen Liturgie gleichsam zwischen die Fronten geriet. Trotz aller Versuche, ihn gegen das Konzil zu interpretieren, bleibt er seiner Linie immer treu, sich um die Verwirklichung des Zweiten Vatikanischen Konzils zu sorgen, auf den Spuren seiner Vorgänger und in Kontinuität zur zweitausendjährigen Tradition der Kirche.[48]

Als Schlüssel für sein Verständnis von Kontinuität und Diskontinuität auf verschiedenen Ebenen wies Benedikt XVI. auf Papst Paul VI. hin, der die besondere Situation berücksichtigte, dass das Konzil sein Verhältnis zur Moderne neu bestimmen wollte. Um Papst Benedikt gegen den Vorwurf, er verhindere den Dialog mit der Moderne, zu verteidigen, scheint es mir notwendig, hier einen längeren Auszug aus seiner Rede wiederzugeben:

„Paul VI. hat dann in seiner Abschlussrede zum Konzil noch einen speziellen Grund aufgezeigt, warum eine Hermeneutik der Diskontinuität überzeugend erscheinen könnte. In der großen Kontroverse um den Menschen, die bezeichnend ist für die Moderne, musste das Konzil sich besonders dem Thema der Anthropologie widmen. Es musste über das Verhältnis zwischen der Kirche und ihrem Glauben auf der einen und dem Menschen und der heutigen Welt auf der anderen Seite nachdenken. [...] Dieses Verhältnis hatte mit dem Prozess gegen Galilei einen sehr problematischen Anfang genommen. Es war im Folgenden vollkommen zerbrochen, als Kant die ‚Religion innerhalb der Grenzen der bloßen Vernunft' beschrieb und als in der radikalen Phase der Französischen Revolution ein Staats- und Menschenbild Verbreitung fand, das der Kirche und dem Glauben praktisch keinen Raum mehr zugestehen wollte. Der Zusammenstoß des Glaubens der Kirche mit einem radikalen Liberalismus und auch mit den Naturwissenschaften, die sich anmaßten, mit ihren Kenntnissen die ganze Wirklichkeit bis zu ihrem Ende zu erfassen, und sich fest vorgenommen

48 Vgl. Benedikt XVI., Erste Botschaft (Anm. 1), 23.

hatten, die »Hypothese Gott« überflüssig zu machen, hatte im 19. Jahrhundert seitens der Kirche unter Pius IX. zu harten und radikalen Verurteilungen eines solchen Geistes der Moderne geführt. Es gab somit scheinbar keinen Bereich mehr, der offen gewesen wäre für eine positive und fruchtbare Verständigung, und diese wurde von denjenigen, die sich als Vertreter der Moderne fühlten, auch drastisch abgelehnt."[49]

Papst Benedikt benennt in der Folge Entwicklungen, die einen Dialog der Kirche mit der Moderne begünstigen, weil sie mit dem christlichen Menschenbild in Einklang gebracht werden können. Dazu zählt er die amerikanische Revolution, aus der ein Staatsmodell hervorging, das vor allem die persönliche Gewissens- und Religionsfreiheit des Einzelnen achte. Er nennt die Naturwissenschaften, soweit sie ihre eigenen Grenzen anerkennen, und er erinnert an katholische Staatsmänner, die nach dem Zusammenbruch des Zweiten Weltkriegs Glaube und Vernunft nicht als Gegensatz erkannten, indem sie sich an den Prinzipien der katholischen Soziallehre orientierten. Diese Streiflichter auf Entwicklungen in der Moderne zeigen, dass die Kirche sich damals im Konzil drei Herausforderungen stellen musste: dem Verhältnis von Glaube und modernen Wissenschaften (Naturwissenschaften und historische Wissenschaften, inklusive der historisch-kritischen Methode in der Exegese), der Beziehung von Kirche und modernem Staat und schließlich dem Problem der religiösen Toleranz, näherhin dem interreligiösen Dialog.

Wer nur oberflächlich die Konzilstexte liest, angefangen bei *Lumen gentium* über *Nostra aetate* und *Dignitatis humanae* bis hin zu *Gaudium et spes*, kann eine Art Diskontinuität zu bisherigen kirchlichen Dokumenten mutmaßen. Wenn man jedoch diese bisher genannten Texte zusammen mit dem Ökumenismusdekret in ihrer kontextuellen Verflochtenheit in der Tradition der Kirche und auf der Basis des Wortes Gottes entdeckt, dann wird man erkennen, dass hier unterschieden werden muss zwischen verschiedenen konkreten historischen Situationen, ihren jeweiligen Ansprüchen und der Grundsatztreue im Wesentlichen zum *depositum fidei* der Kirche.

---

49 Benedikt XVI., Weihnachtsempfang (Anm. 3), 14.

50 Vgl. dazu Stephan Otto Horn, Der Papst, das Konzil und die Hermeneutik, in: FAZ 22.04.2009, N4.

Eben diese Verknüpfung von Kontinuität und Diskontinuität auf unterschiedlichen Ebenen haben nicht wenige Kritiker des Papstes auf beiden Seiten zu wenig wahrgenommen.[50] Jan-Heiner Tück hingegen sieht in der päpstlichen Anerkennung der Dialogbereitschaft mit der Moderne eine entscheidende Weichenstellung gegenüber traditionalistischen Auffassungen. So schreibt er: „Die Diskontinuitäten, die den gewandelten Zeitverhältnissen geschuldet sind, haben die tiefer liegende Kontinuität der Glaubenslehre keineswegs beeinträchtigt oder verraten." Für die Hermeneutik der Reform, die Papst Benedikt vertritt, kann es auf der „Mikroebene Brüche und Diskontinuitäten" geben, die „allerdings auf der Makroebene die Kontinuität der Lehrtradition nicht tangieren"[51]. Schließlich zitiert Tück hier Walter Kardinal Brandmüller, der wörtlich sagte: „Reform kann nie zum Ergebnis haben, dass das Reformierte nicht mehr mit dem vorherigen zu Reformierenden identisch ist."[52] Damit sind wir schließlich bei der Hermeneutik der Reform angelangt.

3.3 Hermeneutik der Reform

Eigentlich ist mit dem Bisherigen das Wesentliche zur Hermeneutik der Erneuerung gesagt. Kurt Kardinal Koch hat in seinem Referat vor dem Schülerkreis des Papstes auch darauf hingewiesen, dass gerade aus der deutschsprachigen Theologie Reaktionen auf die päpstliche Hermeneutikrede kamen, die dieser einfach sachlich nicht gerecht wurden.[53] So identifizieren die dort genannten Theologen die von Papst Benedikt angesprochene Hermeneutik der Reform mit der Hermeneutik der Kontinuität, ohne die eben beschriebene Differenzierung des Papstes wahrzunehmen und die

51 Tück, Ein „reines Pastoralkonzil?" (Anm. 29), 449.

52 Walter Kardinal Brandmüller, Licht und Schatten. Kirchengeschichte zwischen Glaube, Fakten und Legenden, Augsburg 2007, 108. Vgl. dazu Benedikt XVI., Weihnachtsempfang (Anm. 3), 17: „Man musste lernen, zu akzeptieren, dass bei solchen Entscheidungen nur die Grundsätze den dauerhaften Aspekt darstellen, wobei sie selbst im Hintergrund bleiben und die Entscheidung von innen heraus begründen. Die konkreten Umstände, die von der historischen Situation abhängen und daher Veränderungen unterworfen sein können, sind dagegen nicht ebenso beständig. So können die grundsätzlichen Entscheidungen ihre Gültigkeit behalten, während die Art ihrer Anwendung auf neue Zusammenhänge sich ändern kann."

53 Vgl. Koch, Innovation und Tradition (Anm. 27), 27.

oben erwähnte Spannung von Kontinuität und Diskontinuität in der päpstlichen Rede zu beachten.

Stephan Horn weist darauf hin, dass Papst Benedikt in seiner Unterscheidung der Hermeneutik der Diskontinuität bzw. des Bruches von der Hermeneutik der Reform die letztere eben nicht einfach als Hermeneutik der Kontinuität bezeichnet, um ihre „dynamische Dimension“[54] zu unterstreichen. In Anlehnung an die Eröffnungsansprache an das Konzil von Papst Johannes XXIII. 1962 – „Es ist notwendig, die unumstößliche und unveränderliche Lehre, die treu geachtet werden muss, zu vertiefen und sie so zu formulieren, dass sie den Erfordernissen unserer Zeit entspricht. Eine Sache sind nämlich die Glaubensinhalte, also die in unserer ehrwürdigen Lehre enthaltenen Wahrheiten, eine andere Sache ist die Art, wie sie formuliert werden, wobei ihr Sinn und ihre Tragweite erhalten bleiben müssen“[55] – ist es das Anliegen von Benedikt XVI., Tradition und Innovation nicht als Gegensätze zu verstehen, sondern als den Weg der Kirche zu beschreiten und fortzuführen.

Voller Zuversicht vertritt Papst Benedikt die Ansicht, dass eine solche Auslegung der Konzilstexte zur Erneuerung der Kirche beiträgt. Durch sein universales Hirtenamt kann er im Blick auf die Gesamtkirche das positive Urteil fällen, dass „überall dort, wo die Rezeption des Konzils sich an dieser Auslegung orientiert hat“, „neues Leben gewachsen“ ist und „neue Früchte“[56] heranreifen. In dieser tiefen Dankbarkeit gegenüber Gott blicken auch wir mit ihm im „Jahr des Glaubens“ und im 20. Jahr der Veröffentlichung des Weltkatechismus in die Zukunft der Kirche. Sie wird letztlich reformiert durch die Bekehrung zu Christus, dem Licht der Völker. Durch die allgemeine Berufung zur Heiligkeit werden wir alle Missionare der Liebe Gottes in dieser Welt von heute, wenn wir als Christen nicht demissionieren wollen.

Mit prophetischer Gabe, die selbst Kritiker zum Staunen bringt, hat Joseph Ratzinger vor dem Epochenjahr 1968 ein ganz ähnliches Urteil zur Weltöffnung der Kirche gefällt, die nicht darin bestehen kann, „die Welt in ihrem Weltsein und in ihrer Weltlichkeit zu bestätigen“[57]. Vielmehr ist es ihre Aufgabe, zu einem Dialog zu füh-

54 Horn, Hermeneutik (Anm. 50), N4.

55 Benedikt XVI., Weihnachtsempfang (Anm. 3), 13. Siehe auch Oec. Conc. Vat. II Constitutiones Decreta Declarationes, 1974, 863–865.

56 Benedikt XVI., Weihnachtsempfang (Anm. 3), 13.

57 JRGS 7/2, 982.

ren, zu einer „Geste der Öffnung", deren Ziel es ist, „einzuführen in das *sacrum commercium*, in den heiligen Tausch, der mit der Menschwerdung Gottes begonnen hat"[58]. Kurz nach dem Konzil konstatierte Joseph Ratzinger in einem Vortrag vor etwa zweitausend Hörern am 23. Juni 1966 in der Aula der TH Aachen auf Einladung der Katholischen Studentengemeinde deshalb den Paradigmenwechsel von einer verchristlichten Gesellschaft zu einer Gesellschaft, in der die Christen die Minderheit darstellen: „Das Konzil markiert den Übergang von einer konservierenden zu einer missionarischen Haltung, und der konziliare Gegensatz zu konservativ heißt nicht progressistisch, sondern missionarisch. In dieser Antithese liegt im Grunde der genaue Sinn dessen vor, was konziliare Öffnung zur Welt meint und was sie nicht meint."[59] Es geht letztlich um die Glaubwürdigkeit der Kirche, die gesandt ist, das Evangelium Jesu Christi in den unterschiedlichen Lebens- und Zeitbedingungen zu verkünden. Müsste nicht auch die „Entweltlichung", wie sie der Papst in seiner Konzerthausrede in Freiburg am 25. September 2011 ansprach, auf diesem Hintergrund neu gehört werden? Wörtlich sagte er:

„Das missionarische Zeugnis der entweltlichten Kirche tritt klarer zutage. Die von materiellen und politischen Lasten und Privilegien befreite Kirche kann sich besser und auf wahrhaft christliche Weise der ganzen Welt zuwenden, wirklich weltoffen sein. Sie kann ihre Berufung zum Dienst der Anbetung Gottes und zum Dienst des Nächsten wieder unbefangener leben. [...] Nur die tiefe Beziehung zu Gott ermöglicht eine vollwertige Zuwendung zum Mitmenschen, so wie ohne Zuwendung zum Nächsten die Beziehung zu Gott verkümmert."[60]

4. Konzilsdokumente als Brücke zur Moderne

Wer das Erbe des Konzils entdecken will, muss vor allem mit einer Relecture der Texte wieder beginnen. Selbst wenn diese nicht selten durch Kompromisse zustande kamen, so muss man doch auch in

58 Heim, Kirchliche Existenz (Anm. 10), 277–281.
59 JRGS 7/2, 1001.
60 Benedikt XVI., Rede im Freiburger Konzerthaus am 25.09.2011, auf: http://www.vatican.va/holy_father/benedict_xvi/speeches/2011/september/documents/hf_ben-xvi_spe_20110925_catholics-freiburg_ge.html (09.04.2013).

dieser Suche nach der Einheit das Wirken des Heiligen Geistes erkennen. Wer dies hingegen ignoriert und die Texte eklektisch wieder zerstückelt, betreibt eine Bruchsteinexegese und wird der eigentlichen Aussageabsicht des Konzils nicht gerecht, den Glauben der Kirche in der Sprache von heute den Menschen nahezubringen. Hier sind wir bei einem entscheidenden Punkt. Die Kirche hat sich bewusst im Zweiten Vatikanischen Konzil gegen jene bestehende Ghettomentalität gewendet, die sie selbst mitverursacht hat, indem sie lange Zeit zu Entwicklungen in der modernen Gesellschaft in Opposition ging.[61] Vor allem die Konstitution über die Kirche in der Welt von heute, *Gaudium et spes*, betont eine neue Weltzuwendung, die aber nicht mit Verweltlichung verwechselt werden darf: „Als Zeuge und Künder des Glaubens des gesamten in Christus geeinten Volkes Gottes kann daher das Konzil dessen Verbundenheit, Achtung und Liebe gegenüber der ganzen Menschheitsfamilie, der dieses ja selbst eingefügt ist, nicht beredter bekunden als dadurch, dass es mit ihr in einen Dialog eintritt über all diese verschiedenen Probleme; dass es das Licht des Evangeliums bringt und dass es dem Menschengeschlecht jene Heilskräfte bietet, die die Kirche selbst, vom Heiligen Geist geleitet, von ihrem Gründer empfängt. Es geht um die Rettung der menschlichen Person, es geht um den rechten Aufbau der menschlichen Gesellschaft."[62]

Um in diesen Dialog einzutreten, schrieb Papst Paul VI. mit Datum vom 6. August 1964, noch vor der 3. Sitzungsperiode des 2. Vatikanischen Konzils, seine erste Enzyklika *Ecclesiam suam*. In „konzentrischen Kreisen"[63] um die Mitte, die allein Gott ist, richtet sich das Interesse Pauls VI. in seiner universalen Verantwortung zunächst an alle Menschen; in einem zweiten Kreis an „die Gottgläubigen", wobei er vor allem die monotheistischen Religionen im Sinn hat; im dritten Kreis an „die getrennten christlichen Brüder", womit er das ökumenische Anliegen des Konzils deutlich formu-

61 Vgl. Hans Schelkshorn, Das Zweite Vatikanische Konzil als kirchlicher Diskurs über die Moderne. Ein philosophischer Beitrag zur Frage der Hermeneutik des Konzils, in: Tück, Erinnerung an die Zukunft (Anm. 9), 54–84, bes. 63–68: „III. Gaudium et Spes als kirchlicher ‚Diskurs über die Moderne'". Wie Schelkshorn darstellt, tritt die katholische Kirche nicht erst mit dem Konzil in die sogenannte Moderne ein, sondern „nimmt dort eine neue Selbstverortung in der Kultur der Neuzeit vor, die gewiss tiefgehende Revisionen, jedoch keinen vollkommenen Bruch impliziert", ebd., 64.

62 Gaudium et spes 3.

63 Paul VI., Ecclesiam suam, AAS 56 [1964], 609–659.

liert; und schließlich fordert er im engsten Kreis den „Dialog in der Katholischen Kirche" selbst.[64]

Mit diesem Auftakt gab Paul VI. eine klare Orientierung vor, die den Verlauf der dritten und vierten Sitzungsperiode bestimmen sollte. Bisher hatte das Konzil nur zwei Dokumente verabschiedet, nämlich die Liturgiekonstitution *Sacrosanctum Concilium* und das Dekret *Inter mirifica* (Über die sozialen Kommunikationsmittel). Weitere 14 Dokumente sollten folgen. Auch wenn die großen Konstitutionen *Lumen gentium* (Über die Kirche) und *Sacrosanctum Concilium* (Über die heilige Liturgie), *Dei verbum* (Über die göttliche Offenbarung) und schließlich *Gaudium et spes* (Pastoralkonstitution) das entscheidende Erbe des Konzils darstellen, dürfen gerade im Sinne der Hermeneutik der Reform die kleineren Dokumente des Konzils nicht aufgrund ihrer dogmatisch geringeren Gewichtung in Frage gestellt werden. Da es in dieser Arbeit nicht möglich ist, die Rezeption aller Dokumente gebührend darzustellen, will ich mich mit Papst Benedikt vor allem auf die drei Dokumente beschränken, die die Brücke zur Moderne in besonderer Weise darstellen: a) auf die Erklärung über die Religionsfreiheit *Dignitatis humanae*, b) auf die Erklärung über das Verhältnis der Kirche zu den nichtchristlichen Religionen *Nostra aetate* sowie c) auf das Ökumenismusdekret *Unitatis redintegratio.*

Diese Dokumente herauszustreichen ist deshalb auch notwendig, weil von traditionalistischer Seite diese immer wieder in ihrer bindenden Kraft in Frage gestellt und eher als Irrwege der Kirche diskreditiert werden. Vor allem von deutschsprachigen Theologen wird Papst Benedikt jedoch gerne in eine traditionalistische Ecke gestellt, weil er – wie oben erwähnt – die Wiederzulassung der tridentinischen Messe in seinem Motu proprio *Summorum Pontificum*[65] als außerordentliche Form der Liturgie der Kirche zugelassen hat, um so den Dialog mit der Piusbruderschaft durch die Aufhebung der Exkommunikation wieder anzustoßen. Mit dieser Aufhebung der Exkommunikation war aber die Strafe der Suspendierung[66], das heißt das Verbot der Amtsausübung für die Piusbruderschaft,

64 Ebd.

65 Die Suspension oder Suspendierung ist als Kirchenstrafe eine Beugestrafe des katholischen Kirchenrechts, mit der einem kirchlichen Amtsträger die Amtsausübung verboten werden kann. Sie soll den Betroffenen dazu bewegen, Auffassungen oder Verhaltensweisen aufzugeben, die mit der kirchlichen Lehre nicht vereinbar sind.

66 Canones 1333ff. CIC. Siehe auch Horn, Hermeneutik (Anm. 50), N4.

nicht aufgehoben, und die Forderung, das Konzil als Ganzes anzuerkennen, blieb unabdingbare Voraussetzung für die Aufhebung ihrer Beugestrafe. In der chronologischen Reihenfolge, wie sie vom Zweiten Vatikanischen Konzil verabschiedet worden sind, wenden wir uns diesen drei Konzilsdokumenten im Einzelnen zu.

4.1 Unitatis redintegratio – Dekret über den Ökumenismus

Das Dekret über den Ökumenismus *Unitatis redintegratio* wurde bereits in der dritten Konzilsperiode am 21. November 1964 verabschiedet. Was in *Lumen gentium* in Artikel 15 grundgelegt wurde und eine der Hauptintentionen der Konzils gewesen ist, nämlich das ökumenische Anliegen fortzuführen, wurde in diesem Dokument konkretisiert, indem die Prinzipien des Ökumenismus, seine praktische Verwirklichung und das Verhältnis zu den getrennten Kirchen und kirchlichen Gemeinschaften näherhin bestimmt wurden. Dabei stellte die in *Lumen gentium 8* verwendete „*Subsistit in*-Formel"[67] einen wesentlichen Fortschritt dar, wenn es dort heißt: „Diese Kirche, in dieser Welt als Gesellschaft verfasst und geordnet, ist verwirklicht in der katholischen Kirche, die vom Nachfolger Petri und von den Bischöfen in Gemeinschaft mit ihm geleitet wird. Das schließt nicht aus, dass außerhalb ihres Gefüges vielfältige Elemente der Heiligung und der Wahrheit zu finden sind, die als der Kirche Christi eigene Gaben auf die katholische Einheit hindrängen."[68]

Für den Theologen Ratzinger ist es ein Grundanliegen, einerseits den Schmerz der Spaltung der Christenheit nicht zu verharmlosen und andererseits den vom Konzil vertretenen Plural der Kirchen wieder neu zu entdecken, indem die Kirchen „*Kirchen* bleiben und doch *eine* Kirche werden."[69] Wer meint, dass Ratzingers Grundhaltung sich im Laufe der Jahrzehnte hier wesentlich verändert habe, nimmt nicht wahr, dass er auch schon während des Konzils keinen Zweifel daran ließ, dass die Kirche in der katholischen Kirche ihre geschichtliche Kontinuität, das heißt ihre konkrete Verbindung zum Ursprung darstellen kann.[70] Joseph

67 Siehe Heim, Kirchliche Existenz (Anm. 10), 290–309.

68 Lumen gentium 8. Vgl. dieselbe Formulierung in: Dominus Iesus 16 und 17; Unitatis redintegratio 19 und 22.

69 JRGS 7/1, 402. Vgl. Heim, Kirchliche Existenz (Anm. 10), 298.

70 Ebd., 299.

Ratzinger wendete sich deshalb immer gegen einen Ökumenismus, der die Kirche Jesu Christi als Addition der verschiedenen Kirchen und kirchlichen Gemeinschaften verstehen würde, in der diese Kirche Jesu Christi – in der katholischen wie in den anderen Kirchen gleichberechtigt nebeneinander – gegenwärtig sei. Die *Subsistit in*-Formel wendet sich ganz bewusst gegen einen solchen ekklesiologischen Relativismus.[71]

Von Anfang an bleibt jedoch der ökumenische Auftrag für Papst Benedikt bindend, wie er in seiner ersten Ansprache vor den Kardinälen betonte, dass er als Nachfolger Petri „alles in seiner Macht Stehende“ tun werde, „um das grundlegende Anliegen der Ökumene zu fördern“[72]. Wie bereits seine Vorgänger Paul VI. und Johannes Paul II. verband Papst Benedikt jede Auslandsreise auch mit ökumenischen Begegnungen, um so dem konkreten Dialog mit den Vertretern der anderen Kirchen zu dienen. Ihm war bewusst, dass das heilige Anliegen der Wiederversöhnung aller Christen in der Einheit der einen und einzigen Kirche Christi die menschlichen Kräfte und Fähigkeiten übersteigt.[73]

Es würde jetzt hier zu weit führen, die Kontakte zu den verschiedenen Konfessionen im Einzelnen darzustellen. Ihm ging es darum, die Zeugenschaft für Christus unter ökumenischer Rücksicht wieder neu erstrahlen zu lassen. So griff er z. B. indirekt seine These auf, die Rolle des Bischofs von Rom in der Kirche des ersten Jahrtausends wieder zu beleuchten[74], um so den Orthodoxen Kirchen wie auch den Altorientalischen Orthodoxen Kirchen (koptische, äthiopische und syrische Kirchen) einen neuen Zugang zum Petrusamt zu ermöglichen. Sicherlich sollten hier auch nicht die wesentlichen Arbeiten Joseph Ratzingers für das Zustandekommen der „Gemeinsamen Erklärung der Rechtfertigungslehre“ vergessen werden, um auch den Kirchen der Reformation das ökumenische Anliegen zu verdeutlichen.

---

71 Vgl. ebd., 300.

72 Benedikt XVI., Erste Botschaft (Anm. 1), 25. Vgl. Kurt Koch, Ökumene im Wandel. Zum Zukunftspotential des Ökumenedekrets *Unitatis redintegratio*, in: Tück, Erinnerung an die Zukunft (Anm. 9), 335–368.

73 Vgl. Unitatis redintegratio 24.

74 Mitte der 1970er-Jahre vertrat Joseph Ratzinger in Graz in einem wegweisenden Referat über „Prognosen für die Zukunft des Ökumenismus“ den Grundsatz: „Rom muss vom Osten nicht mehr an Primatslehre fordern, als auch im ersten Jahrtausend formuliert und gelebt wurde“ (JRGS 8/2, 724).

Nach diesen Streiflichtern will ich noch einmal Papst Benedikt zu Wort kommen lassen in seinem Schreiben zum 50. Jahrestag des Beginns des Zweiten Vatikanischen Konzils. Er erinnerte daran, dass vor allem die Ökumene ein Grundanliegen des Konzils gewesen ist, nicht zuletzt für die Länder der Reformation, in denen die Erfahrung der letzten beiden Weltkriege wie auch „das gemeinsame Bestehen der Verfolgung durch den Nazismus“[75] protestantische und katholische Christen nahe zueinander geführt habe. Die Hinwendung zu Jesus Christus, vor allem zu seinem lebendigen Wort, kann die Türen öffnen, um auf dem Weg der Einheit entschieden voranzugehen.

4.2 Nostra aetate – Erklärung über das Verhältnis der Kirche zu den nichtchristlichen Religionen

In seinem Schreiben anlässlich des Konzilsjubiläums stellt Papst Benedikt fest, dass die Pastoralkonstitution *Gaudium et spes* zwar „viel Wichtiges zum Verständnis von ‚Welt‘ aussagt und bedeutende Beiträge“ zur christlichen Ethik leistet, aber die Begegnung mit der Moderne nicht wirklich gelungen ist. Dies ist nach Papst Benedikt erst in den beiden kleineren Dokumenten *Nostra aetate* und *Dignitatis humanae* gelungen, „deren Wichtigkeit erst nach und nach in der Rezeption des Konzils zum Vorschein gekommen ist.“[76]

Fast zufällig, wie Benedikt XVI. in dem Vorwort[77] zum 7. Band seiner Gesammelten Schriften zur Lehre des Zweiten Vatikanischen Konzils bemerkt, ist die Erklärung über das Verhältnis der Kirche zu nichtchristlichen Religionen entstanden, denn ursprünglich sollte in einem eigenen Dokument das Verhältnis zwischen der Kirche und dem Judentum formuliert werden, worin die Verurteilung der Shoah enthalten ist. In innerer Notwendigkeit war es geboten, nicht nur das Verhältnis der Kirche zum Judentum, sondern vor allem auch für die arabischen Länder, zum Islam, darzustellen. In der Folge schien es das Gebot der Stunde zu sein, auch das Verhältnis zum Hinduismus und Buddhismus und allgemein das Thema Religion anzusprechen. Der interreligiöse Dialog sollte bewirken, spirituelle, moralische, soziale und kulturelle Werte und Errungen-

75 JRGS 7/1, 6.
76 Ebd., 7.
77 Ebd.

schaften der Menschheit zu bewahren und in Beziehung zueinander zu bringen. Papst Benedikt sagt wörtlich über *Nostra aetate*: „Damit war in einem präzisen und außerordentlich dichten Dokument ein Thema eröffnet, dessen Wichtigkeit damals noch nicht abzusehen war. Welchen Auftrag es einschließt, wie viel Mühe der Unterscheidung des Klärens und des Verstehens noch zu leisten ist, wird immer mehr sichtbar."[78] Dass bei diesem Bestreben die Frage nach der Wahrheit nicht ausgeklammert werden kann und der Wahrheitsanspruch des Christentums als *religio vera* bezeugt wird, widerspricht der Auffassung unseres aufgeklärten Zeitgeistes, zu dessen anscheinend verpflichtendem Erbe es gehört, wie es Albert Dahm formuliert, „allen Religionen eine gleiche Nähe und Ferne zur Wahrheit zuzugestehen."[79] Aus dieser Haltung ist ein Religionspluralismus erwachsen, der im Letzten den Absolutheitsanspruch einer Religion für obsolet erklärt. Joseph Ratzinger hat in seinem Verständnis als „Mitarbeiter der Wahrheit" einen solchen indifferenten Rationalismus der Aufklärung abgelehnt. Für ihn war es entscheidend, die Vernunft des Menschen nicht als autonom zu begreifen, sondern in Demut den Anruf des ewigen Logos zu hören. Das bedeutet, dass der Mensch bereit sein muss, „das Gerufensein der eigenen Vernunft durch die ewige Vernunft anzunehmen."[80]

Mit Albert Dahm können wir die Quintessenz ziehen, dass der christliche Glaube „im Vollzug seines Denkens auf den rationalen Grund (den Logos) seiner selbst"[81] stößt. Das heißt, dass *fides et ratio* keinen Widerspruch darstellen, sondern den menschlichen Geist zur ewigen Wahrheit emporheben. Das war schließlich der Grund, warum das Christentum in der Antike eine Art Aufklärung darstellte, die die menschliche Vernunft für die Erkenntnis der ewigen Wahrheit öffnete, die sich in Jesus Christus geoffenbart hat. Anders als in der Aufklärung des 18. Jahrhunderts wurde nicht die menschliche Vernunft verabsolutiert; es wurde vielmehr erkannt, dass allein Gott der Absolutheitsanspruch gebührt. Daher stellte der christliche Glaube schon in seinem Ursprung eine Art Religionskritik dar. Die Christen im antiken Rom wurden nicht zuletzt

78 Ebd., 8.

79 Albert Dahm, Christus – Sehnsucht der Völker. Das Christentum und die Religionen in der Theologie Papst Benedikts XVI., auf: http://www.kath-info.de/religionen.html (09.04.2013).

80 Ratzinger, Theologische Prinzipienlehre (Anm. 8), 75.

81 Dahm, Christus – Sehnsucht der Völker (Anm. 79).

deshalb verfolgt, weil sie den Absolutheitsanspruch des Kaisers und die damit verbundene göttliche Verehrung gegenüber dem Herrscher ablehnten.

Der christliche Glaube hat nach Auffassung von Papst Benedikt XVI. diese reinigende Kraft nicht verloren, da er – um authentisch zu bleiben – immer ein Aufruf zur Erneuerung sein muss, das bedeutet Hinwendung zu Wahrheit und Liebe – auch in der Ökumene. In Bezug zu den anderen Religionen, in denen nach dem Kirchenvater Justinus überall „Samenkörner der Wahrheit“[82] zu finden sind, hat die Wahrheit selbst reinigende Kraft. Deshalb verkennt Ratzinger trotz allen Lobes für *Nostra aetate* als großartigen Text auch dessen Schwäche nicht; jener spricht „von Religion nur positiv und lässt dabei die kranken und gestörten Formen von Religion beiseite, die geschichtlich und theologisch von großer Tragweite sind: Der christliche Glaube war deshalb von Anfang an nach innen wie nach außen auch religionskritisch“[83].

Die Kirche versteht sich deshalb als Verteidigerin der Menschenwürde und verwirft „jede Diskriminierung eines Menschen oder jeden Gewaltakt gegen ihn um seiner Rasse oder Farbe, seines Standes oder seiner Religion willen, weil dies dem Geist Christi widerspricht.“[84] In demselben Geiste ist die Erklärung zur Religionsfreiheit *Dignitatis humanae* am 7. Dezember 1965, einen Tag vor dem Konzilsende, verabschiedet worden, der wir uns schließlich zuwenden.

4.3 Dignitatis humanae – Erklärung über die Religionsfreiheit

Wenn Papst Benedikt sein Schreiben zum Konzilsjubiläum am 2. August 2012, dem Festtag des heiligen Eusebius von Vercelli, unterzeichnet hat, der im 4. Jahrhundert ein entschiedener Gegner des Arianismus gewesen ist, so vertraut er auch heute sich dessen Fürsprache an, um in den christologischen Auseinandersetzungen unserer Zeit *die* Wahrheit zu finden, die sich in Jesus Christus geoffenbart hat. Der Glaube an diese Wahrheit kann nicht erzwungen werden, sondern nur in Freiheit angenommen werden.

---

82 Benedikt XVI., Generalaudienz, 21. März 2007, auf: http://www.vatican.va/holy_father/benedict_xvi/audiences/2007/documents/hf_ben-xvi_aud_20070321_ge.html (09.04.2013).

83 JRGS 7/1, 8.

84 Nostra aetate 5.

Freiheit ist in den modernen Gesellschaften eine Art „Lebensheiligtum" geworden. In den vergangenen Jahrzehnten wurde der Aspekt der Freiheit im Dokument *Dignitatis humanae* immer tiefer durchdrungen, wenn es heißt: „Denn die Verwirklichung und Ausübung der Religion besteht ihrem Wesen nach vor allem in inneren, willentlichen und freien Akten, durch die sich der Mensch unmittelbar auf Gott hinordnet; Akte dieser Art können von einer rein menschlichen Gewalt weder befohlen noch verhindert werden. Die Sozialnatur des Menschen erfordert aber, dass der Mensch innere Akte der Religion nach außen zum Ausdruck bringt, mit anderen in religiösen Dingen in Gemeinschaft steht und seine Religion gemeinschaftlich bekennt."[85] Jahrhundertelang wurde in den Missionsbemühungen dieses Grundrecht nur der katholischen Kirche zugestanden, indem sie den Grundsatz vertrat, der Irrtum an sich habe kein Recht gegenüber der Wahrheit und die Wahrheit habe gegenüber der Freiheit immer den Vorrang. Ernst-Wolfgang Böckenförde stellte fest, dass die bis in die Mitte des 20. Jahrhunderts gültige katholische „Toleranztheorie" „ziemlich genau der Toleranztheorie" gleicht, „die der moderne Kommunismus entwickelt hat und praktiziert."[86] Wörtlich sagte er: „Die Kommunisten brauchten nur die Prinzipien der hergebrachten katholischen Toleranztheorie für sich zu übernehmen und einseitig im Sinn der Intoleranz zu interpretieren, um eine legitimierende Grundlage für die von ihnen geübte Praxis der kontinuierlichen Religionsverfolgung ohne Blutvergießen und der Beschränkung der Glaubensfreiheit zu haben."[87]

Vor allem nach dem Zusammenbruch der Diktaturen im 20. Jahrhundert wurde in den Verfassungen der modernen Staaten der Grundsatz der Menschenrechte wie Religions- und Gewissensfreiheit verankert. Nach dem Zweiten Vatikanischen Konzil forderten die amerikanischen Bischöfe eine solche Erklärung zur Religions- und Gewissensfreiheit. Papst Benedikt weiß, dass es sich dabei um einen Grundsatz unseres eigenen christlichen Glaubens handelt, „der in die Welt getreten war mit dem Anspruch, dass der Staat

---

85 Dignitatis humanae 3.

86 Ernst-Wolfgang Böckenförde, Kirche und christlicher Glaube in den Herausforderungen der Zeit. Beiträge zur politisch-theologischen Verfassungsgeschichte 1957 – 2002, Münster 2007, 206.

87 Ebd.

über die Wahrheit nicht entscheiden und keine Art von Kult beanspruchen könne."[88]

Welchen Fortschritt *Dignitatis humanae* darstellt, wird deutlich, wenn Papst Benedikt in seiner Ansprache an das Kardinalskollegium und die Mitglieder der Römischen Kurie beim Weihnachtsempfang am 22. Dezember 2005 die Religionsfreiheit „als Notwendigkeit für das menschliche Zusammenleben" betrachtet wie auch als eine Konsequenz aus der Tatsache, „dass die Wahrheit nicht von außen aufgezwungen werden kann, sondern dass der Mensch sie sich nur durch einen Prozess innerer Überzeugung zu eigen machen kann"[89].

Religionsfreiheit, die jedoch auch im säkularen Staat die öffentliche Ausübung des Kultes beinhaltet, stellt keine Bedrohung der staatlichen Ordnung dar, sondern ist eine Garantie, dass der Staat die Persönlichkeitsrechte jedes Einzelnen wie auch von Gemeinschaften achtet und nicht ignoriert. Benedikt XVI. bringt es auf die Formel: „Die Christen beteten für den Kaiser, aber sie beteten ihn nicht an."[90] Die religionskritische Haltung der frühen Christen gegenüber dem römischen Kaiserkult erlaubt uns zu sagen, dass sie Religionsfreiheit von Anfang an für sich beansprucht hatten und so zu Protagonisten dieser Religionsfreiheit wurden.[91]

Weshalb war es für die Kirche dennoch nicht einfach, die Religionsfreiheit im 20. Jahrhundert zu formulieren? Zwei Gründe möchte ich abschließend nennen. Erstens einen philosophischen: Die Sichtweise der Aufklärung, die für ihre Auffassung von Religionsfreiheit voraussetzt, dass eine absolute Wahrheit für den Menschen unzugänglich sei, und deshalb „Religion in den Bereich des Subjektiven"[92] verlagert. Die zweite Ursache, wie oben bereits erwähnt, ist durch politische Umstände bedingt: In den Diktaturen des 20. Jahrhunderts wurden Ideologien entwickelt, die einen quasi religiösen Absolutheitsanspruch für sich einforderten und deshalb nicht davor zurück-

---

88 JRGS 7/1, 7.

89 Benedikt XVI., Weihnachtsempfang (Anm. 3), 17.

90 JRGS 7/1, 7.

91 Vgl. Heinz-Lothar Barth, Hermeneutik der Kontinuität oder des Bruchs? Aspekte der Theologie Papst Benedikts XVI., Bobingen 2012, 178–180. Der Altphilologe Heinz-Lothar Barth wirft dem Konzilsdokument *Dignitatis humanae* und vor allem Joseph Ratzinger vor, Augustinus „gleichsam zum Patron der modernen Religionsfreiheit" (178) zu erheben. Gegen diese These einer „wahren Laizität" meint er, dass bei Augustinus allenfalls ein Ausgangspunkt für die Trennung von Staat und Kirche zu finden sei.

92 JRGS 7/1, 7.

schreckten, Kirchen, Glaubensüberzeugungen und Religionen zu verfolgen, um Menschen „religionsfrei" zu machen. Es ist für Papst Benedikt in der Vorsehung Gottes begründet, „dass 13 Jahre nach Konzilsende Papst Johannes Paul II. aus einem Land kam, in dem die Religionsfreiheit vom Marxismus, das heißt von einer bestimmten Form neuzeitlicher Staatsphilosophie her, bestritten wurde."[93]

Das Zeugnis der Märtyrer während der Christenverfolgungen im Imperium Romanum wie das Beispiel der christlichen Blutzeugen des 20. und 21. Jahrhunderts dokumentieren eindrücklich die Glaubens- und Gewissensfreiheit. Indem die Märtyrer sich zu Christus bekannten, wurden sie in eine Freiheit geführt, die von keiner irdischen Macht gebunden werden konnte. An ihnen können wir ablesen, dass das christliche Martyrium immer ein Akt der Freiheit und der vergebenden Liebe ist, die niemals die Freiheiten des anderen missachtet oder dessen Leben bedroht, sondern das eigene Leben hingibt als Zeugnis dieser Freiheit und Liebe.

5. Resümee

50 Jahre nach Konzilsbeginn ist der missionarische Eifer teilweise erlahmt, so dass in vielen Regionen, die schon einmal christianisiert wurden, eine Neuevangelisierung notwendig ist. Dabei gilt, dass „eine missionarische Kirche, die sich verpflichtet weiß, ihre Botschaft allen Völkern zu verkündigen", sich zugleich „unbedingt für die Glaubensfreiheit einsetzen"[94] muss. Wenn Justinus von den „Samenkörnern der Wahrheit" spricht, die in den verschiedenen Kulturen der Menschheit zu finden sind, so geht es den Christen darum, ihren Glauben zu inkulturieren, ohne die jeweiligen Kulturen zu zerstören, um ihnen den Zugang zur geoffenbarten Wahrheit zu eröffnen. Diese ist eine Gabe für alle Menschen, die vor allem „Einheit unter den Menschen" bei Bewahrung der kulturellen Vielfalt stiftet und so den „Frieden unter den Völkern vermehrt"[95].

Das Zweite Vatikanische Konzil hat mitgeholfen, die Isolation der Kirche in der Gesellschaft zu überwinden, indem es „einige in der

93 Ebd.

94 Benedikt XVI., Weihnachtsempfang (Anm. 3), 18.

95 Ebd.

Vergangenheit gefällte Entscheidungen neu überdacht oder auch korrigiert"[96] hat. Benedikt XVI. betont jedoch die Identität der Kirche, die wie alles Lebendige im Laufe ihrer Geschichte einen Veränderungsprozess durchmacht und doch dieselbe bleibt.[97] Trotz „dieser scheinbaren Diskontinuität" hat die Kirche gerade auch im letzten Konzil ihre wahre Identität bewahrt und vertieft, wie es Papst Benedikt ausdrückt: „Die Kirche war und ist vor und nach dem Konzil dieselbe eine, heilige, katholische und apostolische Kirche, die sich auf dem Weg durch die Zeiten befindet; sie ‚schreitet zwischen den Verfolgungen der Welt und den Tröstungen Gottes auf ihrem Pilgerweg dahin' und verkündet den Tod des Herrn, bis er wiederkommt (vgl. Lumen gentium, 8)."[98] Zu einer adäquaten Hermeneutik des 2. Vatikanischen Konzils, das er selber mitgeformt hat, gehört nach Papst Benedikt vor allem eine Rezeption seiner Texte, die zugleich den Geist des Konzils widerspiegeln. Dieser Geist weist der Kirche einen Weg, das anvertraute Glaubensgut treu zu bewahren, indem es in die Sprache unserer Zeit übersetzte wurde.

Wer das Konzil und Benedikt XVI. recht verstehen will, wird erkennen, dass er den vor 50 Jahren angestoßenen Dialog mit der Moderne durch eine große Offenheit des Geistes weiterführt, jedoch in einer wahrhaft weisen Discretio, d.h. in der klaren Unterscheidung der Geister, wie sie den Christen in der Welt von heute ansteht, wenn sie „Salz der Erde" und „Licht der Welt" bleiben wollen. Das Denkmal zur Gewissens- und Religionsfreiheit, das uns am Badener Tor in Heiligenkreuz begrüßt, lässt uns eintreten in den Prozess des Suchens der Völker nach dem wahren Licht der Wahrheit, das uns in Jesus Christus erschienen ist. Dazu gab uns Papst Benedikt XVI. in seiner Ansprache in Heiligenkreuz folgendes Wort als bleibendes Vermächtnis: „Unser Licht, unsere Wahrheit, unser Ziel, unsere Erfüllung, unser Leben – all das ist nicht eine religiöse Lehre, sondern eine Person: *Jesus Christus*. Noch viel mehr als wir Menschen Gott je suchen und ersehnen können, sind wir schon zuvor von ihm gesucht und ersehnt, ja gefunden und erlöst! Der Blick der Menschen aller Zeiten und Völker, aller Philosophien, Religionen und Kulturen trifft zuletzt auf die weit geöffneten Augen des gekreuzigten und auferstandenen Sohnes Gottes; sein geöffnetes Herz ist die Fülle der Liebe."[99]

---

96 Ebd.

97 Vgl. Heim, Kirchliche Existenz (Anm. 10), 239.

98 Benedikt XVI., Weihnachtsempfang (Anm. 3), 18.

99 Benedikt XVI., Ansprache im Stift Heiligenkreuz, AAS 99 [2007:10], 854.

Zur Aktualität der Inkulturation bei Joseph Ratzinger

Barthélemy Adoukonou

Wenn man will, dass die Botschaft des Evangeliums wirklich ankommt und tief verwurzelt wird, dann muss man vom Kern der vorgefundenen Kultur ausgehen. Das aber ist bei allen historisch bekannten Völkern die Religion. Einzig die Aufklärung hat einen von der Religion abgekoppelten Kulturbegriff entwickelt. Auf der Basis eines solchen Kulturbegriffs ist Inkulturation nicht möglich. Der Theologe Joseph Ratzinger gehört zu denen, die das am deutlichsten klar gemacht haben. Für ihn ist es unabdingbar, zuerst den Konnex zwischen Religion und Kultur aufzuspüren, damit die Inkulturation in der Tiefe des Menschseins ansetzen kann, um sich dann dogmatisch treu, aber auch kulturell plausibel zu entwickeln.

Sobald die Kirche in einem Land neu eingepflanzt ist und anfängt, echte kulturelle Wurzeln zu schlagen, bedeutet das für die aus der ursprünglichen Religion hervorgegangene Kultur einen Krisenzustand, dessen christliche Bewältigung den Namen Inkulturation trägt. Dieser Anpassungsprozess hat zwei Seiten: einerseits den Dialog zwischen dem Christentum und der Religion, dem Kern der heimischen Kultur; andererseits die von der Kirche und ihren Vertretern unternommene kulturelle Bekehrung, die darin besteht, alle im Volk vorgefundenen echten Werte zu akzeptieren, zu reinigen und zum Leuchten zu bringen.

Der interreligiöse Dialog zwischen den beiden großen Kulturträgern – der Kirche und den Vertretern der traditionellen Religion – geschieht so, dass die einzelnen Elemente der Kultur erst durch diesen Dialog ihren wahren Sinn enthüllen. Die Kirche ist bekanntlich der Überzeugung, dass sich in jeder menschlichen Kultur „der Same des Guten" bzw. „der Same des fleischgewordenen Wortes" ausdrückt. Sie wird also alle Kulturen interpretieren und annehmen im Blick auf den, den sie für die eschatologische Inkarnation des „Wortes" hält: Jesus Christus. Der Prozess der Inkulturation, der damit begann, dass die Kirche sich die Sprache dieses Volkes zu eigen machte, tritt dann in seine entscheidende Phase.

Die in meiner Dissertation „Wegmarken für eine afrikanische Theologie"[1] entwickelte Problematik zeichnet den Weg für eine gesamtafrikanische Theologie vor, die zu schreiben mir nicht möglich war. Meine Aufgabe bestand lediglich darin, zusammen mit der Ortskirche meines Landes die mögliche Inkulturation der Liturgie zu erforschen. In Kooperation mit der Kirche haben wir eine Reihe von Riten entwickelt: eine inkulturierte Passionsfeier an Karfreitag, das Abendmahl an Gründonnerstag, eine christliche Beerdigung, die Jungfrauenweihe, die Einsetzungszeremonie für die Liturgen der großen urväterlichen Segnungen, die großen verchristlichten urväterlichen Segnungen, die inkulturierte Priesterweihe, die inkulturierten Gelübde geweihter Jungfrauen usw. Das in Benin (früher Dahomey) gegründete Inkulturationsinstitut „Unsere Liebe Frau von der Inkulturation (NDI)" versteht die Inkulturation als Herausforderung zur Heiligkeit und als logische Fortsetzung einer Ekklesiologie der Kirche als Familie Gottes, die der inkulturierten Priesterausbildung zugrunde liegt.

1. Wegmarken einer afrikanischen Theologie

Um die christliche Deutung einer Religion vorzulegen, muss man einerseits von der Herzmitte des Christentums ausgehen, um zur Begegnung mit dem aufzubrechen, was man als die Herzmitte der anderen Religion vermutet. Die Internationale Theologenkommission veröffentlichte gerade zu Anfang der siebziger Jahre ein Dokument, dessen Hauptautor, wie man annehmen konnte, niemand anderer als Joseph Ratzinger war: „Die Einheit des Glaubens und der theologische Pluralismus"[2]. Ich konnte mich deshalb in keiner besseren Schule als in der des deutschen Theologen befinden, der nach meinem Empfinden die Christologie am besten in die Begegnung der Kulturen und Religionen einordnen konnte.

1 Barthélemy Adoukonou, Jalons pour une théologie africaine: essai d'une herméneutique chrétienne du Vodun dahoméen, Paris 1980.

2 Internationale Theologenkommission, Die Einheit des Glaubens und der theologische Pluralismus, Einsiedeln 1973.

Andererseits musste ich die Wahrheit der Vodun-Religion möglichst gut erfassen, welche die Religion meiner Vorfahren war und die durch ihr Schicksal in der Karibik, besonders in Haiti, berühmt geworden war. Um die Realität des Vodun so objektiv wie möglich zu erfassen und dem wissenschaftlichen Anspruch zu genügen, brauchte es eine seriöse sozial-anthropologische Annäherung. Im Bereich der Human- und Sozialwissenschaften hatte in Paris die strukturalistische Methode ihre Glanzzeit. In der Schule von Claude Lévy-Strauss wurde ich durch seine Schriften unmittelbar an die erste der Humanwissenschaften verwiesen, die ihre eigene wissenschaftliche Methode gefunden hatte, nämlich die Linguistik. Während ich das Werkzeug der strukturalistischen Anthropologie benutzte, durfte ich das Wesentliche nicht aus dem Auge verlieren. Dies war meiner Meinung nach das Sprach-Subjekt des Diskurses der kulturellen Texte, die ich mit den Forschern von *Mɛwihwɛndo / Sillon Noir* gesammelt hatte und weiterhin sammelte. Die Hermeneutik von Paul Ricœur schien mir ein wertvolles Arbeitsinstrument zu sein für die Kritik am Strukturalismus und für jene Neugewinnung der Problematik des Subjekts, die übrigens in der afrikanischen Vodun-Religion absolut zentral war und die ich mit dem Christentum in Dialog bringen wollte.

Die Benutzung der philosophischen Hermeneutik von Ricœur musste sich an der *Ontologie als einem Land der Verheißung* stoßen, welches der Philosoph wie Mose vor seinem Tod niemals betreten kann. Obwohl ich aus der Lektüre von *Metaphore vive* (Die lebendige Metapher)[3] viel gewonnen hatte, war mir sehr klar geworden, dass ich die thomanische Metaphysik der Teilhabe und des Seinsaktes nicht beiseitelassen durfte. Jedenfalls konnte ich durch Ricœur die über das Vodun gesammelten Texte besser lesen, indem ich dank seiner die zentrale Stellung der Problematik des kulturellen Subjekts wiedergefunden hatte.

An diesem Punkt konnte ich eine Phänomenologie des Vodun entwickeln, wie er in Dahomey, dem jetzigen Benin, entstanden ist und gelebt wird. Seine Dimension von Magie und Zauberei, die stark hervortrat, als Haiti seine Unabhängigkeit gewann, und die, von Christen geheim praktiziert, den Synkretismus nach sich zieht, ist doch nicht das Ein und Alles dieser Religion.

3 Paul Ricœur, Die lebendige Metapher (1975), München 1986.

Für die Weisen, Träger des Gedächtnisses der Kultur – die semantisch innovativen Subjekte, die Verwalter einer Kultur der Oralität und die lebendigen Knoten des kollektiven Gedächtnisses –, besteht die Weisheit des Lebens darin, die Gesetze, die den Bund mit dem Leben (Gott, Natur) regeln, zu beobachten, dabei aber Magie und Zauberei fallen zu lassen.

Am Ende dieses methodologischen und epistemologischen Erkenntnisweges kam ich zu der Überzeugung, dass zu unterscheiden war zwischen einer *Afrikanistik von innen* und einer *Afrikanistik von außen*. Alle Interpretationen, die von einem außerafrikanischen theoretischen Ort unternommen werden, gehören zur Afrikanistik von außen; hingegen liegt der Erkenntnisweg, wie ihn der *Mɛwihwɛndo / Sillon Noir* durch die Aufwertung des Subjekts der afrikanischen Kultur beschreitet, auf der Linie dessen, was ich die Afrikanistik von innen nenne. In diesem Zusammenhang wurde mir ein Schlüsselgedanke Michel Foucaults zum entscheidenden epistemologischen Wendepunkt für die Herangehensweise des *Mɛwihwɛndo / Sillon Noir* an die afrikanische Kultur: „Derjenige, der in der Sprache spricht, das ist das Volk". Stärker lässt sich die Bedeutung des Gemeinschaftssubjekts nicht unterstreichen. Die Afrikanische Kulturgesellschaft (Société Africaine de Culture, SAC) und ihr Gründer Alioune Diop forderten 1970 auf dem Kolloquium von Cotonou über die „Afrikanischen Religionen als Quelle von Zivilisationswerten" ebenfalls, die kulturellen und religiösen Phänomene Afrikas nicht mehr mit kulturfremden Wörtern zu benennen, sondern mit den Wörtern der afrikanischen Sprachen selbst, und sie danach zu übersetzen. Damit war die Würdigung des kulturellen Subjektseins gefordert. Dies sind die Gründe, die mich dazu bewegten, aus dem ersten Band meiner Dissertation, der einen ethnologischen Überblick darstellt, ein zweisprachiges Corpus in Fon und in Französisch zu machen.

Der kulturelle Text des Vodun als einer totalen und umfassenden sozialen Wirklichkeit wurde einer christologischen Deutung unterzogen und zugleich auf drei Ebenen analysiert: einer lexikologischen, logischen und sozial-historischen. Zuvor aber musste der Kulturtext in seinen konstitutiven Elementen zusammengefasst werden, um die vorgefundenen traditionellen rituellen Praktiken zu interpretieren. Da es sich um Bräuche und Traditionen handelt, muss man das „Volk, das in der Sprache spricht", sich selbst aussprechen lassen und es hören, denn, so sagt die traditionelle Weisheit: „Man muss die Sache sich selbst aussagen lassen". Auf dieser Ebene sprechen wir von Ethologie. Hier ist der objektive Sinn eines Symbols, eines Ritus im Blick.

Schließlich ist es uns durch geduldiges Hinhören auf den gesamten Kulturtext gelungen, das ans Licht zu heben, was wir *die anthropologische Struktur des Vodun (Nensuscwe)* nennen. Der Vodun entsteht im Hiatus des Todes aus dem Dialog von Vater und Kind. Kind, das heißt – so die Weisen, Träger des Gedächtnisses der Kultur – die Familie: Der Vodun ist die Nennung des Vaters durch die Kinder, für die er als Vodun weiterlebt, als „liebe Erinnerung", als Gegenstand des Gedenkens. Wir sind hier auf dem anthropologischen Minimallevel angekommen, das nach Aussage der Weisen der Aussagekraft des menschlichen Lebens entspricht, das durch ontologische In-Beziehung-Setzung mit den Zeichen diese in bindende Symbole verwandelt. « Mɛ wɛ no ylo do Vodun b'ɛ no nyi Vodun » („Es braucht die Nennkraft des Menschen, um die Vodun entstehen zu lassen.") Diese Benennungsmacht des Menschen über die im Kosmos auftauchenden Zeichen, die sie in bindende Symbole verwandelt, macht nicht aus dem Menschen den Schöpfer Gottes, sondern vielmehr zu seinem Geschöpf, denn der große Kulturtext der gesamten Schöpfung ist eben Ausdruck der Sagensmächtigkeit des Schöpfers selbst. Die menschliche Sagensmächtigkeit ist der Eintritt des Menschen in die religiöse Haltung, damit die liebe Erinnerung (To xwiyo = der eponyme Vodun-Ahne) selbst zum Vodun wird, der an das bindet, was der Ahne seinerseits während seines Lebens verehrt hat (nu e To xwiyo bo No xwiyo e = was der Ahne, Vater bzw. Mutter, selbst verehrt hat).

Wie man sieht, war der Weg zum anthropologischen Basistext höchst komplex. Eine doppelte Subjektivität – die des modernen Westens, der die Methode geliefert hat, und die Afrikas dank der Aufklärung durch die Weisen in einer oralen Kultur Träger des kulturellen Gedächtnisses – steht im Hintergrund des Voduntextes, dessen christologische Interpretation wir mithilfe von Professor Ratzinger in Angriff genommen haben.

Gefolgt bin ich dabei ihm vor allem als dem theologischen Systematiker und dem universal gebildeten Ideengeschichtler, der er gerade durch die Christozentrik seines Denkens geworden ist. Die Geistesschärfe, mit der er das Problem von Einheit des Glaubens und theologischem Pluralismus behandelt hatte, qualifizierten ihn meiner Einsicht nach mehr als jeden anderen, um mit mir zusammen die Grundlagen für die Inkulturation des christlichen Glaubens in Afrika zu schaffen. Als seinem Schüler ist es mir gelungen, die afrikanische Kirche als theologisches Subjekt (nicht Objekt!) der Inkulturation in konkreter Verfasstheit zu sehen. Mit einer solchen Ekklesiologie, die zusammenstimmt mit dem, was mich Michel Foucault über das kulturelle Subjekt *Volk* gelehrt hat, wird die Treue zum Evangelium ebenso wie zur Tradition gewahrt, den beiden fundamentalen Kriterien der Orthodoxie im Bereich des Pluralismus wie der Inkulturation.

Wenn die Kirche Christi irgendwo neu geboren wird, so versetzt – wie wir schon angedeutet haben – ihre Einwurzelung die Volkskultur in einen Zustand der Krise. Das kulturelle Subjekt soll sich bekehren, aber es leistet Widerstand: Im Falle der Kirche von Dahomey (heute Benin) erkennt man eine erste Abwehrreaktion in einem Symbol auf dem zum Gedenken errichteten Altar des Königs Agadja *(asɛn)* im Königspalast-Museum von Abomey. Das Symbol thront auf einer in den Boden gesteckten Eisenstange: auf einer Kapelle ein Kreuz; in der Kapelle eine geschlossene Kalebasse; das Kreuz ist durch eine Kordel mit der geschlossenen Kalebasse verbunden, die in der Kapelle liegt; das Ganze ist aus Bronze. Wenn es dabei bliebe, wären wir ganz einfach im Synkretismus, der hier darin bestehen würde, nach außen hin Christ zu sein, in Wirklichkeit aber Anhänger des Vodun in seiner ganzen Ambivalenz von Magie und Zauberei.

Die Phase der Inkulturation, die wir mit dem *Mɛwihwɛndo / Sillon Noir* eröffnen, ist die eines Engagements der Kirche Christi, die mit Paulus verkündigt – und daraus die Konsequenzen zieht –, dass das seit den Anfängen verborgene Geheimnis (verkörpert in der geschlossenen Kalebasse) am Kreuz des Erlösers offenbar wurde, aus dessen durchbohrter Seite Blut und Wasser flossen und Gott als Mysterium der Liebe offenbarten, einer Liebe, die bis zum Äußersten geht.

Das theologische Subjekt in konkreter Historizität, das für dieses Geheimnis des gekreuzigten Christus als Verkünder der trinitarischen Liebe Gottes einsteht, ist die Kirche. An diesem Punkt treffen wir auf den Autor von „Die Einheit des Glaubens und der theologische Pluralismus“[4] von 1972. Was hat er uns gebracht? Ist dies noch

4 Vgl. Theologenkommission, Die Einheit des Glaubens (Anm. 2).

aktuell? Was gab es Neues durch die Konferenz von Hongkong 1993 „Inkulturation oder Interkulturalität?“[5] und nach Papst Benedikts Bekräftigung vor einem Jahr im Flugzeug auf dem Weg nach Benin, dass er weiterhin Interkulturalität bevorzugt, sowie schließlich durch das Dokument *„Africae Munus“*[6], die postsynodale Exhortatio an die afrikanischen Bischöfe, in der er sich einmal mehr zur Inkulturation äußerte?

In dem nun folgenden zweiten Teil will ich in der gebotenen Kürze die trinitarische Christologie und die Ekklesiologie als Basis für die Inkulturation entwickeln, so wie ich sie als sein Schüler gelernt habe und wie sie seit den Arbeiten der Internationalen Theologenkommission von 1987 unter dem Titel „Glaube und Inkulturation“ bekannt sind. Im dritten und letzten Teil will ich dann darlegen, warum Joseph Ratzingers Inkulturationsbegriff noch aktuell ist.

2. Christologische und ekklesiologische Basis der Inkulturation bei Ratzinger

Als Angehöriger eines Missionslandes, wo wie in vielen andern Ländern die theologische Hauptsorge nach dem Zweiten Vatikanum (siehe vor allem *Ad gentes*, Nr. 22) der Einheit des Glaubens und dem theologischen Pluralismus galten, war ich beeindruckt von der Arbeit der Internationalen Theologenkommission, die schon 1969 angefangen hatte. Die doppelte Tendenz zur Einheit und zur Verschiedenheit, die man in der ganzen Kirche vorfand, zeigte sich auch im Rahmen der Kommission, bis dann 1979 ein „Kohäsionspluralismus“ und Plädoyers für einen „Auflösungspluralismus“ aufkamen. Vor allem die von Joseph Ratzinger verfassten und kommentierten elf Thesen hatten es mir angetan und mir erlaubt, klarer zu sehen, worum es in dieser immer noch aktu-

5 Vgl. Joseph Ratzinger, Christ, Faith and the Challenge of Cultures. Rede in Hongkong zu den Vorsitzenden der Asiatischen Bischofskonferenzen und den Vorsitzenden der dogmatischen Kommissionen März 1993, in: Origins Vol. 24, 1995, 678–686.

6 Benedikt XVI., Nachsynodales Apostolisches Schreiben *Africae munus* Seiner Heiligkeit Papst Benedikt XVI. an die Bischöfe, den Klerus, die Personen gottgeweihten Lebens und an die christgläubigen Laien über die Kirche in Afrika im Dienst der Versöhnung, der Gerechtigkeit und des Friedens, Sekretariat der Deutschen Bischofskonferenz (Hg.), Bonn 2011.

ellen Diskussion eigentlich geht und was das vor Kurzem eröffnete Jahr des Glaubens für das Volk Gottes wie für die Theologen selbst weiter klären sollte. Auf dem theologischen Kongress des Jubiläumsjahrs 2000, als Ratzinger noch Präfekt der Glaubenskongregation war, rühmte er in immer noch denkwürdiger Weise Professor Johann Baptist Metz, demzufolge der Kern der heutigen theologischen Krise darin besteht, dass die Theologie Gott vergessen, wenn nicht gar vertuscht hat. Dreißig Jahre nach den turbulenten siebziger Jahren waren sich die beiden Theologen einig, dass die Theologie ihr eigentliches Thema wiederfinden müsse, nämlich Gott selbst.

Meines Erachtens enthielten die elf Thesen und ihr theologischer Kommentar das Wesentliche der heute wie damals nötigen Antwort auf den theologischen Pluralismus, denn der Vortrag von Kardinal Ratzinger 1993 in Hongkong war nur die Weiterentwicklung seiner Christologie und Ekklesiologie der siebziger Jahre. In „Inkulturation oder Interkulturalität?" kritisiert er den von der Aufklärung eingeführten Kulturbegriff, der mit dem Deismus als einem rationalen Gottesersatz einhergeht. Er plädiert für die Phänomenologie einer in der Religion verwurzelten Kultur, wie sie in der konkreten Geschichte der Völker weltweit attestiert ist. Der Ausgang aus dem Mythos erscheint historisch in doppelter Gestalt: mystisch oder prophetisch. Am Ende des prophetischen Weges, der auf Israel zutrifft, finden wir die Offenbarung Gottes in dem für uns gekreuzigten und auferstandenen Jesus von Nazareth. Der spezifische Inhalt dieses Abschnitts der Heilsgeschichte ist Gegenstand der Christologie wie der Ekklesiologie. Keine künstliche Transplantation des Glaubens hat Aussicht auf Erfolg. Liest man die Kommentare zu den elf Thesen, findet man das innerste Wesen des *Glaubens,* nämlich die Bekehrung zum historischen Ereignis der Passion, der Kreuzigung und der Auferstehung des Jesus von Nazareth.

Wenn Ratzinger in Hongkong *für* die Interkulturalität plädierte und *gegen* eine gewisse Inkulturation, die nichts anderes wäre als der Versuch einer künstlichen Transplantation des Glaubens unter Verkennung seines eigentlichen Wesens, so ist er doch vollkommen einverstanden mit dem Inkulturationsbegriff, wie die Kirchenväter ihn verstehen, nämlich als „verwandelnde Bekehrung". Damit schloss er implizit an das an, was er zwanzig Jahre vorher in „Die Einheit des Glaubens und der theologische Pluralismus" geschrieben hatte, aber auch an den Text, den er in der Konzilszeit für die

Festschrift zum 60. Geburtstag von Rahner verfasst hatte, in dem er seine Typologie der theologischen Religionsgeschichte vorstellte.[7]

Jesus ist nicht von der Heilsgeschichte zu trennen und nicht von deren heiligem Dokument, der Schrift. Schließlich ist es das Wort Gottes, das sich in allen Schriften des später sogenannten Alten Testaments (im Gesetz, in den Propheten und in den Psalmen) zunehmend entfaltete. Es gibt keine theologische Kenntnis des Jesus von Nazareth ohne seine im Alten Testament bezeugte jüdische Tiefendimension. Die Erfüllung, die er dem Alten Testament gegenüber darstellt, gipfelt in seinem Leben, seinem Tod und seiner Auferstehung. In ihm hat der sich selbst offenbarende und mitteilende Gott einen Eigennamen, der für ihn konstitutiv ist: Gott ist der Vater. Er, Christus, ist sein konsubstantieller Sohn, bezeugt durch den Heiligen Geist, der selbst mit dem Gekreuzigten-Auferstandenen untrennbar verbunden ist. Alle messianischen Titel sind radikal überholt. Eben deshalb ist Ratzinger zu einer Konzession an Raimund Pannikar, sogar was den messianischen Christus-Titel betrifft, bereit. Er unterstreicht die deutliche Entwicklung selbst bei den Synoptikern: vom Bekenntnis zu Christus hin zum *Sohn des lebendigen Gottes*. In seiner Auferstehung ergreift der Vater persönlich Stellung für ihn und gegen den Sanhedrin, namentlich dessen Vorsitzenden, den Hohenpriester Kaiphas, der seinen Tod beschlossen hatte wegen der für ihn denkbar größten Blasphemie: da hält sich einer für den Sohn Gottes, gleichen Wesens mit Gott.

Glauben, das bedeutet den Übergang vom strengen Monotheismus zum christologischen und trinitarischen Monotheismus. An dieser Stelle können wir einige der Beschreibungen des Glaubens vorlegen, die uns Joseph Ratzinger in den Kommentaren zu den elf Thesen[8] liefert und die den von ihm vorgeschlagenen Kohäsionspluralismus erhellen:

1. Durch den Glaubensakt begibt sich der Mensch „in den geistigen Raum Jesu Christi hinein". „Inhalt des christlichen Glaubens ist der gekreuzigte und auferstandene Christus (in dem der Mensch Jesus, der irdische Jesus, nicht ausgelöscht, sondern in die Endgültigkeit hinein erhoben ist)"[9] .

7 Joseph Ratzinger, Einheit und Vielfalt der Religionen. Der Ort des christlichen Glaubens in der Religionsgeschichte, in: Herbert Vorgrimler, Gott in Welt. Festgabe für Karl Rahner, Freiburg 1964, 60–82.

8 Vgl. Theologenkommission, Die Einheit des Glaubens (Anm. 2).

9 Ebd., 18.

2. „Durch die Worte hindurch richtet sich der Glaube auf das Wort, indem er sich dem Gekreuzigten und Auferstandenen anvertraut“[10]. Dem Glaubensakt liegt also eine Dynamik zugrunde, für die die Scholastik eine Formel gefunden hat: „perceptio veritatis divinae tendens in ipsam – als ein Empfangen der göttlichen Wahrheit, das auf sie selbst hin tendiert. Die Glaubensaussage ist demgemäß wesentlich ein Akt des ‚tendere‘, ein Überschritt auf die Realität des auferstandenen Christus zu, in dem wir Gott selbst berühren.“ Die Formel kann nicht von der „tensio (Spannung) auf den Kyrios“ losgelöst werden. „Zwischen *fides quae* und *fides qua*, zwischen inhaltlicher Aussage und persönlichem Glaubensvollzug, gibt es eine unlösliche Verbindung; die spirituelle Spannung des Ausgriffs auf den Herrn hin ist der innere Ort der Glaubenssätze, die ohne diese innere Bewegung nicht vollziehbar sind.“ Zur Realisierung des Glaubens braucht es, wie Bernard Lonergan ans Licht gehoben hat, die Konvergenz einer dreifachen Bekehrung: der intellektuellen, der sittlichen und der religiösen.[11]

Durch eine klare Setzung des Akzents auf die religiöse und sittliche Bekehrung hin begreift man die alle drei Bekehrungen verbindende Dynamik und erkennt man, worin die Einheit liegt und worin die Pluralität liegen könnte: „Der inneren Spannung des Satzes (‚tendens in ipsam‘) muss die reale Spannung der Person entsprechen. Diese Spannung der Person ist einerseits der vereinigende Ort der Glaubenden, von dem her ihre stets bruchstückhaften und aufs Ganze hin offenen Sätze ihnen kommmunikabel werden; sie ist andererseits die Offenheit aller formulierten und formulierbaren Sätze über sich hinaus und damit die Absage an jeden Uniformismus des geschlossenen Systems“[12]. Die Bekehrung ist der Aufbruch „zur Spannung (tendere in ipsam!) auf den Gekreuzigten und Auferstandenen hin, die der eigentlich verbindende und als verbindender öffnende Ort des Glaubens ist“[13].

Daraus zieht Ratzinger drei Folgerungen:

1. „Der Glaube ist nicht an eine Differenzierungsstufe des Bewusstseins, wohl aber an Bekehrung gebunden. In diesem Glaubenszusammenhang der Bekehrung zum auferstandenen Herrn

10 Ebd.

11 Vgl. ebd., 19.

12 Ebd.

13 Ebd. 20.

liegt das, was komplizierte und einfache Geister verbindet. Das tendere in ipsum (das Zugehen auf ihn hin) ist gleichsam die gemeinsame ‚Zeit' des Glaubens, die Menschen quer durch die Unterschiede der Zeiten ‚synchronisiert'."[14]

2. Im Raum des differenzierten Bewusstseins ist es schwieriger, eine einfache Einheit zu bekommen. Hier herrscht die Pluralität, aber ohne Diskordanz, ohne Widerspruch in sich.

3. Die Botschaft Christi ist im Laufe der Zeit einem Prozess der Wiedererinnerung unterworfen, der allzeit treu bleiben muss, ohne das ‚Wort' zu verletzen, zu verändern oder ihm ein neues Wort unterzuschieben. Die Botschaft bleibt für jede Generation neu. Der Glaube als Erinnerung an Christus bedeutet, dass man auf immer neue Weise versteht, was das einzigartige Wort sagt und beinhaltet; im Schoße der Geschichte kann die Darlegung der Botschaft nie endgültig abgeschlossen werden; keine kulturelle und historische Form kann sie erschöpfen. Der Pluralismus ist also auch diachron.[15]

Es ist ein Zusammenhang zu ergründen zwischen dem trinitarischen Geheimnis und der Problematik des Pluralismus. „Der Glaube", schreibt Ratzinger im Gegensatz zu jedem simplifizierenden Pluralismus, tritt „insofern in die Bewegung des trinitarischen Mysteriums ein, als seine Spannung auf die Wirklichkeit über allen Worten Teilnahme ist an der Bewegung des Sohnes, der selbst gleichsam den Akt des ‚tendere in ipsum', den Akt der Rückgabe und der Übergabe an den Vater darstellt"[16]. Der Sohn, der die Wahrheit ist, ist die „Wahrheit als Weg". Darin muss man den letzten Grund für „die offene Spannung der Wahrheit in der Geschichte" sehen. Durch die Hingabe an den Willen des Vaters gibt sich der Sohn nicht auf, denn er ist ja mit ihm vollkommen eins im Heiligen Geist. Ratzinger fügt hinzu: „Der trinitarische Charakter des christlichen Glaubens kann demgemäß nicht ein Nebeneinander verschiedener Wahrheitsgestalten besagen, sondern meint den die Geschichte hindurch währenden Prozess des Erinnerns durch den Heiligen Geist, der in das eine Wort Jesu hinein und darin zur Erkenntnis des Vaters führt"[17]. Dieser Text verankert in der Tiefe die Bekehrung als Prinzip der Einheit und der Pluralität und die Zeit

14 Ebd.
15 Vgl. ebd., 20–21.
16 Ebd., 21–22.
17 Ebd., 22.

der Kirche, welche den Glauben der einfachen Geister und den derer mit differenziertem Bewusstsein „synchronisiert".

Für Joseph Ratzinger findet die Einheit des Subjekts Kirche „ihren Ort in der Grundspannung (tensio) des Glaubens als solcher. Das heißt dann, dass das Einheitsgebende, wenn verschiedene Zeiten auf die Schrift zuhören, im Eintreten in diese Grundspannung des Glaubens liegt."[18] Die Einheit der Zeiten gibt es in der *memoria* der Kirche. Es ist die Einheit eines Subjekts, dessen Erfahrungen wachsen und in dem die reale Pluralität der Geschichte ihre Kohärenz in der Einheit einer einzigen *memoria* findet.[19] Der einigende Punkt des Glaubens ist nicht in einer bestimmten Epoche zu suchen, sondern in der Einzigkeit des lebendigen Subjekts ‚Kirche', welches die Zeiten durchquert und in sich selbst einschließt. „Der Christ", schreibt Joseph Ratzinger, „glaubt immer mit dem Ganzen der Geschichte, nicht nur synchron, sondern diachron"[20].

Die trinitarische Christologie und die daraus resultierende Ekklesiologie sind also entscheidend für den Inkulturationstyp und den Typ von Einheit in der Verschiedenheit, die Joseph Ratzinger vorschlägt. Ich hatte in meiner Dissertation nicht den Ehrgeiz, einen neuen Vorschlag zu machen, sondern mit dem *Mɛwihwɛndo / Sillon Noir* einfach in der von ihm gezogenen Furche eine Baustelle der Inkulturation zu eröffnen.

3. Inkulturation oder Interkulturalität?

Es geht – das ist aus dem Text von Hongkong „Inkulturation oder Interkulturalität?" klar ersichtlich – um eine grundlegende Überprüfung des Kulturbegriffs der Aufklärung, so wie er von der Aufklärung parallel zum Deismus konzipiert war. Die Kritik des Deismus impliziert eine Kritik des aufklärerischen Kulturbegriffs. Kardinal Ratzinger, der mit den Kirchenvätern darin übereinstimmt, die Inkulturation als „verwandelnde Bekehrung" zu verstehen, bestreitet die künstliche Sperre, die die Aufklärer zwischen Religion und Kultur schoben. Die gesamte Religionsgeschichte der Völker erweist – ich wiederhole es – die Religionen als Basis der Kulturen.

18 Ebd., 34.
19 Vgl. ebd.
20 Ebd., 33.

Wer im derzeitigen multikulturellen Kontext zwischen den Völkern den Dialog der Interkulturalität etablieren will, der sollte die historische und phänomenologische Methode übernehmen. Nur unter dieser Voraussetzung ist Inkulturation im Sinne der Kirchenväter möglich. Und so wie Johannes Paul II. die Kirche mit der Wissenschaft versöhnt hat (denken wir nur an die Galilei-Affäre, an die Schaffung des Päpstlichen Rates für die Kultur und an die Integration der Nicht-Gläubigen in diesen Rat im März 1993), so finden wir Ratzinger im Dialog mit der Welt des Unglaubens und dies anhand eines fundamentalen Umdenkens des Kulturbegriffs.

In diesem Sinne kann man sagen, dass sein gesamtes Denken seit den neunziger Jahren eine gigantische Bemühung ist, den Glauben in die moderne Welt zu inkulturieren, in eine Welt, die sich versteht und aufbaut, als gäbe es keinen Gott. Aus diesem neuen Horizont der modernen und postmodernen säkularistischen Welt ist für ihn die Problematik der Neu-Evangelisierung Europas erwachsen, seine berühmte Diskussion mit Habermas in der Münchener Akademie 2004, seine Rede im Collège des Bernardins in Paris und sein Vortrag vor den Künstlern in Rom, wo er ein Thema einführte, aus dem der Päpstliche Rat für die Kultur unter dem Namen „Vorhof der Heiden" ein großes Dialogprojekt mit der modernen und postmodernen Kultur machen sollte. Es scheint mir nötig, dieses Projekt (eines Dialogs mit den säkularen Humanisten im Vorhof der Heiden) zu verbinden mit der Problematik der Interkulturalität, so wie er sie in den neunziger Jahren eingeführt hat. Die in „Die Einheit des Glaubens und der theologische Pluralismus" entwickelte Theologie bleibt solide genug, um weiterhin maßgebend zu sein.

Der Ansatz von Hongkong 1993[21] scheint mir neu zu sein, insofern er Raimund Pannikar entgegenkommt, was die christologischen Titel einschließlich des Christus-Titels betrifft, die an die Heilsgeschichte gebunden bleiben; vor allem aber ist er neu durch die Überschreitung der Geschichte in einer trinitarischen Ontologie, die dem Titel ‚Sohn Gottes' zugrunde liegt, eine Überschreitung, deren Tragweite kaum überschätzt werden kann.

Der Ansatz in der Diskussion mit Jürgen Habermas bedeutet einen immensen Beitrag zu dem weltweit entstehenden Dialog zwischen der säkularen euro-amerikanischen Minderheit, die bei

21 Vgl. Ratzinger, Christ, Faith and the Challenge of Cultures (Anm. 5).

der Behandlung des Gemeinwohls der Völker sowohl epistemologisch wie methodologisch säkularistisch denkt, und der Mehrheit der Nationen, die in Kulturen leben, die in Religionen verwurzelt sind.

Habermas war sich mit Ratzinger darin einig anzuerkennen, dass die Politik auf dem ‚Vor-Politischen' basieren muss, zu dem die Religionen gehören, und Ratzinger war sich mit Habermas darin einig, dass die Religion die Vernunft braucht, um ihre irrationalen Ausbrüche und Pathologien einzudämmen. Aber das schönste Ergebnis war die von Habermas gezogene Schlussfolgerung, dass der atheistische Bürger des modernen liberalen Staates kein Anrecht auf ein Monopol in der öffentlichen Diskussion hat, dass vielmehr der gläubige Mitbürger ein gleiches Recht hat, das Vernunftpotential seiner Religion zum Besten des Gemeinwohls einzubringen, und dass es selbstverständlich sein sollte, dass man ihm darin beisteht.

Diese bei einem neomarxistischen Atheisten von immensem intellektuellem Prestige nie dagewesene Öffnung zum Dialog war wie ein vorweggenommener ‚Vorhof der Heiden'. Ich halte es für dringlich, dass dieser Dialog jetzt weltweit eröffnet wird, und zwar gerade als universaler interkultureller Dialog und ohne säkularistische Manipulation und neokolonialistische Unterdrückung.

Als Papst Benedikt XVI. erscheint mir Joseph Ratzinger als der erste Theologe sowohl des Vorhofs der Heiden wie auch der Inkulturation im Kontext der Interkulturalität. Diese zweifache Einsicht erwächst mir aus der Voraussetzung, dass nicht Benedikt XVI. die Trennwand zwischen Juden und Heiden überwindet, sondern dass es Christus der Herr selber ist, der die Mauer niedergerissen hat, mehr noch, der in seinem Leib den Hass vernichtet hat, aus dem die Mauer erwachsen war, damit der neue Adam zum Vorschein komme. Die Christologie der elf Thesen und ihrer Kommentare, so wie sie von Joseph Ratzinger 1972[22] entwickelt wurde und die den Kern seiner Inkulturationstheologie bildet, erscheint mir zeitgemäßer denn je.

---

22 Vgl. Theologenkommission, Die Einheit des Glaubens (Anm. 2).

Personenverzeichnis

Autorin und Autoren

Barthélemy Adoukonou, Jahrgang 1942, Dr. theol., seit 2009 Sekretär des Päpstlichen Rates für die Kultur und seit 2011 Titularbischof von Zama Minor.

Philippe Kardinal Barbarin, Jahrgang 1950, seit 2002 Erzbischof von Lyon und Primas von Gallien.

Michael C. Hastetter, Jahrgang 1971, Dr. theol. habil., Wissenschaftliche Assistentin und Privatdozentin am Arbeitsbereich Pastoraltheologie an der Theologischen Fakultät der Universität Freiburg.

Maximilian Heim, Jahrgang 1961, Dr. theol., seit 2011 Abt der Zisterzienserabtei Stift Heiligenkreuz und von 2003–2011 Professor für Fundamentaltheologie an der Philosophisch-Theologischen Hochschule Benedikt XVI. Heiligenkreuz. Heute ist er ihr Großkanzler.

Peter Hofmann, Jahrgang 1958, Dr. theol., 2004–2010 Professor für Dogmatik und Fundamentaltheologie am Institut für Katholische Theologie der Universität Koblenz-Landau, seit 2010 Inhaber des Lehrstuhls für Fundamentaltheologie an der Universität Augsburg.

Helmut Hoping, Jahrgang 1956, Dr. theol., seit 2000 Professor für Dogmatik und Liturgiewissenschaft an der Katholisch-theologischen Fakultät der Albert-Ludwigs-Universität Freiburg im Breisgau.

Stephan Horn SDS, Jahrgang 1934, Dr. theol. habil., Professor em. für Fundamentaltheologie an der Universität Passau.

Bernhard Körner, Jahrgang 1949, Dr. theol., seit 1993 ordentlicher Universitätsprofessor für Dogmatik an der Universität Graz. Seit 2007 ist er Leiter des Instituts für Moraltheologie und Dogmatik.

Michael Kunzler, Jahrgang 1951, Dr. theol., seit 1988 Professor für Liturgiewissenschaft an der Theologischen Fakultät Paderborn.

Juan Antonio Martínez Camino SJ, Jahrgang 1953, Dr. theol., 1992–2001 Professor für Dogmatik in Comillas (Madrid), 2001 Ruf an die Päpstliche Universität Gregoriana in Rom, seit 2003 Professor für Dogmatik an der Kirchlichen Universität San Dámaso (Madrid), seit 2007 Weihbischof im Erzbistum Madrid.

Justinus C. Pech OCist, Jahrgang 1973, Dr. rer. oec., Lic. theol., Mönch der Zisterzienserabtei Stift Heiligenkreuz und seit 2011 Dozent für Fundamentaltheologie an der Philosophisch-Theologischen Hochschule Benedikt XVI. Heiligenkreuz.

Christoph Kardinal Schönborn OP, Jahrgang 1945, Dr. theol., 1975–1991 zunächst Gastprofessor, später ordentlicher Professor für katholische Dogmatik an der Universität Freiburg (Schweiz), seit 1995 Erzbischof von Wien.

Rudolf Voderholzer, Jahrgang 1959, Dr. theol., 2005–2013 Professor für Dogmatik und Dogmengeschichte an der Theologischen Fakultät Trier; seit 2008 Direktor des Institut Papst Benedikt XVI. in Regensburg und seit 2013 Bischof der Diözese Regensburg.

Karl Wallner OCist, Jahrgang 1963, Dr. theol., Mönch der Zisterzienserabtei Stift Heiligenkreuz, seit 1993 Professor für Dogmatik und seit 2007 Rektor an der Philosophisch-Theologischen Hochschule Benedikt XVI. Heiligenkreuz.

Peter S. Zurbriggen, Jahrgang 1943, Dr. iur. can., Erzbischof und seit 2009 Apostolischer Nuntius in Österreich.